卢周来 著

极高明
而
道中庸

经济学读书札记

生活·讀書·新知 三联书店

Copyright © 2023 by SDX Joint Publishing Company.
All Rights Reserved.

本作品版权由生活·读书·新知三联书店所有。
未经许可，不得翻印。

图书在版编目（CIP）数据

极高明而道中庸：经济学读书札记／卢周来著 . —北京：
生活·读书·新知三联书店，2023.4
ISBN 978 - 7 - 108 - 07570 - 3

Ⅰ.①极… Ⅱ.①卢… Ⅲ.①经济学－文集
Ⅳ.① F0-53

中国版本图书馆 CIP 数据核字（2022）第 227685 号

选题策划	何　奎
特约编辑	贾宝兰
责任编辑	万　春
装帧设计	薛　宇
责任校对	常高峰
责任印制	卢　岳
出版发行	生活·讀書·新知 三联书店
	（北京市东城区美术馆东街 22 号 100010）
网　　址	www.sdxjpc.com
经　　销	新华书店
制　　作	北京金舵手世纪图文设计有限公司
印　　刷	河北松源印刷有限公司
版　　次	2023 年 4 月北京第 1 版
	2023 年 4 月北京第 1 次印刷
开　　本	635 毫米 × 965 毫米　1/16　印张 21.25
字　　数	236 千字
印　　数	0,001 - 5,000 册
定　　价	62.00 元

（印装查询：01064002715；邮购查询：01084010542）

序　言

　　收入此文集中的文字，绝大部分发表于《读书》杂志，少部分发表于《二十一世纪》《书屋》《文化纵横》等刊物。这些札记，既是我进入新世纪以来个人在经济学领域阅读与思考之后的一些领悟，以及我对中国及世界近二十年间经济领域及经济思想种种变化的一些个人看法，同时也是我这一时期参与中国经济学界各种议题讨论所产生的成果。因此，我将其分为三辑呈现给读者，分别是："学人与思想"，试图通过对经济学人及其思想的深度梳理，让我们看到经济学人的不同侧面及其思想的多样性；"改革与转型"，试图通过对进入新世纪以来中国改革及世界主要国家社会经济结构性变化的观察，让我们更深刻地理解时代特征与主题的渐次变化；"反思与创新"，试图通过对以新古典经济学派为代表的主流经济学的反思，以及对近年来兴起的以行为经济学为代表的前沿理论的介绍，让我们更好地洞见"存在"及其所推动的"意识"未来可能的发展趋势。

　　作为序言，在这里最需要也是最迫切想与读者交流的，还是我何以将书名定为"极高明而道中庸"。

　　孔夫子曾言：《诗》三百，一言以蔽之，曰'思无邪'。"我想拙劣地套用一下这句话：二十余年来我的经济学立场，一言以蔽之，曰"极高明而道中庸"。

众所周知，在相当长一段时间里，以新古典经济学派为代表的经济学思潮，在中国经济学界占有绝对优势地位。这一思潮极大地推动了中国的思想启蒙及改革开放事业。但1990年代以来，随着市场化进程的不断推进，阶层利益出现分化，贫富差距越拉越大，社会矛盾急剧上升。改革初期普罗大众的普遍乐观情绪以及知识界的共识，正一点点丧失。正如我的朋友黄纪苏在其创作的话剧《我们走在大路上》中所寓示的那样：一开始，我们意气风发地走在同一条路上，但后来，走着走着，人们就越走越散，人心也越走越散。如果任其发展下去，一旦出现富者奢靡无度、穷者苦难无告的局面时，可能一条路真要走成两条路，甚至"一个中国"快走成"二元对立的中国"：富人与穷人、沿海与内地、城市与乡村……

就是在这一背景下，在国家未来发展思路的选择上，经济学界亦出现各种论争，争论的焦点主要包括：经济学规律是否具有"历史特性"，经济学要不要价值判断，公平与效率之间如何权衡，市场与政府的边界到底在哪里，改革中的阶层利益关系，等等。表面上看，这些问题似乎与现实直接关涉度不高，但其实是对中国经济体制转型过程中出现矛盾与冲突的一种本能反应。

近些年来，国际经济学界也兴起了反思全球化的思潮。因为有目共睹的一个事实是：全球化并没有像预期的那样拉平国家之间的鸿沟，反而扩大了南北差距。少数国家更加富裕了，而更多的国家则陷入贫困。连一批主流经济学界内部的学者都认为，全球化导致贫富进一步分化的原因，与"华盛顿共识"尤其是"涓滴理论"（Trickle-down Theory）的"始作俑者"新古典经济学脱不了干系。

1990年代中后期，在几乎读完了当时引进的各种经济思想史与经济学译著后，在国内与国际经济学界思潮争论的刺激下，我亦开始小心翼翼地涉及经济思想领域的讨论。其时我的专业是防务经济学。现在想来，大约因为防务经济学的主体是国家之故，这多少影响到了我的学术理路与思想旨趣。与此同时，我读书的嗜好是经济史与经济思想史，这又让我对从马克思、韦伯到布罗代尔（Fernand Braudel）、熊彼特（Joseph Alois Schumpeter）等秉持的"社会经济分析"方法最为认同。且从一开始，我对社会主义市场经济的理解，就是"社会主义"所保障的公平正义，与"市场经济"可能带来的效率的结合；而且，我十分赞同以《价格革命：一部全新的世界史》一书而闻名的经济史学家费舍尔（David Hackett Fischer）的观点：历史上，描述经济领域因果关系的模型，不只新古典一家，还有货币主义、马尔萨斯（Thomas Robert Malthus）主义、马克思主义、重农学派、环境学派以及历史主义等，"它们对我们都有助益，但没有一个能包打天下"。而我所担心的，恰就是哈耶克（Friedrich August von Hayek）曾担心过的，即"任何一种思潮都有可能变成一种刚性的教条"。当后来新古典经济学在中国学界不允许被质疑，即拥有意识形态性质时，我认为这样的局面坐实了我的担心。因此，一方面，我以自己对包括亚当·斯密、保罗·斯威齐（Paul Marlor Sweezy）在内的经济思想史上伟大人物的理解进行正面阐述，另一方面又援引当代经济学家特别是斯蒂格利茨（Joseph Eugene Stiglitz）等人的信息经济学理论作为最新佐证，用新政治经济学"利益异质性"框架，试图为分析中国改革及全球化提供一个非主流的视角。

2008年国际金融危机的爆发及其在社会经济与政治层面的不断深化，最终触发的是民族主义与民粹主义在全球范围内风起云涌。而中国在经过又一个快速转型的10年之后，经济高速增长的同时，社会矛盾亦呈现进一步累积之势。与此相对应，以自由放任主张为代表的主流经济学，不仅被认为对危机的发生负有责任，同时在复杂棘手的现实面前，其因无法应对而呈现出的"黑板经济学"性质也暴露无遗。

也正因为"分配性冲突"再度加剧，人们关注的重点不再是"资源配置效率"问题，而更关心个人、阶层甚至国家在现有及未来利益格局中的定位。这一时期我称之为"政治经济学时代"，亦是"后经济学家时代"，因为政治家与法律人，将替代纯粹的经济学家，成为协调利益关系的主角。与此同时，一方面，国际经济学界再度兴起对主流经济学的更全面更深入的反思；另一方面，行为经济学、复杂经济学等思潮方兴未艾，不断冲击着原有主流经济学的框架。这些，正好构成我写作时可以征引的新的经济现象及经济思想资源，并且都被纳入了我的札记之中。

回顾我的思路历程，自始至终，有一种观念从来没有变过：我一直试图寻找的，不仅仅是多样性思想之间的平衡与彼此吸纳包容，还有就是在个人自由与集体规制、效率与公平、市场与政府、民富与国强等看似矛盾的关系中有一个均衡。我写作的目的，就定位在防止某一种声音在学界形成话语霸权，或者说，我的文字是为了平衡一下这个社会中本来不平衡的声音。也正因为这个社会中各种声音本来就不均衡，尤其是经济学界主流的话语非常强势，所以有时我的文字也显得强势，是试图以另外一种强势的姿态，来对抗已存在的强势。因此，我的不少文字显得有些反潮流。但从本质上看，我的文字是试图超越"左""右"翼，从一种更中和的视角看世界。在观点极化的当下，我一直信奉并力行"极高明而道中庸"。

当然，说到"中庸"，要做到"叩其两端""允执厥中"，是难以企及的境界。这如同经济学上的均衡，要在对两种相反的力量完全理解的基础之上，寻找一个平衡点，这本身就是一种只能接近却无法企及的境界。尤其是，单个的经济学人总有自己的局限。因此，当经济学界内部众声喧哗，甚至相互攻讦之时，需要有智慧的思想者以及经济社会事务决策者，把各种声音都作为寻找社会均衡而作出的努力的一部分来看待，这样才能保证各种社会思潮不走极端，才能保证社会各阶层和谐相处。

这里有一个非常生动的学案。2006年，国际经济学界同时失去了两位泰斗级经济学家——以《丰裕社会》闻名的加尔布雷思（John Kenneth Galbraith）和以《自由选择：个人声明》为代表作的弗里德曼（Milton Friedmann）。这两位经济学大咖，生前其实一直在相互"战斗"。加尔布雷思所担心的，是对个人私欲的张扬、对效率的片面追求以及对市场力量的过度放任，最终可能造成社会鸿沟，导致公民共同体的分裂与瓦解。而弗里德曼担心的则是对集体理性的过分强调、对公平的过分重视以及对政府作用的过分信任，最终可能妨碍最可宝贵的个人自由，甚至可能造成一条"通往奴役的道路"。但当他们在同一年离世时，国际经济学界难得一致地表达了对他们观点的尊重和人格的敬意。这是因为，尽管表面上他们是敌手，但实质上两位大师却有着共同之处，即在不同时期，当某一种声音可能具有压倒性优势的时候，他们主动站出来，提醒人们注意事物的另一面，从而避免社会滑向极端。

当然，从终极意义上看，一切思想都不是天才创造的，而是时代的反映。且处于特定时代中的人很难超越他所处的时代。因此，每个人在发言时都应该有所忌惮，每个人都要认识到自己文字的局限。这也是我为什么主张"极高明而道中庸"的又一个理由吧。

还想说几句感性的话。

有幸身逢盛世，但由于诸多原因，对我而言，以这种姿态去思考和写作却是很艰难的事。其间的彷徨，遇到的压力与挫折，很多不足为外人道。最终能坚持这样的写作，源于众多的支持。首先要感谢我的读者，你们对我文字与思想的看重是我前行的动力；再是感谢我所供职的单位，给了我最为宽松的学术与思想环境；还要感谢我的一些学术界的朋友，他们不仅与我一起分享好的知识与学术资源，而且有时甚至为我分担一些生活中的压力；最后要特别感谢一些经济学界的前辈学人，他们经常当面或托人表达对我为人为文的支持，并且邀请或推荐我参加一些重要的学术讨论，而这些讨论对形成一些最低限度的共识至为重要。

这里，我还要郑重感谢《读书》杂志。1999年我第一次给《读书》投稿，那是我读约翰·斯图尔特·穆勒（John Stuart Mill）的《政治经济学原理》后写的一篇札记。很快，我收到贾宝兰大姐的回信。信中说，文章已够发表水平，但考虑到此前《读书》已刊发过不少关于此书的书评，因此就不再安排发表了。信的最后说欢迎我继续赐稿。这封信给了我莫大的鼓励，因此，我将该文仍然收入此文集中以示纪念。很快，2000年我第一次在《读书》

上发表了文章。那一年，我刚满三十岁，有幸成为《读书》的年轻作者之一。此后二十余年间，我陆续在《读书》上发表学术札记近二十篇，并与多位《读书》编辑打过交道。令我非常感动的是，他们有时未必同意我的观点，但只要他们认为言之有理、言之有物，就对我的文字给予了最大的尊重。而这是我所认为的学界与学人最可宝贵的品质。

最后，要特别感谢贾宝兰大姐和何奎先生。我的文字得以与我所尊敬的诸多学界前辈一起，在三联出版，得益于他们的肯定与包容。说实在话，我的文字更近于"掉书袋"，且内容未必能与时下风行的东西俱进。正是有了他们的支持和肯定，我也才有了把这些曾经的文字再度打捞出来的勇气。

时值2022年末，仅从已发生的事件来看，"百年未有之大变局"的确正在我们面前徐徐展开。在整理此文集过程中，我特别标注了每篇文章的写作时间，就是希望过去二十余年间写下的这些文字，亦能成为回溯历史及当下特殊变局的蛛丝马迹。

是为序。

卢周来
2022年初冬于京南

目 录

序言 / 1

第一辑　学人与思想

人间斯密：求解"斯密悖论" / 3
"我们时代富有魅力的伟大的男人" / 16
一位"走上歧路"的经济学家 / 26
寻找替代方案的反叛者 / 40
分裂与整合 / 48
镜鉴与反思 / 54
中国经济思想史上的群星闪耀时 / 65
转型期中国经济学家的社会角色 / 80

第二辑　改革与转型

东方社会视角下的社会主义市场经济 / 95
中国改革的新政治经济学 / 106
"中国例外"还是"普适规律"？ / 116
改革的理想与现实 / 134

回到政治经济学时代 / 140

公平四题 / 147

资本创造世界的一段历史叙述 / 163

"发展型国家""失去的三十年"与"M型社会" / 172

谁"制造"了特朗普？ / 188

第三辑　反思与创新

经济思想史上的过客 / 205

经济学何为？ / 219

作为意识形态与乌托邦的新古典经济学 / 235

"故事"如何影响个人决策与宏观经济？ / 242

经济学如何给道德留余地？ / 254

寻找"最大公约数" / 277

构建起有中国"历史特性"的经济学理论 / 290

附1：外国学者姓名中英文对照表 / 307

附2：主要参考文献 / 314

第一辑

学人与思想

人间斯密：求解"斯密悖论"

很早就答应为译林出版社拟出版的《道德情操论》写一篇导读，但真到了我动手写这篇文章时才突然发觉：如果是让我为《国富论》写导读，或许还勉强可以一试；而要为《道德情操论》写导读，或许让一位伦理学家捉刀更为合适。但时间却不允许出版方再去寻找新的作者。既然这样，我就试图从梳理与解析所谓"斯密悖论"入手，散漫地写下我的一些想法，希望对读者有些启发。

（一）

如果一个对于亚当·斯密的背景较为陌生或此前没读过《国富论》的读者，第一次接触《道德情操论》，肯定会为斯密在书中所倡导的人世间该有的道德——对弱者同情、对苦难悲悯、像爱自己一样去爱邻人，以及正义、谨慎、律己等——所动容，肯定会把斯密视为一个时代的道德教化者或努力倡导人伦规范的伟大伦理学家。

但现在的问题在于：在思想史上，斯密更被公认为是一个伟大的经济学家,是现代经济学的鼻祖;斯密的《道德情操论》(1759)出版17年后问世的另一本著作《国民财富的性质和原因的研究》(简称《国富论》,1776),至少在当世的影响盖过了《道德情操论》。更让人迷惑不解的是,与《道德情操论》中主张以道德约束人的行为,进而又把道德的缘起归结为对他人的"感同身受"不同的是,斯密在《国富论》中把人们的行为归结为追求自利,并认为个人自利行为经由市场这只"看不见的手"引导,会不自觉地增进全社会利益。或者更简单地说,正如曾在我国影响深远的苏联经济学家卢森贝(David I. Rosenberg)在《政治经济学史》一书中所说的:斯密在《道德情操论》中"研究道德世界的出发点是同情心",而"他研究经济世界的出发点"则"是利己主义"。

因此,在19世纪后期,德国历史学派代表人物之一的布伦塔诺(Franz Clemens Brentano)就提出了所谓的"斯密悖论",认为《道德情操论》和《国富论》中对人性和道德的说法自相矛盾,把斯密视为伦理学上的利他主义者和经济学上的利己主义者。于是,近一个半世纪以来,围绕这一"悖论"产生了无数文献。

改革开放之后,国内思想界在理解"斯密悖论"上也出现多种说法。我试着在中国知网(CNKI)上进行检索,相关论文也有1700多篇。

尽管国内外关于"斯密悖论"的解释非常多,但如果粗加梳理,主要的说法有以下两种:

第一种说法:承认斯密在伦理学与经济学上的不同人性观,并且认为这种差异源自斯密的不同社会角色,或是其不同时期思想发展的结果。比如,有人指出,当亚当·斯密写《道德情操论》的时候,他已经不是作为经济学家在进行经济分析,而是作为一个个人或一名伦理学家在讨论问题了。还有人提出,从写作时间看,《国富论》创作于《道德情操论》之后,因此,《国富论》中关于人性利己的观点才是斯密后期的成熟观点。国内曾有一位主张"经济学家不讲道德"的学者,在未搞清《道德情操论》与《国富论》写作时间先后的情况下,就擅言可能是因为社会舆论对《国富论》的利己主张批评强烈,斯密"非得再写点什么来表明他的清白"。

第二种说法:不承认有"斯密悖论",认为斯密在《国富论》和《道德情操论》中都认为"人是利己的"。还有学者认为:斯密在《道德情操论》中竭力要证明的是,具有利己主义本性的个人是如何控制自己的感情和行为,尤其是自私的感情和行为,从而为建立一个有必要确立行为准则的社会而有规律地活动;而斯密在《国富论》中所建立的经济理论体系,就是以他在《道德情操论》中所作的这些论述为前提的。

我想,现在捧读《道德情操论》的读者,最感兴趣的可能也是如何看待"斯密悖论"及其解释吧。

(二)

对以上两种说法,我想谈谈自己的见解。

第一种说法是无论如何不能成立的。

在我们眼中具有伦理学家与经济学家双重角色的斯密,在当时却只有一个角色,即格拉斯哥大学的哲学教授。尽管我们今天习惯于把经济学作为一门独立学科的历史上溯到斯密的《国富论》问世,但在斯密所处的时代,经济学则是与哲学、伦理学、历史学融合在一起的，而斯密本人也是在其道德哲学课中讲授经济学。也正因此，在学科分工导致学者从事的研究越来越专业，尤其是经济学已从哲学、历史学母体中独立出来两百多年的今天，以学科分野导致的"视角不同"来解释斯密在《道德情操论》与《国富论》中关于人性观点的差异，显然是"以今人之心度古人之腹"。

至于从斯密写作两书的时间的先后来解释"斯密悖论"，并且认为《国富论》中关于"人性利己"的观点是斯密晚年更成熟的观点的说法，更是附会。因为实际情况是，《道德情操论》自出版以来，斯密本人一共修订了六次。甚至就在《国富论》于1776年面世之后，斯密还对《道德情操论》作了两次修订，而且最后一次同时也是最重大的修订是在斯密逝世之前才完成。但不仅看不出这两次修订中作者有更倾向于赞同"人的利己之心"的看法，相反地，两次修订中作者恰是在更高声地呼吁建设一个"以正直、人性和公正支配"而非"以利己之心支配"的世界。约翰·雷（John Rae）在《亚当·斯密传》中曾指出，在斯密晚年最后修订的《道德情操论》中，有三点值得注意：一是增加了一章——这也是最重要的一点——"论道德情操的堕落"，并指出"堕落的原因是我们倾向于羡慕有钱有势的人，而鄙视贫穷卑贱的人"。斯密用大量篇幅"谴责了有钱有势者的恶行与愚蠢"，认为"与智慧和道德相比，人们却更崇奉地位和财产，这是完全错误的"。二是删除了此前几个版本中对罗斯福·格尔德（Roosevelt Gerd）的批评，而专注于批评在《蜜蜂的寓言》一书中主张"自私和纵欲"的曼德维尔（Bernard Mandeville），认为曼德维尔"个人劣行即公共利益"的观点极其荒谬。三是在评价卡拉斯（Jean Calas）案件时，斯密"生动地描述了他未来的信仰和一个洞察一切的最高审判者"。这个"最高审判者"即上帝,他将"向人们展示另一个世界的图景。那是比现世更美好,由正直、人性与正义支配的世界","在那里美德终将得到报偿,而且那唯一能使人对骄奢的恶德感到战栗的伟大原则将有效地安慰被侮辱与被损害的无辜者"。

我们重点讨论第二种说法。

这种说法试图弥合人们在阅读斯密的《国富论》和《道德情操论》时所产生的"距离",我很赞同这种努力,甚至其中的一些观点我也认可;但我认为这种说法中也有不少论述过于轻率,采取的方法仍然是将《道德情操论》往《国富论》上靠,在极大程度上消解了《道德情操论》在道德教化和呼吁人性美方面的意义。

就我个人对《道德情操论》的理解而言,有以下几点体会很深:

第一,人性的丰富性。如果说利己之心是人之本性,那么,对他人的同情之心也是人的本性。仅仅是因为《道德情操论》中也提到人有利己之心,就认为《道德情操论》和《国富论》"都是从人的利己本性出发的",从而"在本质上是一致的"(见商务印书馆1997年版译者序),这样的观点不成立。《道德情操论》开篇就说得非常清楚:"无论人们会认为某人怎样自私,这个人的天赋中总是明显地存在着这样一些本性,这些本性使他关心别人的命运,把别人的幸福看成是自己的事情,虽然他除了看到别人幸福而感到高兴以外,一无所得。这种本性就是怜悯或同情。""同情在任何意义上都不可能(被)看成一种自私的本性。"可见,"怜悯或同情像人性的其他所有原始感情一样",至少是与利己之心并列的本性,而非产生于利己之心。所以,试图把人性归为"利己"这一种,是一种学术上的一元论式的霸道。

实际上，已经有人指出（如商务版译者序），斯密在《道德情操论》中区分了"自爱"与"自私"，并把这种基于个人利益的利己主义称为"自爱"，同时称"自爱"是人类的一种美德，它绝不能跟"自私"相混淆。但即使如此，斯密也没有把"自爱"看成是包括同情他人在内的人性的基础。在书中，他明确提出，与同情有关的愉快和痛苦的感情，并非出自人的"自爱之心"，因为"它们不能从任何利己的考虑中产生"。他更进一步批评道："据我所知，从自爱推断出一切情感和感情，即耸人听闻的有关人性的全部阐述，从来没有得到充分和明白的解释，在我看来，似乎是源于对同情体系的某种混乱的误解。"

第二，利己之心恰恰是需要被约束的。正因为人性存在诸多侧面，斯密才需要通过伦理学层面的研究写作《道德情操论》来回答"应该提倡什么、约束什么、反对什么"。与现世经济学家通过对《国富论》的简单化理解而认为斯密"提倡支配人行为的利己之心"不同的是，《道德情操论》所提倡的是"同情之心"。书中写道："正是更多地同情他人，更少地同情我们自己，约束我们的自私自利之心，激发我们的博爱仁慈之情，构成了人性的完善；也只有这样，才能在人类中产生得体与合宜即在其中的感情的和谐。"由此可见，斯密认为需要约束的恰是"利己之心"。书中指出："对自己幸福的关心要求我们具备谨慎的美德……约束我们不去损害他人的幸福。"而斯密最反对的，恰是出于利己之心去损害他人利益的行为。而即使只是利己而不损人，却没有同情之心的人，也是斯密所无法认可的。他写道："我们认为仁慈和慷慨的行为应该施予仁慈和慷慨的人。我们认为，那些心里从来不能容纳仁慈感情的人，也不能得到其同胞的感情，而只能像生活在广袤的沙漠中那样生活在一个无人关心或问候的社会之中。"

尽管提倡同情之心，约束利己之心，但斯密在《道德情操论》中所主张的却并非上帝或圣人，而是一个凡人：他"关心自己的幸福"，同时也"关注他的家人、朋友和国家的幸福"；"关注更崇高的事情"，同时也不"忽视更低级的事情"。约翰·雷在《亚当·斯密传》中说，作为一个影响历史进程的伟大学者，斯密在现实生活中对邻居"以慈善、博爱、富于人情和宽容著称"。这给我们描述了一个"人间斯密"的形象，也表明践行其主张的道德体系，并不是难事。

第三，"公民的幸福生活"绝非以利己之心支配行为的社会里可以实现。现世许多经济学家从斯密《国富论》中得出这样片面的结论：凭利己之心支配行为，"受一只看不见的手的引导"，人们会不自觉地增进全社会福利，并最终会使全体公民获得和谐与幸福生活。甚至对于现实世界中广泛存在的"利他行为"，经济学家也以"利他最终也不过是为了利己"来解释。关于这一观点是否符合《国富论》原意我们后面再论，但这一观点与斯密用以专门探讨"以公民幸福生活为目标"的伦理体系的《道德情操论》思想不相符。在《道德情操论》中，斯密指出，支配人类行为的动机有自爱、同情心、追求自由的欲望、正义感、劳动习惯和交换倾向等，而非一些经济学家所认为的只有自私或利己之心在支配行为。而且，从斯密的论述中可看出，与自爱之心相比较，同情之心对于建立和维系一个公民生活幸福的社会更为重要。首先，具有同情之心才能"捍卫和保护社会"。斯密指出，同情心使得我们具有对别人的苦难感同身受的能力，尤其是"对于别人所受的伤害具有一种非常强烈的感受能力"，这使我们对苦难与受侮辱受伤害充满恐惧，而这种恐惧"又是对人类不义的巨大抑制"；在上述恐惧折磨、伤害个人的时候，"却捍卫和保护了社会"。其次，具有同情之心才能"使社会兴旺发达"。斯密在书中写道："人只能存在于社会之中，天性使人适应他由以生长的那种环境。人类社会的所有成员，都处在一种需要互相帮助的状况之中……在出于热爱、感激、友谊和尊敬而相互提供了这种必要帮助的地方，社会兴旺发达并令人愉快。"而如果"没有同情之心"，"社会也可以存在于一种不很令人愉快的状态之中，但是不义行为的盛行却肯定会彻底毁掉它"。

那么，以上三点是否意味着《道德情操论》与《国富论》之间关于人性与道德的说法更加不可调和了呢？并非如此。这又可以从两个维度加以理解。

第一个维度：社会领域与经济领域的区分。人性的丰富性——斯密将其主要区分为利己之心与同情之心——在不同领域有不同的表现，而这种不同的表现也如同人性的丰富性一样，并行不悖。

马克斯·韦伯较早区分了"社会领域"与"经济领域"。如果要简单地做一对应的话，可以这样说：在社会领域，人们更多地应该展现出对他人的同情之心，以维护社会规范，捍卫社会正义，提升社会幸福；而在经济领域尤其是在市场交易过程中，人们更多地表现为"利己之心"，以获得更多财富回报。这二者之间没有矛盾：就好像在市场上拼命赚钱的比尔·盖茨（Bill Gates）同时也在社会上拼命做慈善，并试图说服更多富翁一起做慈善；也正如早上还在菜市场上为了5分钱与菜贩费尽口舌的主妇，下午把上千元钱捐给汶川地震灾区却连眼睛都不眨一下。完全可以这样说：对他人的感同身受之心，是使得我们的社会呈现出良序的前提；而在市场交易中追求利己的行为，是使得经济充满活力的保障。也正因此，我们看到，斯密在《道德情操论》中使用最多的字眼之一是"社会"，因其探讨的是社会伦理；而在《国富论》中使用最多的字眼之一是"市场"，因其探讨的是经济交易法则。

但是，正如卡尔·波兰尼（Karl Polanyi）反复警告的那样：要防止"市场"对"社会"的侵蚀。也就是说，不能用经济交易领域中的利己法则，替代社会领域中应该有的以同情之心为核心的道德规范。否则，不仅会祸害社会，导致社会的崩溃，而且最终连市场本身也会因社会的反弹而被破坏。历史上法西斯主义的兴起就是惨痛的教训。

第二个维度：公正的道德高尚的"第三方"的存在。尽管可以对社会领域和经济领域进行简单区分，但这两个领域在现实世界中却是相互影响甚至相互重叠的。如何"中和"社会领域与经济领域不同的人性法则？如何使得个体利益符合群体利益，特别是如何制约利己之心不使之发展成为损人之心？如何来提倡道德、抨击恶行？斯密并没有将这些问题简单地交给所谓"看不见的手"，恰恰相反，在《道德情操论》中，斯密引入一个"公正的旁观者"承担了上述责任，并为后来的《国富论》中"国家干预"思想定调。

"公正的旁观者"在《道德情操论》中最初与经济学中推动市场均衡的"影子拍卖者"一样，只是个"虚拟人"，但后来发展成为新制度经济学中"强制契约执行的第三方"即"政府"，这中间长长的学术链条，完全可以写一长篇大论。这里仅想指出的是，在斯密那里，"虚拟人"变成"现实人"并且由其统治政府，已有迹象可循。

《道德情操论》中写道："既然我们总是深深地为任何与己有关的事情所动而不为任何与他人有关的事情所动，那么是什么东西促使高尚的人在一切场合和平常的人在许多场合为了他人更大的利益而牺牲自己的利益呢？……它是一种在这种场合自我发挥作用的更为强大的力量，一种更为有力的动机。它是理性、道义、良心、心中的那个居民、内心的那个人、判断我们行为的伟大的法官和仲裁人。每当我们将要采取的行动会影响到他人的幸福时，是他，用一种足以震慑我们心中最冲动的激情的声音向我们高呼：我们只是芸芸众生之一，丝毫不比任何人更为重要；并且高呼：如果我们如此可耻和盲目地看重自己，就会成为愤恨、憎恨和咒骂的合宜对象。只有从他那里我们才知道自己以及与己有关的事确是微不足道的，而且只有借助于公正的旁观者的眼力才能纠正自爱之心的天然曲解。"这段话充分表明，与当代经济学尤其是公共选择理论中认为包括政府官员在内的所有人都是"追求私利的经济人"不同的是，斯密始终强调，存在一些道德极其高尚的人，而正是这些人应该成为"公正的旁观者"。

也正因此，两位当代杰出的斯密社会哲学经济思想的研究权威，都指出现代人可能误解了斯密。斯金纳（A. S. Skinner）提醒人们，不要把斯密只看作经济自由主义者，斯密还是一位积极强调国家和社会干预的调解论者。乔万尼·阿里吉（Giovanni Arrighi）则更明确指出，斯密在《道德情操论》中引入的"公正的旁观者"，为《国富论》中的政治经济制度概念奠定了基础。斯密预设了一个强大的国家创造并催生出市场存在的条件，并且校正市场的不良后果，他关注的是通过政府行动来反制资本家的权力,从而保障市场的顺利运行。

(三)

有部分中国经济学家对斯密的思想误会颇深。

我仅举一个小例证:国内一些经济学家对于斯密极为反感的《蜜蜂的寓言》一书的盲目推崇。

曼德维尔是英国著名古典经济学家,《蜜蜂的寓言》是其代表作。书中说有一个蜂国,每只蜜蜂都自私自利,都奢侈消费,但蜂国却非常繁荣。有一天,蜂国居民突然良心发现,向神忏悔自己的邪恶;主神施加魔法使那个蜂巢里的蜜蜂都变得利他而节俭。但谁也没有料到,曾经繁荣兴旺的蜂国竟逐渐变成了万户萧疏的不毛之地。

《蜜蜂的寓言》自1714年问世以来,在世界各地产生了很大的影响。2002年,这本著作被引入中国,国内一些经济学家赋予其太多特定的含义。有很多学者专门论证说,斯密关于"利己经济人"的假说就来自曼德维尔。甚至有学者提出这样一个观点,即富人的高消费有利于财富向穷人转移,并引用曼德维尔书中的例子说:正是富人常出入于高档酒店并经常喝得酩酊大醉,富人手中的钱才流向了比他穷的酒店主;酒店主又通过购买酒,使得手中的钱流向了比他还穷的制酒商;而制酒商的酒销量一大,就会有更多的钱从他手中流向更贫穷的麦芽商;麦芽商的麦芽越好卖,则社会中最为贫困的农夫因能卖出更多小麦,日子也变得好过起来。相反地,如果富人不去酒店喝酒,受害的是酒店主、制酒商、麦芽商和农夫。还有一位学者同样引用曼德维尔的观点指出：富人把钱花在奢侈消费上比直接给穷人对他们更有利，因为把钱花在奢侈消费上就给穷人创造了工作机会，而直接给穷人钱则会使穷人变得懒惰。而这些学者有一个共同特点，即都声称自己是笃信"自由市场"的"斯密信徒"。

我想这些学者大概率没有读过斯密的《道德情操论》。我在前面说过，从第一版开始，斯密就批评曼德维尔；而为了集中火力批判曼德维尔，斯密去世前修订的最后一版《道德情操论》甚至删除了对另一位与曼德维尔持相同观点的学者的批评。斯密在列举了历史上种种主张善行的学说之后，笔锋突然一转："然而，还有另外一个似乎要完全抹杀罪恶和美德之间区别的道德学说体系，这个学说体系的倾向因此就十分有害。我指的是曼德维尔博士的学说体系。虽然这位作者的见解几乎在每一个方面都是错误的，然而，以一定的方式观察到的人类天性的某些表现，乍看起来似乎有利于他的这些见解。这些表现被曼德维尔博士以虽则粗鲁和朴素然而却是活泼和诙谐的那种辩才加以描述和夸张之后，给他的学说加上了某种真理或可能是真理的外观，这种外观非常容易欺骗那些不老练的人。"斯密特别指出，把所有基于同情心的美德，"不管其程度如何以及作用对象是什么，统统说成是邪恶的，这是曼德维尔那本书的大谬所在……依靠这种诡辩，他作出了自己最喜爱的结论：个人劣行即公共利益"。

对《蜜蜂的寓言》的盲目推崇，只是中国部分经济学者无视斯密主张约束利己之心的事实，反而把对"人性自私"的盲目赞美的责任推给斯密的一个极小的例证而已。

斯密在系统批评完曼德维尔的观点之后，总结道："这就是曼德维尔博士的体系。虽然同没有这种体系时相比，它或许并未引起更多的罪恶,但是,它起码唆使那种因为别的什么原因而产生的罪恶,表现得更加厚颜无耻,并且抱着过去闻所未闻的肆无忌惮的态度公开承认它那动机的腐坏。"

斯密晚年担心会导致"道德情操堕落"的事如今在中国大地上并不鲜见,我不知道这种状况与中国部分经济学家对斯密的误读到底有多大关系;但我敢肯定的是:某些成天混迹于资本与权贵中间的经济学者,伪托斯密的言论,公开主张自私与纵欲,公开把主张群体利益和利他行为的美德诋毁成"虚伪",他们必须为这样的后果——斯密所说的"强者的罪恶和愚蠢越来越少受到人们的轻视,而无罪者的贫困和软弱反而成了嘲笑的对象"在中国社会越来越成为"常态"——承担部分责任。

因此,是到了我们应该认真读一读《道德情操论》并重新思考斯密真正的思想遗产的时候了。

(作于2011年3月)

"我们时代富有魅力的伟大的男人"

距保罗·斯威齐逝世已有数月了。我在 Google 搜索框中键入"保罗·斯威齐逝世"进行搜索,结果,除了当初我匆忙间为纪念保罗而让学生挂在"中国政治经济学教育科研网"上几篇他晚年的文章外,中文世界对这样一个伟大人物的离去仍然未置一词。于是,我就想到必须写点什么东西。

其实,在西方主流经济学界,保罗·斯威齐早就"死"过一次了。就在保罗逝世不久,在哈佛大学,一位著名的主流经济学家曾怀着十分痛惜的口吻对保罗的学生说:"纪念保罗·斯威齐?他曾经是一个提出过'拐折的需求曲线'的如日中天的青年经济学家。但可惜他死得太早了。"这位主流经济学家并不是说活了94岁的保罗真的死得太早,他的意思是,作为主流经济学家的保罗"死"得太早了,因为他过早地转向了在他那个世界被视为异端或非主流的马克思主义经济学,而这就已经宣告了作为一位被他那个世界认可的经济学家的"死亡"。此前,保罗曾是哈佛大学经济系的高才生,也是一位曾经对主流经济学微观经济理论及产业组织理论作出过重大贡献的青年经济学家。保罗在西方主流经济学界曾被一致看好,他提出的关于处于垄断地位厂商面临"拐折的需求曲线"的理论至今仍然见于几乎所有的权威经济学教材,而这一理论实际上是出自他在哈佛大学的毕业论文,他因此而成为年轻学子们的榜样。许多人相信,出身于豪门大户的他,只要在主流世界中厮混下去,前途一定无量,甚至有可能早就获得了诺贝尔经济学奖。

然而,保罗出乎意料地转向了:从一个主流经济学家转为了坚定的马克思主义者。这在1930年代的美国学界是一个轰动事件,也被认为是一个谜。在美国,有许多人试图解开这个谜。最后,比较公认的说法是,1930年代的资本主义体系的大危机导致了保罗的转向。在大危机期间,保罗目睹了资本主义的缺陷:一方面是产品过剩,而另一方面是广大下层人民对于大量的过剩产品几乎没有任何消费能力;一方面是大量的食品被倾倒入垃圾场,而另一方面是寒冷的冬夜街头常有饿毙的流浪者。这让保罗百思不得其解。至少从感性上看,他对这种制度"独裁性"的一面有了初步的认识:经济增长的成果只限于在精英阶层中分享,而广大的劳动者却穷苦无告。真正的民主被他认为是解决这一问题的法宝。为此,他与一些进步学生出版了小册子《美国民主的经济方案》(*An Economic Program for American Democracy*)。这部小册子实质上是一个凯恩斯主义(Keynesianism)的拯救危机方案,但却是保罗离开占主导地位的新古典经济理论的一个标志,也是保罗行将"背叛"主流经济学界甚至他所在的那个阶级的一个标志。也正因此,美国著名的主流经济史学家金德尔伯格(Charles P. Kindleberger),至今仍然以保罗的例子来向他的学生们说明1930年代的大危机对整个资本主义的影响,并要求对这个制度进行反思。

但对保罗的转向反思最深刻的当数与保罗亦师亦友的约瑟夫·熊彼特。作为 20 世纪最伟大的主流经济学家之一，熊彼特的声望几乎与凯恩斯（John Maynard Keynes）齐名，而且他也是主流经济学家中难得的极富包容性的一位。他与保罗的关系十分特殊，早年是保罗的老师，后来与保罗成为在意识形态上分歧很大但在学术上却始终相互提携的一对忘年交。实际上，保罗尽管被美国主流经济学界所抛弃却被主流经济学家所尊重，相当程度上得益于熊彼特的影响。在其巨著《经济分析史》中，熊彼特多次引用保罗的研究成果，使得保罗在这套巨著中的被引用率在所有的经济学家中高居前 10 名到 15 名之间。要知道此时保罗在 1950 年代后的几本巨著还没有问世（熊彼特逝世于 1950 年）。作为"仅次于哈耶克之后"资本主义世界的维护者［罗伯特·波林（Robert Pollin）语］，熊彼特对保罗一直怀有一种十分复杂的情感。一方面，他十分钦佩保罗的才华与思想，另一方面又不能不站在他的角度为保罗最终走向了资本主义最坚定的反对者而惋惜。于是，他对保罗转向的反思比旁人更深刻一些。这最直接体现在熊彼特的另一部巨著《资本主义、社会主义和民主》中。

有必要再说一下熊彼特本人的政治态度。保罗在论述熊彼特与马克思之间的关系时曾经富有洞见地指出，熊彼特和马克思有个共同点，那就是关于经济发展过程的看法。"我们认为，在这一重大的共同点上，熊彼特很可能于无形中受到过马克思的影响。但毕竟由于世界观和立场不同，因而用伊丽莎白·熊彼特（Elizabeth B. Schumpeter）的话来说，就引向极不相同的结果：它使马克思谴责资本主义，而使熊彼特成为资本主义的热心辩护人。"

但就是这么一位资本主义的热心辩护人,从保罗的转向,绝望地看出他所为之辩护的制度最终还是将走向灭亡。在《资本主义、社会主义和民主》一书中,熊彼特一上来就提出了一个十分尖锐的问题:"资本主义能存在下去吗?"他的回答不容怀疑:"不能。"接着又问:"社会主义能成功吗?"他的回答十分肯定:"我想一定能成功。"而究其原因,熊彼特认为,资本主义培养了人们思想自由、富有批评的精神,这种精神又不可避免地使人们最终会掉转枪口对着有着致命缺陷的资本主义制度本身。而社会主义尽管可能存在体制笨重与官僚化的弊病,但只要它比资本主义更加强调平等主义,它就一定能成功。熊彼特特别指出,当资本主义社会中那些光彩照人的知识分子对资本主义的粗俗与不公正越来越不满时,他们不仅会成为资本主义的埋葬者,还会成为社会主义的上层设计与运作者。熊彼特在写下这些文字时,他可能是想到了出身于统治阶级家庭的保罗,一个才华横溢的主流经济学家,竟然就在他的眼皮底下,成了一个坚定的马克思主义者。这种强烈的反差使得熊彼特不能不相信马克思当年的预言:资产阶级的确培养了自己的掘墓人!或者按以塞亚·伯林(Isaiah Berlin)的话来讲:一个真正的自由主义者最终都可能走向社会主义。

当然,尽管熊彼特从保罗的转向中看出资本主义必然灭亡、社会主义必然胜利,但他对于保罗的学术思想逻辑仍然没有足够的了解。在当下的主流经济学界,尽管学者们都认可保罗年轻时提出的"拐折的需求曲线"理论,但对于保罗为什么从当初研究垄断性厂商行为转向马克思主义,也没有进行更深入的研究。青年保罗与马克思主义者的保罗似乎是两个保罗,但实际上,青年保罗与作为马克思主义者的保罗之间在学术思想上有一脉相承的关系。

我们不妨简单地看看青年保罗关于"拐折的需求曲线"理论的基本内容。我们知道，在只有几家厂商的寡头垄断市场上，即使生产成本有一定量的改变时，产品价格一般也保持不变。这就是说，在寡头垄断市场上，一旦价格确定之后，就具有相对稳定性。对于这种现象，许多人都提出了不同的解释。其中保罗在1939年提出的"拐折需求曲线模型"最具解释力，因而在当时也最受追捧。保罗认为，寡头垄断市场上价格刚性是因为：（1）当某一寡头厂商提高价格时，其竞争对手为了增加自己的销售量并不随之提高价格，此时，提价寡头厂商的销售量会因此大幅度下降，其需求富有弹性，需求曲线比较平坦；（2）如果这一寡头厂商降低价格，其竞争对手也会被迫跟随降价，而降价寡头厂商的销售量并不因此扩大，其需求缺乏弹性，需求曲线比较陡峭。正因此，寡头厂商面临的是"拐折的需求曲线"。既然提价会导致销售量大幅度下降，而降价却无法提高多少销售量，寡头厂商的最佳策略当然是维持现有价格不变了。

就在西方主流经济学界仍然津津乐道于保罗富有解释力的假说时，还在进行过程中的资本主义生产相对过剩危机却使保罗开始转向另外一个更深层次问题的思考。这些思考后来经由保罗的挚友兼学生约翰·贝拉米·福斯特（John B. Foster）整理，得以十分清晰地展现于我们面前。保罗思考的另外一个更深层次的问题是：整个资本主义制度的生产相对性过剩，与寡头厂商的产品定价有没有关系？沿着这条理路，保罗接着思考，既然寡头厂商的产品定价可以不顾生产成本，那么是否意味着他们其实可以彻底不理会生产成本而单纯从操作价格中获得利润呢？既然如此，马克思当年所说的"剩余价值由工人创造"以及"资本有机构成提高后利润率下降"规律是不是不再发生作用？保罗对这些问题的回答集中在他的代表作《资本主义发展论》、《垄断资本》[与保罗·巴兰（Paul A. Baran）合著] 以及在他创办的著名左翼杂志《每月评论》上发表的若干文章中。保罗认为，在垄断资本主义时代，资本利润的来源主要是利用其垄断地位，因此马克思的"利润率下降趋势规律"不再适用，而必须由"剩余上升趋势规律"代替（这里，"剩余"被定义为生产工人的工资和全部增加价值之间的差额）。而垄断阶段的资本主义的关键矛盾，也就是不断增长的巨大的剩余和相应的剩余如何被利用与吸收之间的矛盾：一方面，巨型公司利用其垄断地位创造了大量的剩余；而另一方面，这大量的剩余如何被充分利用与吸收却成了资本主义体系得以维持需要解决的最大问题。在保罗看来，资本主义可以使用或浪费一些剩余，用于个人挥霍，但这与不断增长的剩余的规模相比简直微不足道。因此，问题仍然是如何吸收全部实际和潜在可得的剩余。一般来说，答案在于寻找新的投资，但扩张的资本遇到收入分配带来的消费极限问题：无论占人口相对份额越来越少的资本家阶级如何挥霍，相对于巨大剩余来说也不过是九牛一毛，而劳动人民却没有购买力，那么，最终谁来购买越来越多的产品？在初中期，资本主义解决剩余吸收与利用的问题一般采取三种方法，即向外围国家扩张、金融投机以及军事凯恩斯主义。可是，全球资本主义体系一旦形成，资本主义总有用光可以扩张的地球空间的一天，此时，资本主义就将走向灭亡。以上分析足可表明，青年保罗思考的问题正是后来作为马克思主义者的保罗所思考的问题的入口。而西方主流经济学界讨论的所谓青年保罗与后来作为马克思主义者的保罗之间的"距离",其实并不像他们所想象的那么大。

还是沿着这条理路,晚年保罗把对资本主义制度的思考推向了更深的层面,但同时也陷入了一种相对更为悲观的心态。保罗逝世后,我曾特地在他晚年的文章中找出我认为较有代表性的三篇,让学生置于"中国政治经济学教育科研网"纪念专栏。这三篇文章分别是《再谈(或少谈)全球化》(1987)、《在毛泽东诞生一百周年纪念会上的讲话》(1993)以及《〈共产党宣言〉在当代》(1998)。

在《再谈(或少谈)全球化》一文中,保罗认为,资本主义为解决巨大剩余利用或吸收而进行的资本关系全球化扩张已近结束,资本主义再扩张已经没有多少余地。于是,在西方主流经济学界一片"资本主义是历史的终结"的叫嚣声中,保罗却看到了资本主义制度可能到了它真正走向灭亡的时候。

《〈共产党宣言〉在当代》是保罗为纪念《共产党宣言》发表150周年而写的。这是我见到过的保罗最后一次最简洁也最清晰的表达(尽管后来他仍写了一些文章),但也是我见过的他写下的最悲观的文字。保罗认为,马克思当年提出的资本主义"生产过剩的瘟疫"不仅没有在资本主义体系内得到解决,反而变成了全球性问题。但他似乎不太相信无产阶级革命能诞生一个全新的制度,他引述马克思的话认为,历史上每一次阶级斗争的结局实际上有两种,即马克思在《共产党宣言》中所说的"整个社会受到革命改造"或者"斗争的各阶级同归于尽"。保罗认为,马克思和恩格斯在《共产党宣言》中对"斗争的各阶级同归于尽"阐述不多,这很可能是因为他们认为这不可能是资本主义条件下阶级斗争的结果。"但是，在当今世界，如果我们环顾一下我们周围——而且把资本主义正在毁灭或者破坏可持续发展的自然基础的程度考虑进去——我们就必须明确重申，'斗争的各阶级同归于尽'是不久将来的历史上的一个非常现实的前景。"保罗为什么认为革命的后果可能是同归于尽，他没有细说，但我们还是可以顺着他一贯的思想理路作出解释，即当资本主义扩张已无可能，而剩余吸收问题没有解决，资本主义可能回过头来"反噬其身"：消费主义走向更加登峰造极的阶段；在人类内部不断制造战争武器以及制造战争，最终的结果自然是人类与地球的共同毁灭。针对这种可怕的图景，保罗在文章的最后提出这样一个问题："我们应该努力实现什么？"他认为最紧迫的任务是："我们应当努力使世界各民族牢记有关资本主义的真实情况，它并不像资产阶级思想家想让我们相信的那样是'历史的终结'，但是它的继续存在确实可能导致历史的终结。"保罗认为，《共产党宣言》给我们提供的最大希望在于，马克思和恩格斯认为："最后，在阶级斗争接近决战的时期，统治阶级内部的、整个旧社会内部的瓦解过程，就达到非常强烈、非常尖锐的程度，甚至使得统治阶级中的一小部分人脱离统治阶级而归附于革命的阶级，即掌握着未来的阶级。所以，正像过去贵族中有一部分人转到资产阶级方面一样，现在资产阶级中也有一部分人，特别是已经提高到从理论上认识整个历史运动这一水平的一部分资产阶级思想家，转到无产阶级方面来了。"保罗显然是将揭露资本主义将导致人类灭亡的可能性的希望寄托到了那些与他一样将转向无产阶级方面的资产阶级思想家身上。而这实际上是一个已经在相当程度上偏离了马克思主义的解决方案。即使如此，保罗也认为前景很悲观，所以他说得很犹疑，"如果我们还想要有未来的话"，这大概是我们可以做的事。

但这能怪保罗吗？在他的晚年，他看到了整个世界戏剧性的转向，而这个转向正好与 1940 年代他参与其中的转向颠倒。在 1990 年代末，他也认为中国的改革开放不过是世界资本主义体系得以完成的一部分；他还认为资本主义已经走到了最疯狂也最无耻的阶段，而这种体制还制造出可怕的意识形态陷阱：让生活在其中的民众与知识者认为这就是世界本来的面目，这也是历史上最好的制度。

保罗已经走了。在他的纪念仪式上，西方不少左翼学者总结了他的知识贡献，包括劳联 - 产联（AFL-CIO）在内的工团负责人也总结了他对于他所在的社会变得更加民主与和谐的社会贡献。而他的亲人与学生还提到了他的一些生活琐事，比如：保罗在学校中穿着总是非常随便，一般就两件宽大的短袖衬衣换着穿，这与我们印象中大教授们总是西装革履大不相同；保罗一般不会参加富豪们的各种沙龙与聚会，这也与我们印象中大教授们总是乐于充当资本家阶层的点缀不同；但保罗却愿意与学生、穷人待在一起，并一直是工团运动的最热心支持者，这与我们印象中大教授们总是以被邀请去"企业家论坛"或西山的豪庭大宅谈什么"维护企业家权益"为荣更不可同日而语。当我读到这些关于保罗的琐事，我就想到，这是一个真正的无产阶级知识分子的形象！

但无产阶级知识分子的形象并不注定是贫苦、潦倒、刻薄的，相反在我们这个时代它甚至比某些主流大教授们更有魅力。新古典综合派的集大成者、美国第一个诺贝尔经济学奖得主萨缪尔森（Paul A. Samuelson），曾在《新闻周刊》上发表过一篇题为《当天使巡游人间》(*When Gods Strode the Earth*)的文章，回忆保罗与熊彼特在哈佛的一场争论。在那篇文章中，保罗被称为"天使"，"因为他如此智慧、富有、英俊而且马克思主义"。保罗的学生还曾经回忆起这样一件事：1980年代中期，在一个小型讨论会上，保罗的学生正与一位年轻的女教授聊得起劲，这时保罗出场了。女教授竟然呆呆地看着保罗足有数分钟，然后转向保罗的学生喃喃地说道："看斯威齐，他是如此漂亮！"实际上，此时的保罗已是一位七十多岁的老人。

是的，正如罗伯特·波林所言，保罗·斯威齐，他是我们时代富有魅力的伟大的男人！

谨以此文纪念20世纪最杰出的马克思主义经济学家保罗·斯威齐（1910—2004）。

（作于2004年4月）

一位"走上歧路"的经济学家

2016年12月13日,诺贝尔经济学奖得主、著名经济学家、战略学家、美国马里兰大学教授托马斯·谢林(Thomas C. Schelling)辞世,享年95岁。我是从青年学者陈宇峰给我的微信中最先得知这一消息的。宇峰在微信中还对我说:"你应该写篇纪念文字,因为你对他很了解。而国内对他的研究不多。"很快,我的一位学生也在微信群中发布了这一消息,并且感慨:"犹忆八年前,在长沙五华酒店,与卢老师一起,和这位可敬的老人在灯下夜谈的情景。"现在距离谢林辞世已近月余,我觉得自己的确有责任写点文字,以图让更多人了解这位学界泰斗级人物,来纪念这位受我和朋友之托,为中美学术交流付出过巨大努力的可敬老人。

(一)

打开马里兰大学公共政策学院网页,在其最显著位置,至今仍然是"纪念谢林"专栏,专栏开头是这样一句话:"罕有人能同时对真实世界和公共政策研究领域产生如此深远的影响,而谢林却做到了!"这句话,我认为是对谢林最到位的评价。

由于从事防务经济学研究的原因，我最早了解托马斯·谢林，是其在服务于美国国防部、参谋长联席会议和兰德公司时提出的战略威慑理论。所谓战略威慑，是指冲突中一方采取有效方式影响对方决策，并期望借此影响对方对自身行为预期判断的行为模式。谢林认为，冲突主体之间战略威慑运用的微妙性，类似于著名的"勇敢者游戏"：在一条长长的、笔直的大道上，两辆汽车分别从两头出发，以飞快的速度面对面疾驰而来；此时，每辆车的车主一方面都希望不会发生两车直接碰撞以致车毁人亡的悲剧，但另一方面又都希望对方能首先避让，以使自己获得"勇敢者"的名声。然而，有趣的是，在这种"勇敢者游戏"中，车毁人亡式悲剧发生的概率的确很低。而获胜的一方，从来都是有办法让对方明白"在任何情况下我都不可能选择避让"的那一方。谢林分析道，一旦有一方通过某种行为率先准确地传递了"任何情况下都不避让"的信息，那么另一方在最后时刻总会选择退让。这是因为，即使成为游戏中的"胆小鬼"，也好过车毁人亡。由此，谢林认为，当实力相当的双方发生利益冲突时，既想达到己方目的，同时又不想将冲突进一步发展为两败俱伤的战争时，双方一般都会运用战略威慑，以迫使对方能够让步。而冲突双方谁能通过战略威慑获得更大的相对利益，则取决于给对方的战略威慑的"可置信程度"：一旦对方认为你的威慑是可信的，即在任何情况下你都不会选择退却，那么为了避免更坏的结果出现，对方会选择让步。

由于谢林长期服务于美国军方，他提出的战略威慑理论，一直深深地影响着美国的外交政策与军事斗争领域。在冷战时期，美国与苏联长期处于冲突的状态，却从来没有酿成战争，也没有妨碍美国国家利益的扩张，实际上就是运用战略威慑的结果。尤其在处理著名的古巴导弹危机过程中，谢林作为危机处理团队成员，直接参与了决策咨询。他和成员们提出，要公开让全世界都知道，要么苏联人撤走部署在古巴的导弹，要么美国将不惜任何代价、包括升级为核战争的代价，也要对这些导弹进行空中打击，除此之外美国没有其他选择。为了使这一"承诺"变得可置信，谢林等人建议，肯尼迪政府必须通过公共广播电视系统和公开声明，把这一"承诺"周知全体美国人、苏联政府以及国际社会。这种公开的做法就是告知对方："我已经将自己置于一个不可能再有其他选择的地位，否则这届政府在美国和国际社会将失去所有信用。接下来就看你的啦！"于是，为了避免冲突演变为核战争，苏联政府在最后时刻选择了退却。这是"可置信威慑"战略应用的一个绝佳范例。

　　谢林提出的"让对手让步"的策略，后来又被称为"边缘政策"：冲突中的双方尽管没有真正同归于尽，却是以一方将自己摆在"不惜同归于尽"的位置上才化解困境的；在两个国家之间，尽管没有发生全面战争，却是以处于战争边缘甚至有限战争来化解战争的。谢林提出的这一政策主张，后来被大国广泛用于外交、国家安全、核战略以及军控和裁军等领域，在真实世界中发挥着巨大影响力。在某种意义上，谢林作为学者，与政治家一起，塑造了冷战前后的世界格局。

　　与其在政策层面的影响一样，谢林在理论研究层面的影响同样深远。在其经典著作《冲突的战略》一书中，谢林将其战略威慑理论系统化，首次定义并阐明了互动决策、可置信承诺、战略移动等概念，对讨价还价和冲突管理理论作了非常细致的分析，为后来经济学领域发展起的合作博弈理论奠定了基础。特别是，其"不可置信的威胁"启发了德国经济学家赖因哈德·泽尔腾（Reinhard Selten），泽尔腾提出的"子博弈精炼纳什均衡"概念就脱胎于此。仅在这一点上，谢林至少可与纳什（John Nash）比肩，后者的贡献主要是在"非合作博弈"领域。也正因此，2005 年，谢林被授予诺贝尔经济学奖，获奖理由是："通过博弈论分析改进了我们对冲突和合作的理解。"

但如果仅仅把谢林的贡献定位为发展起博弈论的一个分支，还远远不够。1980 年，在为《冲突的战略》一书再版作序时，谢林明确写道，自己之所以写作此书，主要目的是为了建立起一个跨学科领域，该领域可称为"冲突理论"。足见谢林本人的理论兴趣远超博弈理论，他是把目光投向一个更为广阔的领域。

我们都知道，自亚当·斯密以来，西方主流经济学都是关于交易的经济学。从最基本的层面看，交易经济学告诉我们的，依然还是斯密在两百多年前就已经给出过的理论：在交易过程中，追求自我利益最大化的经济人，通过一只"看不见的手"的引导，不仅增进了自己的福利，而且增进了公共福利。"只要是自愿的交易，肯定能实现由自利到双赢！"人们常将这一理论称为"斯密信条"。主流的交易经济学也因为论证"斯密信条"而给我们勾画出一个没有冲突且还能不断进步的市场社会图景，即"斯密世界"。

谢林的贡献在于，他注意到现实世界中冲突无处不在。与"斯密世界"相反，在冲突的世界中，自利行为并不能增进集体福利。一方在冲突中多得到一份福利，意味着另一方同等份额的丧失，即两方的收益和损失相加总和永远为零，这就是"零和博弈"。而在更极端的情况下，自利的选择最终将导致"双输"，最典型的案例就是"囚徒困境"。此外，谢林还注意到一种情况：冲突双方的博弈其实往往带有非零和的性质，此时，双方可以通过讨价还价达成协议，无论产生哪种协议，都比没有达成协议要好。因此，管理与处置冲突的战略或艺术就非常重要。而谢林试图通过自己和他人的努力建立起"冲突理论"，其意义也在于避免现实世界的利益冲突最终酿成"双输"局面。

　　谢林本人未能完成建立起完整的"冲突理论"这一宏愿。在 1980 年代他已意识到，建立"冲突理论"仅靠他本人是不够的。所以，在《冲突的战略》再版序言中他写道："尽管我致力研究的领域可能不会突飞猛进，但是我相信将会有更多有志之士投入到这一领域的完善和发展之中。"而现实也正如他所预料的一样。1980 年代初期，美国著名的数理与计量经济学家英特里盖特（M. D. Intriligator，"经济学手册"丛书主编之一）正式提出应当建立"冲突经济理论"。此说得到经济学家赫舒拉发（J. Hirshleifer）的响应。后者在 20 世纪 80 年代末与 90 年代初首次将已有的成果进行综合，提出"冲突经济学"概念与体系。他认为，"冲突经济学"应该与"交易经济学"一起，构成微观经济学的两个平行分支。前者研究基于双方均势基础之上的交易与互利行为，而后者研究基于单边优势基础之上的斗争与互害行为。两个分支都具备相同的标准的经济理论要素，但也存在诸多不同。首先，预设的前提不同。传统的交易经济学关于理性经济人、完全信息以及市场出清假设，在冲突经济学中相应地变成了"机会人"假设、不完全信息假设。所谓"机会人"假设，赫舒拉发又称之为"马基雅维利定理"（Machiavelli's Theorem），是指冲突背景下局中人不会放过任何有利可图的剥削他人的机会。其次,研究的工具不同。主流的交易经济学使用的是价格理论,而冲突经济学主要使用博弈理论(Game Theorem)。再次,研究的重点不同。主流交易经济学是研究生产的技术,即在生产或消费过程中如何合理配置资源;而冲突经济学研究的是斗争的技术,即研究如何将资源配置于斗争性努力与生产性努力之间,以赢得竞争中的优势。最后,研究的结论不同。主流交易经济学的结果是"瓦尔拉斯均衡",即总能找到一组价格使交易双方都满意;冲突经济学的结果则是纳什均衡,即"在给定条件下,你不动我也不动,你动我也动"。

当然,时至今日,"冲突的理论"或者说"冲突的经济学",始终未能与交易理论一样成熟,而且与谢林希望建立起跨学科性质的"冲突理论"这一初衷也不完全合拍。但无论如何,它为我们开拓经济学的新领域指明了方向。而这一新领域的发现者和开拓者就是谢林。因此,把谢林的理论贡献仅限于博弈论,的确有些委屈了这位有着更宏伟抱负的思想者。实际上,谢林本人委婉地表达了对当时主要由数学界主导博弈理论的不满。仍是在《冲突的战略》再版序言中,他写道:"我最初还认为博弈论在某些领域应该具有更多实用性,但现在看来,这也许是一种曲解。因为博弈理论家更多倾向于将博弈论限制于数学范畴。"

(二)

理解谢林的学术观点,"聚点"(Focus Point)这个概念极其重要。

"聚点"这个概念,用非学术语言讲,就是利益冲突的各方认为各方可能达成妥协的利益分割点的交集。或者说，在这一点上，一方认为另一方会接受这一解决办法，而另一方也的确会接受。

但如何才能达成"聚点"是个大难题。仍然以"勇敢者游戏"为例。这个游戏之所以能玩下去，一个前提仍然是理性的双方都知道必须避免迎面撞上导致车毁人亡。也就是说，"不直接相撞"是这一游戏的"聚点"。两个冲突中的国家也一样："不战"是双方最后默认的交集，即"聚点"。只有在不撞与不战的情况下，才谈得上谋求利益最大化。但矛盾的是，为了谋求利益最大化，又必须使用"不惜一撞"或"不惜一战"的"边缘政策"。在这里，"边缘政策"是达成"聚点"的手段。但"边缘政策"的控制本身就成为突出问题。谢林自己也承认，"边缘政策"有时非常难以控制，因为只要稍微过度，就会越过边缘界线，就会导致"同归于尽"的实质性行动。"边缘政策"之所以难以控制，谢林提出的理由又有两点：首先是"错误的感知"。即双方都可能误会对方真正的想法，都认为对方一定会避让，结果车毁人亡。其次是理性未必可靠。"勇敢者游戏"假设的一个前提是，车手都是理性的，认为生存比荣誉更为重要。但在现实中，并非所有人都有这种理性，恰有人就把荣誉看得比生命还重要，其中就包括恐怖主义与宗教激进力量。

为了找到冲突的双方都能接受的解决方案的交集即"聚点"，谢林提出了两种途径：默式谈判和显式谈判。前者依赖于冲突各方之间事前建立起的默契，包括共享经验、文化与认识。在国际关系中，为了避免国家之间利益冲突转化为战争，必须建立起国际法体系。而国际法体系实际上是各方共同遵守的一种规则，也是共享的一种安排。在人际关系中，为了避免利益冲突造成"囚徒困境"式"双输"结局，道德与信任非常重要。而道德与信任也是一种默契，是一种"习惯法"。显式谈判的方式则有两种：调解（mediation）和沟通（communication）。谢林认为，如果参与人可以相互沟通，那么他们就可以当面进行讨价还价，告诉对方自己将采取什么行动，行动的边界在何处，并且通过"分级协调"，相互妥协至双方能够接受的解决方案。如果参与人之间无法沟通，则可以由第三方出面进行调解。在国际关系中，这个第三方可以是联合国，也可以是能够为冲突各方接受的中间调停国。在私人之间，这个第三方可以是中间组织，也可以是有威望的第三者，促成冲突的双方达成互谅。

从谢林关于"聚点"及如何达成"聚点"的论述，我们可以看出其方法论与主流经济学有着很大的不同。

在与谢林的交谈中，我曾专门问过他对主流经济学的看法。他似乎对此问题不感兴趣，只是简单地回答说："我不是经济学家，我是研究个体或集团行为的。"他还建议我看看《冲突的战略》之外他的另外两本著作，即分别出版于1974年的《微观动机与宏观行为》和1984年的《选择与结果》。而如果读完他推荐的两本著作，我们就会发现，谢林几乎没研究过经济问题，而是研究了我们常见的社会问题和国家行为，包括军事战略、军备控制、能源和环境政策、气候变化、恐怖主义、团体犯罪、外交援助和国际贸易、种族隔离和种族融合、军事计划、健康政策、烟草制品、毒品走私、婚姻关系、棒球比赛、排队现象等等。

当然，在经济学界，研究诸如犯罪、婚姻、吸毒、投票等个体行为，并不是谢林的"专利"，恰是长期占据经济学主流地位的新古典经济学家所热衷的事，如加里·贝克尔（Gary S.

Becker）等人。这种越界行为曾被称为"经济学帝国主义"。但同样是研究行为，谢林与主流经济学家在方法论上最大的区别在于：后者均基于经济学中"理性经济人"假说，即无论是企业（或政治集团）还是个体，其行为都是为了追求自我利益最大化，而且因其足够理性，也知道如何实现自我利益最大化；而谢林是把自己的研究建立在人的现实社会性基础之上，并明确反对前者的做法。因为在现实生活中，"大量存在标准理性模型并不起作用的地方"。

谢林分三个层面讨论"理性"问题。

首先是个体理性。谢林写道："在经济学中，个体的理性决策是一个被充分讨论的领域。"然而，"个体决策不可能完全根据理性的推测，假如个体指的是活生生的人的话"，其原因是："在单个个体内部，有可能存在一个神经、大脑和身体化学反应的系统，能够交替产生不同的'个体'，哪一个也不是唯一的人或自我。""两个或者更多的自我交替支配同一个个体，它们有着不同的目标和品味，即使每个自我都积极地看待其他自我，也不得不解释为战略博弈，而不是联合优化。"且与不同个体之间的冲突可以通过沟通与调停达成一个理性方案不同的是，在单一个体内部，"由于不同的自我不能同时到场，所以很难在不同的自我之间进行调停"。因此，"我们不能指望，个体在对那些可以引起不同价值判断的事务进行选择时会表现出理性决策的应有品味来"。

正因为个体内部存在不同"自我"，所以任何一个个体都有其"人与兽"的两面。为了解决这一矛盾，谢林明确提出了道德与自律的重要性。道德与自律作为外在的"非正式社会安排"，可以压抑个体内部不同"自我"之间的冲突。正如著名的博弈论学者拉斯缪森（Eric Rasmusen）所评论的那样，在谢林所研究的合作博弈中，"道德因素是现实的。因为人们经常是道德的，至少假装如此。人们经常按照他们认为代表圣洁的行为准则去做，即使以金钱为代价。在讨价还价的试验中，即使参与人被赋予提出'接受或放弃'方案的权利，但他往往提出大家平分的方案。有可能这是因为他崇尚公平，或许是他害怕自己拿走大部分收入时，对手及社会投来的鄙夷的眼光"。也是从这个意义上讲，在道德与自律框架约束下，"真小人"被迫在行动上不得不"伪装成君子"，不敢放肆干坏事，甚至不得不跟着做一些好事，这本身是一件好事。

其次是集体理性。在主流经济学那里，"阿罗不可能性定理"（Arrow's Impossibility Theorem）已经揭示，即使个体是理性的，也将因为各自偏好的不同，而无法达到决策上的集体理性。对此，谢林认为，个体即使行为符合理性假设，尚且无法达到集体理性，更何况个体本身就是矛盾体呢？所以，那些把企业和其他组织行为都视为"最大化"的观点，在理论上都是靠不住的。如何解决集体非理性行为导致的冲突呢？谢林认为需要国家与立法，以"外在权威力量的介入建立起一个管理冲突的系统"。这实际上与"阿罗不可能性定理"的现实含义是一致的。

最后就是国际关系的"理性"。当然，国家是"集体"的更高形式。正如前面已经介绍的那样，国家间行为更是不可捉摸，更谈不上"理性"。为了达成"聚点"，谢林认为，国家间更需要沟通。他率先建议，在美国和苏联首脑之间设立"热线"以方便沟通，这一建议在1963年成为现实。谢林还提出，为方便调停，要维护联合国这样的机构和各方公认的国际法的权威。

总之,尽管当年为了维护美国利益,谢林提出过"战争边缘政策"这一看似强硬的主张,并且影响了冷战格局,但总体上,在方法论层面,谢林是个"秩序主义"与"和平主义"者。与主流经济学迷信个体自由决策不同,谢林更笃信道德与信任,更强调国家与法律,也更主张沟通与调停。正因如此,谢林曾经称自己是"一个走上歧路的经济学家"(an errant economist)。当然,也正如诺贝尔奖委员会的评语所言:"谢林,这位自称'走上歧路的经济学家',被证明是一位非常杰出、具有开创性的探险者。"

(三)

听闻谢林辞世的消息后,我花费了一些时间,从过往的记忆以及资料中,找回十年前我与他在湖南长沙交流的一些细节。

2008年初,我与国防科技大学时任社科系主任的曾立教授一起,策划并邀请了谢林到长沙讲学。曾立教授是一位有学术热情同时又有行动能力的学者。我们一起为中国防务经济学科的发展殚精竭虑。在学术上,我们都特别强调中国防务经济学科必须能够与国际一流学者对话。他最先提出了邀请谢林来中国访学的想法。我非常支持,却认为可能性不大。原因有三:其一,谢林当时已是87岁高龄,按中国民间的说法,这个年龄的老人都不应该在外面过夜。其二,当时国内邀请国外诺贝尔奖得主过来讲学的论坛不少,但都是主办方出面邀请,且有雄厚的资金支持,而我们以个人名义邀请,以微薄的课题费作为支撑,这非常困难。其三，谢林本人长期为美国军方服务，即便我们不对他身份敏感，他个人也未必愿意来中国。

未料曾立教授很快把他的想法付诸行动，而谢林几乎毫不犹豫地答应了。于是，在谢林到达长沙的当日，我也从北京匆忙赶过去，与这位我一向尊敬的大学者见面。

一开始我们的交流并不十分顺畅。我们仍然只是出于学术的考虑，希望来到中国的谢林讲讲他为之作出了原创性贡献的博弈论领域，讲讲非零和博弈，尤其讲讲防务经济学或冲突经济学。但出乎我们意料的是，在中国的几场演讲，他讲的就一个主题，即核控制与军备控制。而且，谢林还声称，近些年他一直在研究如何达成和平问题。甚至在回答听众提出的一个最为学术性的问题——"到底如何理解你提出的'聚点'概念"时，谢林避开了学术解释，直接回答说："国家关系中，'聚点'就是和平。"

行程的第三天晚上，我们特地在谢林下榻的长沙五华酒店安排了一个小范围讨论会。几天来少有言谈的这位87岁的高龄老人，竟然滔滔不绝地说了一个半小时。大概是担心我有语言障碍，在这一个半小时中，他反复强调以下观点：核武器的使用应该成为人类的一个禁忌；对有核国家核武器的有效控制极端重要；而相对于美国在核控制方面做得非常不好，中国在核武器控制与使用原则方面为世界树立了榜样；未来全球核控制有赖于中国，而中国也有能力有责任在其中担当更重要的角色。也是在这次座谈中，他还告诉我们，一般情况下，他已不再接受邀请，但正是考虑到此次是到中国这个特殊的国家——在核控制方面走在世界前列——他又希望中国能做得更好并为其他国家树立典范，因此他才决定到中国免费讲学。听完这番话，我当时非常感动。

在与谢林的交流中，我们还谈到了推动两国国防经济学术界的沟通与交流。谢林回国后，就一直积极促成此事。十年来，已有多位国内青年学者前往他所任教的马里兰大学公共政策学院访学，他们如今在国内国防经济学领域均已担当大任，国际防务经济学界开始有中国学者的言论和声音；而谢林的多位同事，包括曾担任过美国国防部副部长的雅克·甘斯勒（Jacqes S. Gansler）教授，也曾多次以学者身份到访中国，参与国防工业政策、武器装备采办、军民融合等领域的学术交流活动，有力地增进了美国有关人士对中国防务政策的理解。

在长沙与谢林告别之后，由于某些原因，我们之间再没有过深的交流。但这并不妨碍我此后十多年一直在追寻谢林的学术足迹，试图更深刻地理解谢林的思想对于现实世界尤其是中国的意义。中国正在外部倡导建立一个和平世界，中国领导人申言，中国正致力于"构建人类命运共同体"。但要实现世界和平，中国就需要反对国际范围内广泛存在的源于冷战时代的"先发制人"、以武力相威胁的做法。因为表面上这些做法可以使自己获得"先动"优势，并可以获得一种"恐怖平衡下的冷和平"，最终却可能导致更为激进的扩张军备竞赛与更危险的极端行为。中国应该强调谢林提出的主张，即无论存在多大的利益冲突，多进行沟通与交流，总胜于相互封闭与猜忌。

中国还在内部倡导建立一个和谐社会。在市场经济利益分化的背景下，不同人群的利益冲突是客观存在的。谢林曾提出："因为边缘政策所创造的风险是难以控制的，所以强者不要轻易考验弱者的忍耐程度。"在出现利益冲突时，如果社会中占强势地位的人群，仗着自己拥有强大的资源，同时认为弱者总会逆来顺受，从而肆无忌惮，社会就必然会走向动荡与不稳定，必然会导致"民粹主义"。这提醒我们，政府必须主动充当利益协调者的角色，而强者必须懂得适可而止，懂得在必要时让步，只有这样，中国社会才会真正走向和谐。

（作于2017年2月）

寻找替代方案的反叛者

斯蒂格利茨《全球化及其不满》一书的出版及其所引发的争议,曾被不少美欧媒体称为一个"国际事件"。感谢机械工业出版社为中国读者提供了一个非常流畅的中译本。在通读完中译本后,我更理解了美欧媒体的上述说法。

(一)

全球化已经成为我们时代的知识语境。这些年,我们接触的关于全球化及其争议的文献太多了,以至于我们的思想几乎都有些麻木。然而,《全球化及其不满》却再度刺激了我们的神经:尽管该著探讨的仍然是一个旧话题,但斯蒂格利茨的反叛者的形象注定将使我们再度兴奋起来。

首先,斯蒂格利茨扮演了他曾为之服务的利益集团的反叛者角色。他曾经是克林顿政府总统顾问委员会主席,又曾任世界银行副行长兼首席经济学家,直接参与了美国以及整个西方世界的国际经济政策的制定。即使如他所说,当下的全球化,就是其政策制定过程中充斥着"市场原教旨主义",且由代表着美国以及西方少数几个发达国家利益的国际组织等主导与操纵下的全球化，斯蒂格利茨作为政策制定的参与者、知情者以及既得利益者，论常理也应该为这样的全球化提供经济学合理性解释，但他却唱了反调。

在《全球化及其不满》一书中，斯氏尖锐地指出，美国的全球化政策是由代表选民利益的政客主导，因而它一方面"为了美国的特殊利益"而要求别国开放自己的市场，取消一切资本流动及自由贸易阻碍，而另一方面在诸如农产品补贴、知识产权保护以及其他领域对发展中国家设置重重壁垒。他更是将批评的矛头对准了国际货币基金组织（IMF），认为其运作最突出地表现出全球化反人性与不民主的一面。"它实际上成了美国财政部的工具"，"它要求受援助国的透明化，而它本身却充满了黑箱操作"。在斯蒂格利茨那里，IMF 对广大发展中国家以及转轨中国家所做的一切简直就是"阴谋"：第一步是要求私有化。其结果是在削价出售国有资产以及公用事业专营权的过程中，人民积累的巨额财富都到了寡头及跨国公司手中，官员则收取回扣，中饱私囊，企业衰败。第二步是要求资本市场自由化。其结果是在"热钱"的冲击下，一个国家的外汇储备在几小时、几天内可以被抽干。而一旦这种情况发生，为了吸引资金回流，IMF 要求这些国家提高利率；而如此之高的利率只能导致本土企业生产利润下降，产品供不应求。此时 IMF 正好推出第三步：价格市场化。因为在"市场原教旨主义"看来，只要放开了价格，企业就会因为利润的增加而增加产品供应，消费者就会抑制消费，市场从而可以最终解决供求问题。但实际的结果是，一旦这些国家真正放开了价格，便进入一个物价飞涨阶段，其中粮食、水以及其他日用品的价格飞涨将使得这些国家进入一个骚乱期。此时，IMF 正好可以实施其第四步：以贷款援助相要挟，开出的条件是要求对方降低政府用于援助公用事业的开支，实行完全的自由贸易、完全的资本市场开放。这样的结果有利于发达国家及跨国公司，而不利于政府公用事业支持的弱势群体与贫困人口。

上述观点与一般身处发展中国家的经济学家以及其他任何左翼经济学家对当下的全球化唱反调的意义不同。因为他们其实已经被认为戴上了"有色眼镜"，"脑袋已经被屁股决定"，这也正是原来的反全球化人士的反全球化论调所产生的"边际影响程度"不断下降的原因。而斯蒂格利茨不一样：他来自对手的阵营，他掌握了第一手的资料。他的言论不仅使得对当下全球化高唱赞歌者不得不面对更多的质问，而且更使得反全球化者得到了目前为止可以说是最有力的证据与支持：这是来自反叛者的言论！

其实，斯蒂格利茨不仅仅以此书树立了一个西方世界的反叛者形象，更是树立了一个主流经济学世界的反叛者形象。读完全书后，我有一个奇怪的想法：如果将斯蒂格利茨的名字及其在美国政府与国际组织任职的经历隐去，而将此书中的观点归入任何一个激进左翼经济学家——比如保罗·斯威齐、萨米尔·阿明（Samir Amin）等——的名下，人们更愿意相信此书是后者写作的。因为，斯蒂格利茨在主流经济学界享有崇高的威望，他是诺贝尔经济学奖获得者，而且他所从事的研究将影响未来经济学发展的最为激动人心的领域——信息经济学与契约理论。但这本《全球化及其不满》的确是这样一位主流经济学家写的，从文风到观点，它都与主流经济学界如此之不同。观点之不同自不待言，因为斯氏在全书中所批评的，正是建立在新古典自由主义经济学基础之上的所谓"华盛顿共识",而新古典自由主义经济学,也被斯氏冠以了"市场原教旨主义"的称号。而从文风上看,斯蒂格利茨摒弃了原来的主流经济学著作的一般规范写法,"不像学术论文那样出现许许多多的脚注和引文,取而代之的是,我试图描述我所目睹的事件,并且讲述我所听到的一些故事"。这使得整本书更像街头政治运动的小册子。正因此,法新社曾在一篇评论中说,斯蒂格利茨可能会因此成为"反全球化的知识领袖"。

(二)

由此引发的一个问题是:为什么一个身处西方世界的主流经济学家,却成了自己阵营的反叛者?

斯蒂格利茨自己所提供的答案是,因为他"直接目击了全球化有可能对发展中国家尤其是这些国家的穷人所产生的毁灭性影响"。的确,就在全球化发展最迅速的十几年间,在自由贸易方面突飞猛进的非洲被进一步边缘化,成了饥荒、贫困以及艾滋病肆虐的大陆,普通百姓不仅无法享受西方世界的现代化生活,反而还失去了本民族数千年赖以生存的环境与传统。在南美,巴西与阿根廷被视为美国以及 IMF "最好的学生",而且他们在 1980 年代也的确经历了一个经济快速发展的时期。但现在,阿根廷却有高达 52% 的人口生活在官方公布的贫困线以下,官方失业率上升到 23%,包括医院与学校在内的公共服务机构全部瘫痪。而在巴西,这个长期被世界视为富庶之国、有着世界人均最多耕地的国家,却出现了为数众多的街头饿毙者。俄罗斯的历程在该书中是一个描述的重点。按斯氏的说法,在接受了 IMF 推荐的改革方案后,尽管少数富起来的俄罗斯人在欧洲著名的度假胜地替代了原来出手阔绰的阿拉伯人,但整个国家的贫困人口由原来的2%上升到40%以上,GDP与改革前相比下降了2/3,人均预期寿命下降了3年。

如果是一个身处书斋中的经济学家,而且其具有的又是新古典经济学的素养,那么他对以上种种灾难性现象要么视而不见,要么完全可以用一句轻巧的"市场存在结构性矛盾,而政府又过多地干预了市场"加以解释。但斯蒂格利茨不一样。一方面,他有幸从事的是实际工作,这使得他亲眼目睹并亲身体验了这种全球化非人性化的一面;而另一方面,也许更为重要的是,他一向是一个直面现实的经济学家。而"直面现实"正是斯蒂格利茨一贯的学术品质,也是其对主流经济学界最大的知识贡献。根据新古典经济学中的阿罗-德布勒定理,信息是完全的而且是免费的,因而市场总能出清。而正是斯蒂格利茨以真实世界中信息不完全的现实替代了前者的信息完全假设,开拓了信息经济学这样一个全新的领域,而且恢复了人们对市场这样一个常识性认识:在现实世界中,买者不一定能找到卖者。试想,这样一位一贯秉持"直面现实"的学术追求的经济学家,又如何能对全球化所带来的现实苦难无动于衷呢?

斯蒂格利茨成为主流世界的反叛者还有另外的更深层次的原因,即他做到了经济学家所应该秉持的客观中立立场。我这种说法表面上看来有些近乎悖论,因为,一方面,主流经济学对于激进经济学以及其他左翼经济学的最大的批评是,后者可能因自己意识形态上的偏见而丧失了经济学家应有的客观中立态度;而另一方面,在《全球化及其不满》一书中,又的确充满了对美国以及 IMF 的指责，充满了"发展中国家要对抗美国对国际金融体系的控制"的呼吁。这样一来，还能说斯蒂格利茨的态度是中立的吗？但事情没有这么简单。两百多年前，德国著名学者马克斯·韦伯曾在《民族国家与经济政策》的演讲中尖锐地指出：往往是那些鼓吹排除价值判断的经济学家，在无耻地做价值判断而不自知。究其原因，那些已发展起来的国家的经济学家的利益已经与本国完全结合在一起，"屁股决定脑袋"，甚至他们的思维方式也已经被利益决定了，因而他们虽以为自己公正客观，但事实并非如此；而关于还未发展起来的国家中的经济学家，情况更复杂。韦伯说："全球化会使本民族内部唤起当前物质利益与民族未来的冲突，并使得民族国家内部既得利益者与本民族的敌人联手而反对民族的未来。"说白了，当前发展中国家的经济学家，有一些其实也是在非人性的全球化过程中获利的那一小部分人，因此，他们也真诚地装出一副价值中立的样子，为全球化鸣锣开道。当然，发展中国家还有另外一些经济学家，他们削尖脑袋想挤进西方主流经济学界，唯恐自己的观点与主流不一致，因而也丧失了客观中立的立场。

所以，这个时候，斯蒂格利茨以貌似倾向发展中国家及全球化受害者的立场，呼吁以全球民主与全球公正寻找一种人性化的全球化，才真正是一种客观公正的立场。因为这种立场没有受到他自己的利益集团所左右，甚至也没有受到他本人的利益所左右。而他自己也很清楚，《全球化及其不满》一书的出版只能导致这个世界最强大的政治与学术集团对他的批评与排斥。

也正因此，斯蒂格利茨在书中批评了另外一些已被利益化了的经济学家。他说："真正的科学思辨应该建立在铁一般的事实和证据的基础之上。但令人遗憾的是，相反的情况发生得太频繁了。当学术界涉及政策制订建议方案时，事情就变得政治化，并且开始使证据屈服和适应于那些大权在握者的想法。"

（三）

当然，斯蒂格利茨还不是一个反全球化运动者。实际上，他也看到了全球化可能给发展中国家带来惠利的一面，他应该算是一个全球化改良者。他所做的，是主张寻找另外一种可替代的更人性化的全球化方案。

法国学者苏珊·乔治（Susan George）曾说过："对于目前的全球化模式，太多人仍然相信撒切尔（Margaret Thatcher）的TINA（There Is No Alternative，没有其他选择），然而，我们应该说TATA（There Are Thousands of Alternatives，有几千种选择）。"而斯蒂格利茨在《全球化及其不满》中的确提出了一个相对完满的解决方案：改革全球化的管理方式，使其过程更加民主、公正，更为人性化。为此，他提出，IMF以及其他国际组织必须放弃"从特定的经济与社会视野所形成的特定的狭隘思想倾向来思考全球化问题"；全球性机构来帮助参与制订更加公平的规则；改革国际组织的治理方式；提高国际组织以及国际贸易体系的透明度；改革IMF及全球性金融体系；改革世界贸易组织和平衡贸易的议程；等等。应该承认，斯氏的确推出了一套大型替代方案（grand alternative）。如果世界真的按这种方案去做，全球化或许真有另外一种可能性。

然而，我本人却是一个悲观主义者。尽管关于全球正义的话题预期将随着斯蒂格利茨这样的主流反叛者的出现而再度被激活，但在已被不同利益偏好者把持着的世界里，人们相互之间似乎很难有妥协的可能。因而，对于另外的全球化我也不抱希望。爱德华·萨义德（Edward W. Said）在临终前不久写的一篇文章中说，最令人沮丧的是，面对反人性的全球化，"竟然有那么多人认为这是所能想象的最好的制度，即弗朗西斯·福山（Francis Fukuyama）所说的历史的终结。不平等不仅被视为不见，还被认为是必要；南方国家的环境恶化和贫困化，与跨国公司利润不断增加相比都是区区小事。学校被作为营利的企业来管理，医院只给能看得起病的人提供服务，没有一个公共机构捍卫弱者、贫困者的利益"。因而，萨义德又预言"除非一场新的全球冲突开始"，才有可能扭转目前全球化的趋势。而如果真是如此，那么斯蒂格利茨在《全球化及其不满》一书最后一部分"前面的道路"中所提出的种种促成全球公正的改良性建议，在强大的全球化既得利益者看来也不过是"对牛弹琴"。大概也正是看到了这点，据英国《观察家》杂志介绍，斯蒂格利茨在反思了全球化的非人性化后，竟然脱口而出："解决这个世界的贫困和危机的办法很简单：消灭剥削者！"这时的斯氏，俨然是一个激进左翼以及街头政治鼓动者。

看来，我们的这位大家，不仅仅是主流经济学的反叛者，而且将走向整个资本主义制度的反叛者的角色。

如果真是这样，那么斯氏的思想历程，在我们的时代，绝对是一个意味深长的寓言式故事。

（作于 2004 年 11 月）

分裂与整合

研究经济思想史时常会遇到这样的问题：同一位经济思想家在不同的著作甚至同一部著作中表现出思想上的矛盾性。如亚当·斯密，一方面以《国富论》来鼓吹作为市场运作基础的利己主义，另一方面又以《道德情操论》来宣扬利他主义，于是出现了所谓"斯密悖论"。而学术界对"斯密悖论"的求解至今也未有一致的看法。

比斯密晚出生半个世纪的另一位经济思想家约翰·斯图尔特·穆勒，也给后人留下了几乎同样的问题。这位在经济思想史上号称天才的人物，在其代表作《政治经济学原理及其在社会哲学上的若干应用》(简称《政治经济学原理》)一书中，一方面声称"就经济学的规律而言，与分配问题是无关的"，而另一方面又对当时由各类空想改革者提出的"共产主义设计"大加褒奖；一方面强调要"对私有财产进行审判"，以消除社会的一切苦难与不公平，而另一方面又坦率地表达了对"共产主义制度"下经济可能出现的困难以及对人的自由的压制的忧虑。而且更为矛盾的是，由此衍生出两个完全相反的所谓"穆勒传统"：一个是在经济研究中几乎无视分配因而也就无视公平问题的传统，另一个是重视公平甚于经济效率的传统。

关于穆勒"学术思想上的分裂",西方经济学界也给出了各种理由,其中有两种意见颇具代表性。第一种意见试图从穆勒理论研究的方法上看问题。如埃里克·罗尔(Eric Roll)认为:"简言之,穆勒的经济理论缺乏逻辑的严密性,因而他的社会哲学缺乏当今日益需要的坚定的连贯性。"斯蒂格利茨也有类似的看法,他说:"经济学在抽象思维和实证研究方面就得比较正规化,因而与穆勒的风格相去甚远,并且不太考虑他所研究的政治和经济制度关系。"另外一种意见则试图从穆勒的生平、人格对其学术影响的角度找原因。这些人相信,"对科学家生平的研究能够提供有关科学演进的有用知识"。持这种意见的人中不乏大学者,如阿尔弗雷德·马歇尔(Alfred Marshall),他认为:"对穆勒的作品不能忽略以下事实……他没有那么多时间来精细地解释他的思想。"

无论是从方法论层面还是从生平与人格的角度看穆勒学术思想的分裂,都涉及了问题的某些方面。然而,从理论自身的源与流来看,我认为,穆勒学术思想表面上的分裂更多地源于自由主义内部的分裂,且这种表面上的分裂恰是穆勒力图对自由主义内部的分裂进行整合的一种结果。

自由主义发端于英国,而作为地地道道的英国学者,穆勒也深受其影响。问题恰恰就在于,自由主义运动滥觞于英国之初就分为两个不同的潮流。前者充满了道德关怀,或用杜威(John Dewey)的话来说,"充满了人道主义和慈善主义的热诚"。这种自由主义思潮"特别同情下层的和被忘记的阶级的生存状况",认为贫困与不平等是导致自由缺乏的关键所在,因而自由主义运动的旨趣在于"改进贫贱人的境况并废除粗暴的和残酷的不平等待遇"。为了达到这一目的,此潮流下的自由主义者往往强调利用国家的功能以完成其改革。而且,事实上,历史上奴隶制的废除、童工的禁用、对女工权利的保护以及工厂中不人道的工作条件的改善,的确是政府在其中起着决定性的作用。因而,强调国家实施以促进社会公平与正义为目的的经济政策就成了此种自由主义思潮在经济运动中的表现。从思想路径上来看,此种自由主义是从道德领域延伸至经济领域,由强调道德关怀到强调经济平等与社会公正,是一种以公平为主要诉求的自由主义。但这仅是自由主义的一支,自由主义思潮还有另外一支。这一支"导源于蒸汽应用在工业上所引起的工商业的刺激"(杜威语),其领袖人物是亚当·斯密。这种思想认为:社会与经济的自然秩序恰是一种最好的自由状态,贸易自由、用工自由、职业选择自由以及由市场供求关系自由决定价格,是增加国家财富、改善人民福利的最好方式;政府对经济活动的干预往往是自由最大的敌人,因而反对国家干预经济,包括反对政府为了促进社会公平而采取的累进所得税制以及对穷人的福利保障,认为这样会妨碍效率;国家在经济活动中应该无所作为,只需充当所谓"守夜人"的角色。以此思潮为源头的自由主义是典型的自由放任主义。在经济人的道德上,此种自由主义持消极的态度,主张道德利己,因为在他们看来道德利己是推动市场运作的基础。所以,从思想路径上来看,此种自由主义是从经济领域延伸至道德领域,由主张经济自由放任到主张道德利己,是一种以效率为首要诉求的自由主义。

两种自由主义思潮发轫之初,其内部的鸿沟就一直存在。但从整体上看,正如杜威所指出的,因为英国哲学中"传统的和调和的精神是如此强有力,所以自由主义是两派学说的一个混合体"。然而，当社会矛盾尤其是劳资矛盾日益突出时，两种自由主义传统之间的冲突不仅难以避免，而且很容易衍生出截然相反的两翼：右翼代表大工业、银行与商业，主张经济上自由放任；而左翼往往站在劳方一边，并强调国家对经济的管制以达到社会公平的目的。

今天，人们在了解穆勒时很少注意到这样一个细节：150年前，即1848年，穆勒发表《政治经济学原理》时，《共产党宣言》也出版发行了。这个被人们忽视的细节至少可以透露出这样一个信息：当时的社会矛盾使得自由主义体系内的左翼与右翼行将彻底分裂。但穆勒与马克思不同。社会矛盾的尖锐使得马克思发出了"哲学家只是在解释世界，而问题是改造世界"的呼吁，并超越知识分子用笔进行文化批判与社会批判的传统，直接投身于社会改革运动。但作为地地道道的英国知识分子的穆勒，却恪守着英国知识分子以知识关怀来履践社会责任的传统，试图以"贴近地面飞行"的学术研究来对分裂的自由主义进行整合，对日益尖锐的社会经济矛盾进行折中调和。他说："如果要在具有一切可能性的共产主义和具有各种苦难和不公的现今的社会状态之间作出选择；如果私有制必定会带来我们现在所看到的结果，即劳动产品的分配几乎同劳动成反比——根本不干的人拿得最多，只有名义上干点工作的人居其次，而最劳累、消耗体力最多的劳动甚至无法肯定能否挣得足以糊口的收入——如果要在这种状况和共产主义之间作出抉择，则共产主义的一切大大小小困难在天平上将轻如鸿毛。"

但是，穆勒的话并没有就此打住。他看到了当时的一些空想改革者设计的共产主义理想的困难："问题在于，在共产主义制度下个性庇护所是否还存在？社会舆论是否会变成暴君的桎梏？每个人绝对从属社会全体并受社会全体监督的做法，是否会使所有人的思想、感情和行动变成平庸而划一？……否定精神的自由和独创的社会不能称之为健全的社会。"

如果说穆勒对"共产主义"方案的同情是道德关怀自由主义传统使然，显然，对"共产主义"方案的怀疑则是自由放任自由主义传统的作用。穆勒就是这样，既肯定了左翼自由主义者的道德关怀，对社会不平等予以彻底的批评，同时又认为当时所说的"共产主义"可能压制个性自由，因而亦不是最佳的制度选择。穆勒显然是想找到一种能同时体现两种自由主义传统，既有效率又有公平，既能克服市场的消极作用又能尊重个性自由的社会改革方案。因此，穆勒学术思想表面上的分裂，恰是对行将分裂的自由主义思想的一种整合。从这个意义上来看，穆勒看似矛盾的思想也恰是其思想的最辉煌之处。

离穆勒的《政治经济学原理》初版，整整150年过去了；回过头来再看一下穆勒学术思想的遭遇更能说明穆勒的矛盾恰是其进行整合的努力。因为历史表明：当两种自由主义思潮能和平共处于一个自由主义体系内时，人们就不太注意《政治经济学原理》思想表面上的矛盾之处，相反地，经济学的两翼能同时从中汲取营养；只有当两种思潮斗争激烈时，这种"矛盾"才凸显出来并被视之为"分裂"。两次世界大战之前，穆勒被公认为是最伟大的经济思想家之一；两次世界大战期间，西方相对于新生社会主义制度的"反应性自由放任主义"，成为自由主义的一支并泛滥，因而穆勒学术思想上的矛盾被夸大，穆勒本人的声誉也一度下降；但两次世界大战以后，尤其是新政与斯堪的纳维亚福利国家的兴起,又被视作"穆勒关于社会理想的直接表达",是整合两种自由主义思潮并超越其上的"第三条道路",穆勒的声誉又随之鹊起,并一直为西方经济学界所推崇。

最后,我们也不妨展望一下未来。今日之资本主义与社会主义其实都面临同样的问题:建立在自由市场基础之上的经济制度能否处理好效率与公平的关系,或者反过来说,能否在促进社会公平的同时保护个性自由。而这正是穆勒的《政治经济学原理》贡献给当世的恒久而鲜活的理性。

(作于1998年7月)

镜鉴与反思

（一）

《资本主义的冬天：经济危机和资本主义的失败》（下称《资本主义的冬天》）一书，是英国学者保罗·马蒂克（Paul Mattick Jr.）的一部新著。此著作与《资本的胜利：财富如何进入世界》《创新性变革：开启一场经济复兴》《经济政策的全球性宣言》等著作一起，得以引进出版，是有着深刻的学术及实践背景的。作为丛书总主编，我有理由先交代几句。

从历史来看，近代以来的中国，每一次大的变革与转折，都伴随着本土文化与外来思想的相互激荡。而中国经济的发展与转型，也伴随着全球资本的扩张，越来越受到世界经济的影响与制约。其中有两次特别大的机缘：一次是马克思主义的引入，彻底改变了自1840年以来中国左冲右突仍不得其道的状况，且在彼时特定的世界格局下，引导中国选择了计划经济，即主要依靠自力更生实现自我循环；另一次是现代西方经济思想不断涌入且影响力与日俱增，这些思想与传统马克思主义以及本土文化资源一起，逐渐塑造了中国经济理论界新的生态，推动中国经济走上市场经济之路并与世界经济日渐融为一体。这两次大的机缘背后的历史动因，都无非是内部形势使然与外部环境倒逼，需要引入新元素来冲破教条化的旧思想所形成的禁锢，为寻找新路进行思想的再启蒙与再解放。

自20世纪80年代以来，资本主义与市场经济体制一度凯歌猛进，以至于乐观的西方理论家先是提出"危机终结"理论，后干脆提出"历史终结"命题。然而，肇始于2008年的全球金融危机，再次中断了关于资本与市场的种种神话。历史也再次表明，任何一种思潮，无论曾经如何应运应时应景，如果不能与时俱进，而是变成了刚性的教条，就可能成为发展的障碍。"形势比人强"。当金融危机在全球各地不断触发社会危机甚至政治危机之后，西方学界亦开始对资本主义与市场体制再度进行反思，一度被边缘化的马克思主义、后凯恩斯主义、历史学派以及演化经济学、创新经济学、行为经济学等思想资源，重新被重视、被挖掘、被援引，并且已经蔚然可观。可以预期，彻底摆脱危机的过程将是世界经济体系激烈重构的过程，也是各种经济理论重新进行交流与统合的过程。

同样是20世纪80年代始，中国选择市场取向的改革，引入相应的西方经济思想，这既是在遭受大的挫折后对历史的一次主动选择，同时也是对世界潮流的认知与顺从，为中国带来了世界经济史上罕有的持续高速经济增长。但我们也必须时刻保持一种清醒：市场经济体制始终有其固有弊端，如果过于迷信其自发力量，周期性危机必将如影随形。因为从某个角度来看，经济危机与其说是资本主义制度专属，不如说是纯粹市场经济体制的通病；而恰恰就在中国经济理论界，有一种思潮在不断发现与赞美

"市场的伟大力量",呈现出一种"新僵化"或者说"新教条"倾向:对政府的任何调节都予以反对,却不允许对市场予以任何质疑。这显然不利于中国经济未来在世界经济的惊涛骇浪中把握好航向。在这个时候,我们更有必要重申坚持中国"主体性",坚持马克思主义指导地位,坚持中国特色社会主义理论自信,并以海纳百川的胸怀与心态,始终保持对新思想的敏感,尤其要借鉴西方学术界反思全球性金融危机之后的最新思想成果,以防止再犯历史上有过的极化思维或矫枉过正的错误。

正当此时,石油工业出版社引入了首批四本国外大方之家的经济学著作,其中大部分主题与上述主旨高度相关。承蒙信任,邀约我和孟捷主编这套丛书。我们理当尽力推介好此套丛书,希冀能为中国经济发展与转型少走弯路提供些许镜鉴,并以此促进形成中国经济思想界更为平衡更为良好的学术生态。

在首批引入的四本书中,我最为看重的,就是这本《资本主义的冬天》。

(二)

在美国经济学界,约翰·罗默(John E. Roemer)、塞缪尔·鲍尔斯(Samuel Bowles)以及克鲁格曼(Paul Krugman)等人,尽管对以新古典经济学为代表的主流多有批判,但毕竟仍然将其理论框架置于主流框架之内,仍然被主流所接纳。而《资本主义的冬天》一书的作者保罗·马蒂克则不一样,他不回避自己较鲜明的马克思主义立场,不仅拒斥新老凯恩斯主义,甚至也不屑于与其他形形色色的"左翼"为伍;他称自己与马克思一样,"不是经济理论家，而是经济理论批判家"。正是这种较为彻底的主流之外的视角，使得他的不少观点虽不免被主流所拒斥，却也有许多观点被视为难得清醒之论。特别是他对当代资本主义的制度性批评，不仅在理论上丰富了马克思主义，实际上还值得所有奉行市场经济体制的国家和政府在经济实践中作为镜鉴。

《资本主义的冬天》一书完成于2011年，主要内容是马蒂克对肇始于美国的2008年全球金融危机的观察与反思。如果不去评判马蒂克关于资本主义最终将走向何处的结论——实际上马蒂克也指出"另一个世界"是可能的，并且对此作了简单、模糊的描述——我非常看重此书在理论与实践中的价值，并愿意向读者推荐。

我看重此书的第一点是，马蒂克关于金融危机性质的判断及对其发展趋势的预言。

在美国主流经济学界，关于金融危机的性质，大多数学者归因为金融机构过度放贷、金融衍生品市场的过度扩张等；更进一步地，有学者会反省华尔街金融资本的贪婪以及企业家的"动物精神"。这其实意味着，大多数学者认为，金融危机仅仅是一场信用危机，导致危机爆发的因素"是无法预料的，也难以解释"，因而是一个相对独立的事件。但马蒂克不同意这一观点，强调"不能仅仅痴迷于当前的经济学理论"，而"必须把目光投向历史——资本主义系统的历史"。正是通过对历史的检视，我们发现，此次全球金融危机"实在是很平常"，不过是"从19世纪20年代开始几乎每隔若干年就会发生一次大的经济危机"中的一次。

针对金融危机的治理，主流经济学家们给出的"治疗"方案，始终逃不脱标准的凯恩斯主义以及新自由主义疗法的套路。但马蒂克认为，前一种方案解决不了问题，因为政府支出不仅受到财政约束，而且受到意识形态约束。"国家经济活动的扩张意味着一种类似的变迁，即资本主义企业被替代，从而创建国营经济，就和苏联那样，这种目标是没有任何政治力量支持的。"而且，政府支出也无法从根本上解决企业家所关注的利润问题。而后一种方案的实质就是等着"市场自我修正的天性"发挥作用，这会导致"事态的发展或许会和过去一样"：更强烈的通货紧缩、更多的企业破产与更高的失业率。而这其实是一场更大的经济灾难，也再次证明了马克思当年那个富有洞见、后来变得众所周知的观点：资本主义自身解决不了经济危机。

金融危机爆发以来，美国基本上采取的是前一种措施，而欧洲则在美国与国际货币基金组织鼓动、诱导与威逼下，更多采取后一种办法。结果，美国较早恢复经济增长，而欧洲特别是中南欧国家则陷入持续性的财政与债务危机，失业率高企。不过，也正因为美国经济出现较强劲的增长，主流经济学界对全球经济形势也普遍感到乐观，认为已经进入了"后危机时代"。然而，马蒂克认为，全球金融危机远远没有过去，重新恢复平衡将是一个漫长而艰难的过程。马蒂克写道："在我们面前正在隐隐展现的危机，可能比上两次大萧条（1873—1893年以及1929—1939年）更为可怕。""达卡、圣保罗以及墨西哥城中大量人口在生存线上挣扎的情况，会在资本主义发达国家里出现，因为高失业率和政府强制主导的紧缩政策将使得越来越多的人承受苦难，其波及范围不单单是世界的'铁锈地带'，还会是纽约、洛杉矶、伦敦、雅典和布拉格。"马蒂克预言："或许要经历几十年的动荡。它必然会导致全球经济体系激烈的重构，就好像19世纪末20世纪初的大萧条后，资本主义重新迎来了繁荣期，而此时全球经济霸主的宝座，已经从大英帝国那里转移到美国这边。"而当下我们所看到的种种现象，诸如中美贸易摩擦愈演愈烈、俄罗斯与北约重新陷入"冷战"、难民问题正在分裂欧洲、法国"黄马甲"运动发展成街头暴力、拉美社会政治再度陷入混乱……似乎正在证实作者七年前观点的睿智。

（三）

我愿意推荐该书的第二点理由，是其对马克思经济危机理论的现代发展。

我曾犹豫要不要用"对马克思经济危机理论的现代诠释"这样的表述，毕竟马蒂克本人都没有用"发展"一词。但读完全书，我觉得马蒂克实实在在发展了马克思经济危机理论。马蒂克认为，马克思的经济危机理论"能够解释以下三个事物之间的关系：经济周期，盈利能力的变化（利润）还有货币在现代经济体中的核心作用"。而我认为，与其说是马克思解释了三个事物之间的关系，毋宁说是作者从马克思危机理论出发，借鉴明斯基（Hyman P. Minsky）以及米歇尔等人的研究成果，在本书中真正从理论上构建起这三者间的关系。

马克思经济危机理论最为重要的一句话，是马克思在《资本论》中所指出的：一切真正的危机的最根本的原因，总不外乎群众的贫困和他们的有限的消费，资本主义生产却不顾这种情况而力图发展生产力，好像只有社会的绝对的消费能力才是生产力发展的界限。这表明，生产过剩是经济危机的实质。这种生产过剩并不是社会产品的绝对过剩，而是相对于群众的支付能力是过剩的。这种情况的出现是因为：一方面，对剩余价值无休止的追求，驱使资本家拼命扩大再生产，且单个资本家根本无从判断社会总需求到底有多大；而另一方面，为了节约生产成本，资本家又拼命压低工人的工资收入。结果导致以下两对矛盾越来越突出：一是单个企业内部生产的计划性与全社会生产的无计划性；二是生产出的总产品越来越多，而劳动人民的相对购买力越来越下降。矛盾的总爆发就是相对生产过剩的经济危机。

马克思的逻辑是自洽。但在新古典经济学占据绝对主流位置时，其前提（如"只有活劳动才生产剩余价值"）包括核心概念（如"剩余价值"）都受到质疑甚至被无视，并大有逐渐淡出西方世界读者之势。为此，马蒂克以马克思的逻辑为起点，重新构建了一种经济危机理论。

马蒂克提出，资本主义还有一个基本特质——所有的企业从事生产都是为了利润。"而利润的来源，是雇工们所进行的生产劳动中，超越足以维持其生存繁殖的那一部分。"当年马克思坚持使用"剩余价值"这一概念而不使用"利润"，是因为马克思认为"剩余价值是对工资的扣除"，而"利润是对预付总资本的扣除"，只有前者才反映资本对劳工的剥削程度。但正如马蒂克以及明斯基等人所提出的，对企业家来说，更关心的是"利润"。关键看"利润"如何定义。马蒂克认为，对单个企业家而言，把利润视为总收入扣除总投资，而总投资既有劳动者工资又有中间品；但对全社会来说，利润其实是"生产商品的总体货币价值大于企业支付的工资总额的那部分"。因为此企业作为"不变资本"投入的"中间品"，不过是其上游企业劳动者生产出来的；而中间品价格的提高，也不过是因为上游企业劳动力成本提高了而已。因此，单个企业关注的"利润"，与马克思所说的资本家作为整个阶级关心的不过是"剩余价值"并不矛盾。但作者使用"利润"这个词，既避免了使用"剩余价值"这一西方主流经济学界"不接受"的概念，在"总和"意义上又符合马克思思想。

紧接着，马蒂克又提出，在资本主义社会，企业家（即马克思所说的资本家）所获得的利润，最后都是以货币来体现的，所以货币本身也成为企业活动的首要目的。而货币的获得，又有赖于企业生产的产品在市场上能够被消费者购买。企业家为了获得利润，决定了生产出的商品的总体货币价值，一定要大于企业支付的工资总额。此时，生产与消费已经出现了不平衡。而又因为企业家对利润永不满足的追求，决定了在下一轮扩大再生产中，其用于不变资本的投资，在比例上一定要高于用于支付工人的工资。如此反复下去，作为消费主体的劳动者手中的货币，相对于企业家生产出的商品所要实现的总体货币，其比例越来越小，也就意味着企业家能够以货币形式实现的利润将越来越低。这使得企业家投资意愿下降，而投资减缓意味着市场收缩。"这是一个恶性循环。商人和其他借贷者偿债的能力越来越差，银行和其他中介机构发行的各种各样的借条变得越来越没有价值，于是金融危机爆发，股票价格的下跌其实反映了商业企业的价值下降。个人与机构纷纷囤积货币，而不是把货币用于投资。很快，资本主义就陷入了萧条。"

通过以上对马蒂克在《资本主义的冬天》一书中所提出的"经济危机"与"金融危机"理论的简单梳理，我们再总结一下其对马克思危机理论的发展：马克思危机理论是以"生产"和"剩余价值"为中心,而马蒂克将其诠释为以"货币"和"利润"为中心;马克思危机理论与后来的凯恩斯、明斯基以及熊彼特等人的危机理论唯一共通之处就是均承认"资本主义的危机是相对生产过剩危机",但关于危机的根源的解释则完全不同,而马蒂克在书中却试图通过对危机展开过程的论证,使马克思危机理论能"容纳"下后者;马克思关于经济危机的理论已逐渐淡出西方主流经济视野,而马蒂克试图通过努力使其至少能再度被普通人所部分接受。

(四)

对中国经济改革与发展具有镜鉴意义,是我看重《资本主义的冬天》一书的又一重要原因。

目前能够被中国学界所接受的观点是,剥离其意识形态色彩,"资本主义"一词,在学术上首先可以作为一个中性名词被对待,即它更多指的是以市场作为资源配置基本方式的经济体制。因此,在西方主流经济学界,"资本主义"一般等同于"市场经济"。为中国主流经济学界所推崇的名著《从资本家手中拯救资本主义》一书,作者的本意是"从企业家手里拯救市场经济"。从这个意义上讲,大凡西方学界对资本主义的批评性观点,都值得所有奉行市场经济的国家作为镜鉴,更何况作者在书中还多次提到了中国,这更需要我们本着海纳百川的胸怀与态度,吸纳书中有意义的思想。

马蒂克在《资本主义的冬天》一书中也多次提到中国。首先是关于中国在世界经济格局中以及在金融危机发生中所扮演的角色。马蒂克指出,中国经济与美国经济之间有着相当紧密却不很正常的关系:中国出口消费品到美国,换取大量美元;再以购买美国国债的形式使美元回流到美国,刺激美国更高消费。他认为这种模式不可持续。其次是关于中国在应对危机过程中所采取的庞大的国家刺激计划,他认为也不可持续。关于这两点判断,中国执政者已经意识到了,并正试图通过供给侧结构性改革予以弥补和改善。

书中还有另外两个更值得中国经济改革与发展过程中需要注意的观点。

一是对中国经济"脱实向虚"的担忧。由于企业家对货币的无休止的追求,他们对原来通过制造业这样相对缓慢且利润率较低的形式赚取货币利润,已越来越没有耐心。于是,"以钱生钱"的游戏也在中国蔓延。马蒂克这样写道:"即便在中国,事情也在发生类似的变化:这个国家过去忙着生产所有东西,从钢铁到泰迪熊都在生产。如今,这个国家的大量金钱涌入房地产开发,泡沫正被越吹越大。"而按马蒂克关于经济与金融危机的逻辑,企业家手中的货币将越来越多,而因为企业家在虚拟经济包括房地产经济中投入的可变资本,即可转化为劳动者工资的那部分货币,与实体经济相比,其比例将大幅下降,这意味着以劳动者为主体的消费者手中的货币量相对也将越来越少。照此下去,中国也可能发生类似资本主义的经济与金融危机。这值得我们警惕。

二是对政府干预经济的认识。马蒂克在书中表达的一个很关键的观点是:在市场经济中,对单个企业有利的决策,可能恰恰对全社会不利。例如,单个企业试图降低劳动力成本,以提高其利润,这种决策无疑是理性的,也是科学的。但对全社会来说,这种做法一方面会导致劳动力相对收入下降，从而导致以劳动者为主体的消费者的总和购买力不断降低；而另一方面，由于单个企业短期内劳动力成本下降而导致的短期利润上升，又刺激单个企业家不断扩大再生产。照此下去，生产不断扩大与消费能力下降之间的矛盾积累到一定程度，就可能以经济危机与金融危机的形式表现出来。此外，单个企业出于降低劳动力成本的考虑，可能越来越愿意以机械化替代劳动力。短期内，单个企业的利润的确会增加；但长期来看，劳动者的消费能力会下降。我们知道，企业的利润是以货币形式实现的，但只能从消费者那里实现，而不能从机器人或原材料那里实现。因此，长期来看，除非政府对经济有其他干预形式，否则即使是单个企业的利润，也会有无法增长，甚至无法实现的时候。联想到目前中国政府正在试图为所有的企业降低成本，如果只是减费降税，这对企业是长期利好；但如果试图从降低劳动者工资水平与福利上找办法、出政策，长期效果可能不好，甚至可能是饮鸩止渴。这值得决策者与企业家三思。

（作于 2019 年 4 月）

中国经济思想史上的群星闪耀时

读完柳红女士所著《八〇年代：中国经济学人的光荣与梦想》（下称《八〇年代》）一书，我脑海里蹦出的第一个词语就是"群星闪耀"。

这缘于很多年前读斯蒂芬·茨威格（Stefan Zweig）的《人类的群星闪耀时》给我留下的印象。茨威格当年引用歌德的比喻，说历史是"上帝的神秘作坊"。这个作坊中"通常只是作为编年史家，冷漠而又持之以恒地把一件一件的事实当作一个又一个的环节连成一条长达数千年的链条"，"那些难忘的非常时刻并不多见"。但也会偶然出现"具有世界历史意义的时刻——一个人类的群星闪耀时"，而这个时刻一旦出现，却将"对世世代代作出不可改变的决定，它决定着一个人的生死、一个民族的存亡，甚至整个人类的命运"。

如果以此对照1980年代中国的经济学界，说那是一个"群星闪耀"的时刻也毫不为过。老、中、青三代经济学人在这个"巨大、开放、令人振奋的舞台上""一起创造历史"，他们创造的历史的确已经在改变当代中国的命运，并且仍将对未来中国的走向产生持续影响。

（一）

按书中人名索引表，我粗略数了数，《八〇年代》书中所提及的经济学人有五百多位。不能说这样的人数多么惊人，因为当下号称"经济学家"的人要多得多，据说仅在各类证券与基金公司从业的经济学家就超过两万人。但中国经济学界只有1980年代才算得上是"具有历史意义的时刻"。一方面，那时的经济学人作为一个群体，尽管"现代经济学专业素养"也许不如后来者，但他们身上"集中了那个时代独有的激情、想象力、热忱、浪漫、理想主义、人文精神"；另一方面，恰是这样一群人，"如此群体性、大规模、全方位参与和影响一个国家的经济政策"，不仅在中国历史上"空前"，即使是在"世界各国历史上也不多见"，这才造就了"群星闪耀时刻"。

茨威格说过，人类历史上群星闪耀时刻的精彩程度，不需要书写者凭想象力去增加一分一毫。我们要感谢作者在《八〇年代》一书中为后人部分还原了这样的场景："那是怎样一个时代呢？一切从头开始，英雄不问来路。那是思想启蒙的时代，是充满激情畅想的时代，是穿着军大衣、骑自行车、吃食堂、住陋室的时代。"在那一时代，不仅仅杜润生、蒋一苇、孙冶方、马洪、薛暮桥这样身居高位的经济学家可以当面向决策层陈词并得到来自领导人毫无保留的支持，即使是一个还在求学阶段的青年人，也可以随便敲开部长甚至更高层领导的办公室，向他们陈述自己的思想观点与改革设想，也能得到重视。这实在是中国经济改革初期一个独特现象。

于是，我就想到这样一个问题：为什么会是1980年代？

按茨威格的说法,"因为所有那些最重要的历史性时刻都需要有酝酿的时间,每一桩真正的事件都需要有一个发展过程",所以,"真正具有历史意义即群星闪耀的时刻来临之前","必然会有漫长的岁月无谓地流逝而去"。而一个顺理成章的逻辑就是,1980年代中国经济学界群星闪耀的时刻出现,是因为此前的岁月不只是"无谓",更因其违背大多数人的意愿而无法再继续下去。长期的压抑已使得"避雷针的尖端集中了整个大气层的电流",才在1980年代突然绽放出满天繁星。正如刘国光先生所言:"并不是说80年代的经济学家有多么了不起,而是在讲,那是中国经济学家的智慧经过长时间积聚之后的爆发,经过长久压抑之后的显现,经过长期封闭之后的开放,其力度和精彩非同一般。"

在作者柳红女士看来,1980年代中国经济学人之所以如此辉煌,还是"改革时代使然"。"中国改革不是从先有一套理论、设计、蓝图、规划开始的"。改革启动之时,只是知道要改革,"却不知道怎么改,更不知道改成什么样子;知道改革如同过河,却不知道彼岸有多远;知道可能要摸着石头过河,却不清楚石头在哪里,有多少石头"。所以,当时的高层决策,"就不得不倚重于1980年代建立的新机构、舆论系统、民众的创举和呼声"。而当时的经济学家,恰"具有提出改革理论和说法的能力,成为制定改革政策新机构的主力军;熟悉人民和基层,直接接触农村和工厂,直接面对民众和实际经济问题,发现和反映民众的创举和呼声,总结社会基层改革经验,把它们转化为经济改革的语言、逻辑和政策建议"。再加之当时的改革决策集团善于学习、兼听、吸收经济学家的意见,因此才造就了1980年代中国经济学界的群星闪耀。

如果我们把历史的视野再打开一些，1980年代之所以成为中国经济学人最辉煌的时刻，还有更深刻的背景。

美国著名经济思想史学家海尔布鲁纳（Robert N. Heilbroner）曾提出过这样的问题："远在法老时代之前，人类就为经济问题奋斗，若干世纪以来，产生了不少哲学家，许多科学家、历史学家、艺术家和大量的政治家。然而在亚当·斯密之前为什么独独没有经济学家呢？"通过分析后他发现：这与经济制度安排有关。

在海尔布鲁纳看来，人类社会其实是十分脆弱的，因为其经济运行时刻面临崩溃的可能。而要避免社会经济秩序崩溃，无非有三种经济制度。首先可以利用传统来安排经济秩序。在这种经济制度下，人们"利用传统观念来组织社会，对各种不同的和必要的工作，都得按照向有的风俗习惯一代一代地传下去，儿子得仿效其父亲之所为，样板就这样被保存下来了"。这种经济制度在农业文明阶段占主导地位。正因为一个人生下来时就这样被锁定在传统的经济秩序安排中，所以社会经济得以正常运行。其次可以利用政府的命令来组织社会经济秩序。这是一种计划经济制度，最高当局"用暴力机器作为后盾，用计划安排使社会所需要进行的事务得以完成"。而只要经济问题"是用'传统'或'命令'的方法来处理，就决不会产生所谓'经济学'这一特殊领域的研究……就不需要经济学家从旁帮助"。正因为亚当·斯密以前的社会，是靠"传统"或"命令"来安排经济秩序，所以，产生不了经济学及经济学家。最后，人类社会还有用来保持经济秩序的第三种手段——市场制度。这种制度"让人感到大惑不解的地方是"：一方面是其规则出奇地简单，"每个人做他认为对他说来最适合的那种工作"，"每个人所要争取的是最大的个人利益"；而另一方面，社会经济不仅井然有序，"社会上的一切工作——肮脏的以及舒适的——都可以完成"，而且社会福利还能持续改进。海氏认为，促使经济学产生的，"正是对生存问题这种似是而非的、微妙而困难的解决方式"；而承担解释市场之谜的正是经济学家。所以，经济学与经济学家完全是应市场经济制度之需要而生的。或者说，经济学和经济学家是与市场经济制度相伴而生的，而经济学的繁荣，也是经济学家面对市场制度运行过程中各种问题的挑战时不断应战的结果。

中国经历了漫长的自然经济制度时代，经济秩序呈现出超稳定运行态势，自然也就产生不了经济学与经济学家。自然经济制度半瓦解后，中国又引进了计划经济制度，经济目标单一，要素价格既定，社会需要的重要程度政府也已经排好了次序。所以，西方在斯密之后，经济学大师频现；而直至1970年代末，中国人在现代经济思想史上却仍然没有一席之地。《八〇年代》一书中涉及的第一代老经济学家如杜润生、蒋一苇、孙冶方、马洪、薛暮桥等，在计划经济中的角色也只是像哈耶克笔下"关心技术问题的经济工程师"，而不是纯粹意义上的经济学家。

而1980年代是一个全新的时代。尽管改革的方向并不明朗，但三十多年后的今天回过头去看，当时市场化取向已是不争的事实。而又因为经济学和经济学家与市场经济制度的共生关系，所以，1980年代不仅仅是一种迥异于计划经济的全新经济制度的萌芽期，也注定会成为中国经济学发展史上的重大拐点：中国经济学及经济学人的春天到来了！

也因此，1980年代成为中国经济学人辉煌的时刻，中国经济学界各种思潮、观点如雨后春笋般涌现，而中国自己的经济学家群体也渐成气候。但也因为市场经济制度尚在萌生阶段，那时的中国经济学人大多保留了计划经济时代"政府经济工程师"的特点：没有系统的现代经济学理论，"有着强烈的宫廷化、奏折化、实用化特征"。这并不是这代经济学人的局限，而是历史使然。正如作者在书的《自序》中所言：这不会也不应该成为当下"学院派"经济学家指责1980年代的理由。

（二）

1980年代作为中国经济学界"群星闪耀"之时，到底为后世留下了什么？这是我阅读《八〇年代》后思考的第二个问题。

实际上，书中对1980年代中国经济学人承担的基本功能已做了系统梳理：证明经济改革的合法化；探讨经济体制改革的基本政策；推动建立开放经济；论证中国经济模式转换和发展战略；进行宏观经济分析和预测，提出政策建议；进行重大项目的可行性论证；普及经济学、企业管理学的大学教育和职业教育等。

如果从1980年代的"独特性"以及茨威格所说的"影响后世"的双重意义上来看，我把这一时期中国经济学人对改革开放的贡献归结到两个主要方面：

一是思想启蒙。凯恩斯有一句名言："经济学家和政治哲学家的思想，不管正确与否，比一般所认为的作用要大得多。实际上，统治这个世界的就是他们，而很少是别人。"中国市场化改革的过程，也是思想不断解放的过程。而在推动思想解放运动中，中国经济学家对社会进行现代经济思想的启蒙作用不可小视。而十分有意思的是，《八〇年代》这本书的开篇——《三本书的命运》，就讲述了老一代经济学家孙冶方、薛暮桥和于光远通过反思传统政治经济学理论,开始探索、吸纳与传播新思想的故事。

从我个人的思想历程来看,1980年代中国经济学家的现代经济思想启蒙主要体现在三个层次上:其一,在形而上领域或经济哲学领域,在个性解放与社会进步之间,张扬了人的个性解放,强调个人利益与社会进步统一的一面。其二,在中观层面或经济发展指导层面,强调在效率与公平之间,应该关注效率问题。其三,在微观层面即经济运作层面,在市场与政府之间,中国经济学家教导百姓要相信市场的力量,要警惕政府"看得见的手"。这也在相当程度上颠覆了几千年中国百姓对于政府与管理者的看法。改革开放以前的中国,集体主义压抑了个人自由;对社会公平的追求超过了对经济效率的主张;政府之手无处不在,几乎没有任何私人空间。这种局面下,中国经济学家在改革开放以来对社会进行现代经济思想启蒙,有其重要意义。正是这种思想启蒙,使中国社会大众不仅逐渐接受并认同了市场经济,而且在相当程度上接受并认可了原来被视为与社会主义制度不相容的其他诸多经济现象,如非公有制经济的发展、股份制改革的方向、失业现象不可避免等等。这些观点至今仍然在维护市场经济制度取向改革的"合法性"方面发挥着基本作用。

二是直接推动改革开放重大决策。中国经济改革中不少决策的出台,往往经历了这样的过程:体制外力量自发生长—经济学家理论与舆论支持—得到决策层确认。这种"自发秩序"的制度变迁过程在1990年代以前的改革中尤其多见。也因此,经济学家理论与舆论支持是不可缺少的环节,他们参与并影响政策决策的程度也最深。《八〇年代》在描述经济学人在那一时期推动高层决策方面着力最多。于我这样的读者而言，许多内容因是第一次了解到或被亲历者所证实而具有"揭秘"性质。如：改革的最初设计，与1980年的两份"初步意见"相关，即《关于经济体制改革总体设想的初步意见》和《经济体制改革的初步意见》，而担纲起草这两份"初步意见"的是张劲夫、薛暮桥、孙冶方、刘国光、董辅礽、杨培新等一大批经济学人。改革的总体思路，则与1987年成立的研究经济体制改革中期规划的8个课题组相关。其中，以厉以宁为首的北京大学课题组主张以推行企业股份制改革为主线，以吴敬琏为首的吴敬琏课题组主张以价格改革为主线，以刘国光为首的中国社科院课题组则主张企业改革和价格改革同时为主线。而厉以宁、吴敬琏、刘国光无疑是第二代经济学人中的优秀代表。中国经济对外开放，与经济学家季崇威在其中的卓越贡献息息相关；而作为向市场经济过渡性制度安排的"双轨制"，其理论上的创新贡献无疑属于以莫干山会议主角为代表的第三代经济学人；从1984年《中共中央关于经济体制改革的决定》，到1987年党的十三大报告中提出的"国家调控市场，市场引导企业"的改革模式，同样是经济学人在幕后推进与决策者在前台努力二者互动的结果；等等。

我们知道，制度的演进具有路径依赖性质，昨天的选择无可避免地影响甚至是决定了今天的格局即使有时是一件或许当时不起眼的小事。1980年代的独特性更是使得"这时的每一步，都在创造历史"。而中国经济学人在那一时期参与改革开放重大决策方面的作用可谓"前无古人"，这些决策在建构与塑造中国近三十余年经济制度与特征方面的影响当然也就具有决定性。回顾中国改革的前生今世，永远脱不开1980年代经济学人及他们的思想观点这个"源头"。

当然，仔细想来，1980年代中国经济学人的作为实际上还在相当程度上塑造了自此以降的中国经济学界。经过三十余年的发展，今日中国经济学界更像一个大的"江湖"：不同观点不同思潮相互激荡，时而春风和煦，时而暗流涌动，甚或刀光剑影。而通读完《八〇年代》不难发现，今日之种种争议，当时就已埋下伏笔；而值得注意的是，当时哪怕是一个小的歧见，通过师承关系、机构变迁、人物更替等原因，尤其是通过改革中的路径依赖因素，在后来也可能被空前放大甚或扭曲。不过，账却不能简单地算在1980年代学人身上。

如果说思想启蒙与影响决策是1980年代中国经济学人对历史最大的"事功"影响，那么，那代学人的人格魅力则同样值得后世敬仰。通读完《八〇年代》，关于1980年代中国经济学人的人格魅力有两点令我印象深刻。

首先是追求真理的精神。我同意这样的说法：1980年代的中国经济学人把经济学当作信仰，而当下的经济学人更多是把经济学仅当作"饭碗"。尤其老一代经济学人，"他们几乎都曾是忠诚于共产主义的'老布尔什维克'，是'经典'的革命者，也是经济学家"。当初他们以殉道者般的勇气投身革命，又以巨大的热情参与创建计划经济体制；在极左时期，他们在政治高压下仍坚持真理，"文化大革命"一结束，复以"朝闻道，夕死可矣"的态度研究经济学，推进改革。可以说，他们走的每一步都是怀着对主义的信仰，对真理的信仰。正因为经济学于1980年代中国经济学人是信仰，所以，他们才会如此神圣地对待这一领域中哪怕在后世看来不值一哂的基本概念、范畴及原则，他们才会如此顽强地坚持他们经过长期思考所得的一些哪怕在后世看来是错误的思想与观点，至死不悔，他们在做人做事上才会有今世最为缺乏的充盈天地间的浩然正气。这与当下不少学人的易变、圆滑、世故、市侩形成鲜明的对比。

其次是把学术真正作为经世济民"公器"的学术品德。我特别注意到，作为《八〇年代》一书的作者，当有人提出"向80年代经济学人学习什么"时，柳红女士回答说："不被权贵与资本所收买。"尽管回答很即兴，但我相信这应该是她在成书过程中反复思考后有所感的结果。1980年代中国经济学人秉承了中国传统士大夫的品格，把经济学当作经世济民的学问，服务于国家发展和人民幸福，所以，学术在他们手中的确是"公器"，不是为哪个特定利益集团服务的"私器"。甚至为了服务于国家发展和人民幸福这一神圣目的，他们不惜"私器公用"。比如，当时有一批胸怀报国之志的青年经济学人，不仅拿出自己的积蓄，还通过拉广告、做咨询、开讲座挣出钱来，贡献给以探讨国家改革和发展重大问题为主旨的《中青年经济论坛》杂志。这种情怀与胸襟，又哪是今日某些明明服务于特殊利益集团，游走于权贵与资本之间，却把自己的观点包装为"学术公器"的经济学人所能比拟的？

实际上，追求真理的精神与把经济学作为"公器"使用，这二者于1980年代学人既是相通的，同时又铸造了1980年代中国经济学人的人格魅力。正因为把经济学作为信仰而不是当作谋取私利的工具，那时的经济学人才不可能轻易被特殊利益集团所收买；正因为把服务于国家发展和人民幸福作为人生之目的，那时的经济学人才只服从于真理，而不会服膺于金钱与权势。这正好符合斯皮格尔（Henry W. Spiegel）笔下那些伟大的经济学家的标准。斯皮格尔在其名作《经济思想的成长》中写道:"那些经济学史上的伟大人物服务于时代,但他们却不是谋私利者;他们是诚实的人,就按照所看到的那样讨论问题。"

(三)

据我所知,回顾1980年代,书写与赞美1980年代,近些年似成潮流。甚至被人为划分为不同阵营的学人,在怀念1980年代上都有共识。比如,美学家李泽厚在最近一次访谈中坦言:"越往后看越会发现1980年代的可贵。1980年代是个梦想的时代,刚过了'文革',人人都憧憬未来,充满希望,怀有激情。但这些到1990年代却沦为笑谈,我认为这是可笑的、可悲的。"而创作过《切·格瓦拉》一剧的黄纪苏在后来创作的《我们走在大路上》中也明确表达了这种感受:1980年代初中期,不仅社会风气纯良,而且人人积极向上的状态表明中国的未来可望更好,在社会充满活力的同时又没有逾越伦理道德与公平正义的底线,更与今天我们看到的弥漫在人群中的末日情绪以及泛滥于社会中的一些凶险丑恶的东西形成鲜明对比。

以此观之,《八〇年代》这本书也是"怀念1980"潮流下的产物,并使得这一潮流更加蔚然。

这就使我在阅读过程中不由得思考第三个问题:1980年代中国经济学人"群星闪耀"的时刻会不会已成绝响?

不可否认的是,经过三十余年的发展,中国当下以"经济学"为业并自称或号称"经济学家"的人数远远超过1980年代,每年产生的文献可谓汗牛充栋,中国经济学家在国际经济学界的影响也日益增加，但我们始终产生不了类似 1980 年代那种"群星闪耀"的感觉。刘国光先生在为《八〇年代》所作的序言中说："熟悉历史的人会羡慕春秋战国时期的百家争鸣；80 年代的经济学界就有百家争鸣之态。"这种印象也已不适用于今日充斥着话语霸权与帮派习气的中国经济学界。

不仅如此，从中国经济学界自身状态看，市场经济发展带来的利益阶层分化与利益冲突，导致 1980 年代经济学人怀着共同理想共同努力并在其中相互支持提携的局面，在当下已不复存在，甚至发展到"1980 年代同一战壕的战友现在却相互举起了投枪"这样的地步。而从社会对当下中国经济学家群体的"观感"来看，与 1980 年代经济学人获得了全社会包括体制内外足够尊重的情形正好相反，经济学家如今几乎成了社会尤其是网络上各种恶意玩笑的靶子，"从来没有另外一个职业像经济学家这样受到人们的嘲笑，媒体上到处充斥着关于经济学家的种种笑话"。

这当然与经济学家每个人的修为和素养有关，更与历史有关。

正如书中所说，"改革"在 1970 年代末是新理想，它能满足当时民众厌倦"革命"的普遍情绪。而在我看来，1980 年代初中期的改革的确是一种"帕累托改进"：没有损害几乎任何局中人的利益，相反还增进了几乎所有局中人的利益。这反过来又极大地增强了"改革"这一共同理想的吸引力。这是造就 1980 年代社会各阶层包括经济学人群体在内的和谐奋进景象的重要原因。而此后因为各种原因，更主要是因为改革至少部分偏离了 1980 年代初中期的初衷与设计，使得改革共识渐行渐远，利益分化造成的阶层鸿沟越来越深。社会存在决定社会意识，经济学家作为群体出现分化就理所当然。

还有更深层次的原因。海尔布鲁纳曾明确区分了"经济思想家"与"经济学家"。前者贡献的是思想,后者贡献的是学术与"主意";前者是人类思想史上的伟大人物,是知识分子,是"布道者"与"先知",是天上闪耀的明星,而后者只是一个"再普通不过的技术性职业"。经济思想家出现在历史关键时期。比如,亚当·斯密时代是经济思想家辈出的时代,就是因为经济制度正由传统安排转向市场经济;而一旦这种转折完成,市场经济社会的基本秩序一旦建立之后,经济思想家退隐,作为专门家的经济学家登台。

1980年代的独特性就在于经济制度转轨的性质,也是中国经济学界思想启蒙的时代。所以,从这个角度看,那个时代的经济学家更像海尔布鲁纳笔下的"经济思想家":他们不是以经济学术见长,而是以思想见长。他们的重大使命之一是思想启蒙,他们也是那一时代的"先知"与"布道者",所以"在暂时的黑夜宛若星辰一般散射着光辉"。

而康德曾经指出,启蒙运动的后果对于启蒙知识分子是残酷的。他的意思是说,启蒙知识分子呼吁的是现代性的到来,而一旦现代性真的到来,因为分工以及由分工导致的异化,将使社会各阶层各种角色回归到原来各自的领域,这就叫作"诸神归位"。这个时候,知识分子也将回到他的学术领域,不再是这个社会中的思想引导者。实际上,1990年代末中国人文知识分子就讨论过所谓"思想淡出,学术突显"时代的到来,这就是启蒙的结果。而中国经济学界自进入1990年代中后期,思想家不再,职业化的学院派崛起,也与市场经济思想启蒙任务几近完成相关。

从这个意义上看,1980年代作为"经济思想家"的经济学人

"群星闪耀"的时刻的确已经成为过去式。中国经济学界想再现1980年代的场景在短期内已不可能。

海尔布鲁纳也曾有过这样的想法,即当单纯的经济力量已解决不了问题而重新需要政治的经济学时,经济思想家会再出"江湖"。中国未来经济社会发展的可持续性问题似乎恰又到了这样的时候:依靠单纯的经济力量无法解决,而需要再度对行政与政治资源配置进行优化。以此观之,下一次中国经济学人"群星闪耀"的时刻或许不会太过遥远?

当然,按茨威格的说法,人类历史上群星闪耀的时刻"在个人的一生中和历史的进程中都是难得有的"。而在我们的一生中,有幸亲身经历了1980年代这一群星闪耀的时刻,或至少通过《八〇年代》这本书见证了这一时刻。仅此,我们应该是很幸运的。

(四)

我们往往会由一本著作想到它的作者,尤其这个作者是你很熟悉的人的时候。我有幸认识《八〇年代》一书的作者柳红女士,所以,在这篇文字的最后,想赘述几句。

作为20世纪最伟大的史学家之一,斯塔夫里阿诺斯(L. S. Stavrianos)有一句名言:所有的宏观历史都是自传。这句话别人有多种理解,我的理解与海尔布鲁纳相似。海氏在评价熊彼特《经济分析史》时曾说,个人对历史尤其是思想史的认识"都包含私人经历的因素"。如果我们把《八〇年代》看作是柳红女士为其时的经济学界写的一部历史的话,那么,字里行间何尝没有她自己的人生印记？

　　我与认识柳红的朋友对她的印象一致：她的坚守与努力非常人可想象！有了她作为母亲的坚守与努力，少年子尤不仅最大限度延续了生命，而且在生命的最后时光"向死而生"，绽放并定格如同五月的鲜花；有了她作为学人的坚守与努力，今天我们才看到了她为1980年代经济学界留下的一部人物史，为中国改革最黄金的年代留下的一部思想史。而且，因为在写作过程中她坚守自己所确定的原则，并努力以开放的心态对待所有的人物与观念，这部书应该能够经得起历史与人事变动不居的检验。

　　作为母亲的坚守与努力，和作为学人的坚守与努力，在柳红女士那里是相通的。正如柳红女士自己所言，子尤是1980年代的产物，甚至他的名字"子尤"（自由）和这个年代也连在一起。而写作《八〇年代》，被她认为是实现儿子遗愿的最好方式。有了这一念想支撑，才有了这部著作及其所呈现出的样子。

　　不久前看到柳红女士在博客上给子尤写的"2010年终总结"，里面有一段话让我很动感情。她对子尤说："我在《八〇年代》书里，尽量写出相关的经济学家的名字，里面有我的心意，特别是对那些故去的、消失的人，为他们立一座碑。记着别人，记着别人的好处、贡献，人就会变得善良，就会有情有义。家人之间很容易做到，一个社会一个民族很难做到。如果做到了，这个社会就成熟了。中国要做到还有很长的路。"从中更足见她对于这部书细节处的用心。

（作于2010年12月）

转型期中国经济学家的社会角色

在我的印象中,中国经济学界第一次最鲜明地提出经济学家的"操行"问题的是左大培博士。早在1995年,在有关"通货膨胀是有利还是有害"的经济学界大争论中,他就敏感地意识到了争论背后某些利益集团的影子,于是在《经济学消息报》上发表了《经济学界也要反腐败》的文章。文章发表之初,可谓"一石激起千层浪"。此后,在有关"经济学(家)要不要讲道德"的争论中,这一话题也成为热点之一。我想从经济思想史以及中国经济改革的实际出发,对转型期中国经济学家应该担负怎样的社会角色,应该如何自处,以及社会如何对经济学家进行约束等等,提出自己的一点见解。

(一)从弗里德曼的矛盾说起

我翻阅了手头的一些经济学著作,发现新自由主义经济学巨匠弗里德曼较多地专门论述了经济学家的社会角色问题。在此方面,他有两篇重要的著作:一篇是1960年代中期发表的《经济学中的价值判断》,另一篇是1980年代中期发表的《经济学家与经济政策》。然而，他的两篇著作的相关论述充满了矛盾，甚至连他自己也意识到了这一点。

在《经济学中的价值判断》一文中，弗里德曼首先非常肯定地说，哲学家之所以批评经济学家在回避价值判断，是因为他们不明白"经济学中本来就不存在价值判断"。"原则上，经济学作为一种特殊的学科，所涉及的是环境变动对事件的影响，涉及的是预测与分析，而并不涉及评价问题。"显然，按照弗里德曼的这种说法，经济学家在社会中应当严格恪守价值中立，不应该被任何外在的利益所诱惑。

然而，在接下来的文字中，弗里德曼又转而承认："经济学的确涉及价值判断问题。"在他摆出的几条理由中，最有说服力的一条是："经济学家不仅仅是经济学家，他们同时也是人，所以他们自己的价值观念毫无疑问地会影响到他们的经济学。"而且他还强调："无价值的经济学仅是一种理想，而且，同大多数理想一样，常常最容易受到人们的推崇。"在这里，弗里德曼又认为，因为经济学家无法摆脱对自利的追求，因此，"价值中立"仅仅是一个有诱惑力、最容易被利用，却永远不可能达到的理想境地。

理想中的经济学应该排除价值判断，而现实中的经济学家却因为"他们同时也是人"而无法做到真正的价值中立，弗里德曼的矛盾就体现在这里。

在《经济学家与经济政策》一文中，弗里德曼认为，自亚当·斯密《国富论》问世至今，经济学家的社会功能有两种：一是研究经济运行情况，二是从公共利益的角度影响公共政策。经济学家们也为此"一直遵循同样的双重目标：加深我们对经济运行情况的了解和影响公共政策"。然后，弗里德曼分析了经济学家如何影响公共政策的三种方式。在文中，他要求经济学家放弃一种幻想，即认为政府官员比别人道德高尚，并且是为公共利益服务的。他认为，政府官员也是出于自利，而不是利他。他还说了一句著名的话："这个世界的圣徒追求自己的私利并不亚于魔鬼。"经济学家提供意见影响公共政策时必须对这个前提有足够的认识。论述到此，弗里德曼转而论述到了经济学家。他说："关于经济学家的论述，我感到自相矛盾。我们也在追求自身利益。我们不能问心无愧地认为自己与政府官员有什么不同。我们不能把自己作为例外。那么，问题便出现了：以我们所阐述的途径来促进公共政策符合我们的私利吗？这是无法弄清楚的。"他还说："我们应当承认，我们是那种了解自己利益胜过了解一切并追求自身利益的人类。"

由此看来，如果说在《经济学中的价值判断》一文中，弗里德曼意识到经济学研究在认识经济运行层面上无法排除价值判断，那么，在时隔20年后的《经济学家与经济政策》一文中，弗里德曼更明确地意识到：当经济学家试图就公共政策提出意见时，更难排除自己的私利考虑。应该说，弗里德曼已经完全认为，社会生活中的经济学与经济学家肯定是有价值判断的。

当然，因为弗里德曼始终从柏拉图技术主义角度提出经济学必须排除价值判断，所以他必须解决理想的经济学与现实的经济学在价值判断上的矛盾。而他也的确为自己解决矛盾留了足够的"后门"。在《经济学家与经济政策》一文中，他提出，经济学家追求自己的私利并不与追求公共利益相矛盾。理由有两条：一是斯密所说的，于己有利就是于国有利，反之亦然；二是自身利益并非限于狭义的物质利益，它包括服务于公众利益、帮助他人的愿望。其实，这两条现在看来都经不起一驳。前一条，博弈论中所谓的"囚徒困境"恰已表明，个人理性未必能达到集体理性；后一条，把所有的利他都归为自利，造成了在逻辑上没有办法对经济学的自利假说证伪，因此说了等于白说，或者干脆是一种伪理论。

近年来，中国经济学家针对"经济学要不要讲道德"这一问题争论得很激烈，"讲不讲道德"的问题，实质上就是有没有立场的问题，有没有自己的私利的问题。在我看来，因为有诸多人文学者参与其中，而人文学者偏重于伦理层面的道德，并没有追问到利益层面的问题，所以很多看法并不确切。即便如此，从这次大争论中也可以看出中国主流经济学家在该问题上的自相矛盾之处。比如，某位经济学家曾发表长文，论证了经济学如何不讲道德；但在另外一个场合，他又承认，经济学家也有自己的利益，也追求利益最大化。这样很容易让人追问：既然经济学家有自己的利益，且追求利益最大化，那么，如何保证他在经济研究中有一种客观公正的立场呢？还能说经济学不讲道德吗？可见，中国主流经济学家也像弗里德曼一样无法自圆其说。

所以，要做到理论上的彻底性，包括经济学理论的彻底性，即"理性经济人"假说的彻底性，解决从弗里德曼那里就存在的矛盾，我倒以为，我们莫如干干脆脆地承认经济学家有自身的利益，因此，在现实经济研究尤其在政策研究层面上要讲价值判断。讲利益，讲价值判断，对于经济学家这样的"世俗哲人"没有什么可忌讳的，完全不必摆出"公正、客观、超脱"的样子——如果说一些人文知识分子还有些羞羞答答的话。

（二）经济学家利益化后的经济学

既然承认经济学家有自己的利益，而且追求自己的利益最大化，那么就有一个如何实现自己的利益的问题。在这一点上，经济学家与其他任何不直接参与生产过程的人一样，只能选择为他人服务，而且本能地将选择能出最高价钱的买家。于是，在弗里德曼所在的美国，经济学家为利益集团服务就成为必然的了。在我国，曾经撰文论证"经济学不讲道德"的经济学家也承认，经济学家是为利益集团服务的。需要指出的是：尽管大家都想卖出最高的价钱，但因为不同经济学家所能提供的服务在质量上有差别，于是存在一个供求平衡点，即什么样的利益集团能出什么样的价钱，请到什么样的经济学家。

不只美国是这样，其实，任何市场经济国家中的经济学家都是这样。原因就在于市场经济是利益主体多元化经济，一方面在某项具体决策上，不存在一个所谓的"全体人民"或"全体民族"的利益，而另一方面，为了在市场交易中取得占优的地位，个人利益又都以利益集团的形式表现出来。所以，经济学家的利益只能与各利益集团的利益相结合了。

从这个意义上讲，经济学家一旦完成了与利益集团的结合，那么经济学作为一门社会科学，所持的所谓价值中立与客观性，也就完全不可能存在了；或者说，即使在原理层面还有可能统一认识，但在政策层面，也完全成了各利益集团之间的利益之争。这就是一百个经济学家有一百种意见的原因。

这方面论述最深刻的也许还是马克思。尽管在他那个时代，市场经济即资本主义，在马克思以及其他主流西方现代经济学家那里，市场经济就是资本主义——国家内部利益集团斗争基本是以两个阶级之间斗争的形式表现出来，但马克思已敏锐地认识到政治经济学作为中立的科学的不可能性。在《资本论》第一卷第二版跋中，他研究了法国、英国与德国政治经济学发展史后认为，法国与英国的资本主义生产关系发展早，所以政治经济学发展也早。但是，"法国和英国的资产阶级夺得了政权。从那时起，阶级斗争在实践方面和理论方面采取了日益鲜明的和带有威胁性的形式，它敲响了科学的资产阶级经济学的丧钟。现在的问题不再是这个或那个原理是否正确，而是它对资本有利还是有害，方便还是不方便，违背警章还是不违背警章。不偏不倚的研究让位于豢养的文丐的争斗，公正无私的科学探讨让位于辩护士的坏心恶意"。而德国的情况不同。因为德国市场经济发展晚，所以，政治经济学发展不起来。但当资本主义生产方式在德国成熟时，现实阶级斗争又不容许任何人对政治经济学有客观的研究。所以，马克思说："我们的专家还是命运不好。当他们能够公正无私地研究政治经济学时，在德国的现实中没有现代的经济关系。而当这种关系出现时，他们所处的境况已经不再容许他们在资产阶级的视野之内进行公正无私的研究了。"

中国的情况与马克思所说的德国的情况颇类似。1997年，我曾在《中国经济时报》上发表过一篇文章——《市场经济与中国经济学的发展》。在那篇文章中，我借用海尔布鲁纳的观点提出，人类历史很长，但经济学不过两百多年历史，就是因为只有市场经济才需要也才有可能产生经济学家。自然经济条件下经济秩序的安排靠世袭制，计划经济条件下经济秩序的安排靠政府（卢森贝说，工人阶级的胜利将是政治经济学的最后一幕），只有市场经济条件下经济秩序的安排才需要经济学家解释并施加影响。由此，我说，也正因为中国搞了市场经济，所以，改革开放以来中国经济学才走向繁荣，成为显学，经济学家也成为这个社会中地位最高的阶层之一。我甚至半调侃地说：难怪中国经济学家中绝大多数都支持市场经济，就因为市场经济给了他们饭碗。

但现在看来，我当时的乐观是过早了。因为改革开放20年尤其是1992年以来中国社会各利益集团的分化速度如此之快，超出了许多理论家的想象；而在利益集团分化过程中，中国经济学家也不可避免地分化到各利益集团。所以，在经济学有可能在中国发展起来的条件（即市场经济）具备了以后，经济学家却因为已经利益集团化而无法进行客观的研究了。

我的以上分析，就是想说明这样一个问题：在当下的中国，任何一个经济学家的研究成果，背后都涉及利益集团，因而在事实上无法做到客观公正，总是有利于某些社会阶层，而不利于另外一些社会阶层。清楚了这一点，经济学家就应该自重，不要自视甚高，认为自己的言论是公正的、客观的，更不要以"学术乃天下之公器""为国家民族服务""为全体百姓服务"等字眼来误导社会公众；而与此同时，社会公众也要将经济学家利益集团化视作我们时代的常态，因此大可不必将某些经济学家的言论奉为圭臬。

在几次经济学界大争论中，某些经济学家讲出一些有违常识的话，例如，经济学最讲市场交易秩序的公正与透明性，最讲市场规范，但在这次股市之争中，针对主张规范交易秩序的意见，有人却说：要像爱护婴儿一样爱护股市！再如，在石油涨价过程中，一些经济学家不说国际油价上涨了，而我们的石油2/3依赖进口,所以也要涨价;而是说中国经济要对外开放,所以油价也要与国际接轨等等。这些话不仅违背了经济学常识,也有违一般的生活常识。但如果我们知道他们是为其利益所在的"集团"说话,就没有什么想不通的。真正应该令我们警惕的是:一方面,我们的社会环境与社会舆论还没有发展到区分"私话"与"公话"的地步;另一方面,一些经济学家仍以经济学为"天下之公器",挟"社会主义市场经济""民族国家利益"等字眼以自重,更要命的是,他们担当的还是"政府经济学家"的角色,这才是问题真正严重之处。

(三)区分私利与公利

经济学家将私利与公利有意混淆,曾经在市场经济国家也是较普遍的现象。美国学者诺曼·奥恩斯坦(Norman J. Ornstein)在其代表作《利益集团、院外活动和政策制订》一书中就说过:"当一个利益集团为了经济上的目的,或者为了要促进一个组织的自身利益,而直接(和单独)采取行动时,它至少要有意识形态方面的理由,或者具有一种道义上的号召力。"他举美国历史上的例子说:"石油工业部门为使大石油公司免遭瓦解而发起的情报运动,实际上在它的每一个广告里都包含着对自由企业制度的辩护和对政府干涉企业事务的申斥。防务承包商经常把需要保卫美国免受外来共产主义威胁,作为他们呼吁增加防务开支的基础。当工会为撤销工作权利法而开展运动时,它们就谈到美国工人的天然权利。"

那么,在经济学家不自律的情况下,如何确保经济学家追求私利的目标不与公共政策目标相违背呢？我认为主要有以下两条值得我们去做。

第一，政府必须严格区分开体制内经济学家与体制外经济学家。体制内经济学家就是弗里德曼所说的"政府经济学家"；而体制外的经济学家主要指在为各类市场主体服务，主要供职于经济咨询机构、大企业发展研究部门或者顾问部门以及高校的经济学家。尽管对这两类经济学家，我们都承认他们仍有自己的私利，并且会因私利影响公共决策，但区别在于：对于前者，我们是用纳税人的钱向其支付报酬，以保证他们有一个尊严体面而优雅的生活，并以此作为交换条件，要求他们在已满足私利的前提下以他们的专业知识为公共利益服务。因此，对于他们的约束，就是用政府公务员一样的标准。必须杜绝他们与某个或某些特殊利益集团出现利益上的瓜葛，被利益集团收买，并且滥用他们为政府提供公共政策咨询的权力。关于这一点，左大培博士在《经济学界也要反腐败》一文中说得非常形象，即不能让一些经济学家"这个腰包里装共产党的钱，另一个腰包里装资本家的钱"。对于后者，即体制外的经济学家，他们私利的满足来源于他们所服务的特定利益集团。拿了人家的钱，为人家提供服务，这也是天经地义的事。所以，对于他们的约束，是必须杜绝他们所制造的舆论直接进入公共决策过程，而只能经由民主的渠道，将他们服务的利益集团的意志表达出来。

当下中国经济学界之所以出现某些著名经济学家将私利作为公利的现象，就在于没有从制度上区分他们的角色——许多著名经济学家既担负了为政府提供经济决策服务的角色，又承担了为某些利益集团甚至某个别大型企业集团提供服务的角色。比如，卷入股市之争的经济学家基本上都身兼数职：他们或是人大财经委员会成员，或是国务院发展研究中心研究员，或是政协常委，甚至有的还是经济法的起草组织者；同时，他们也几乎都是某大学的教授，某个或数个协会、大型企业的顾问，甚至有的还是基金会的顾问或某海外上市公司的独立董事。因此，中国要避免经济学家将私利作为公利的现象，首先必须清理一次经济学家的队伍，保留一些专门的"政府经济学家"，其他的都由利益集团出钱供养。

第二，经济学界必须反对任何形式的话语霸权。在这一点上，弗里德曼很高明。正因为他也意识到经济学与经济学家实际上处处在进行价值判断，所以，为了确保私利不影响甚至能够促进公利，他找了一条出路，即通过"自由言论"建立"思想市场"，通过这个市场，"所有参与者都将在边际点上获得共同的价值观念"，从而发展价值观念，使价值观念方面的分歧成为"共同满足的源泉，而不是争端的契机"。弗里德曼解决矛盾的办法，如果用我们今天通俗的话讲，就是使各种意见都能充分表达并相互制衡，然后达到一个平衡点，即经济学中讲的均衡点。为此，他还专门发表了一篇名为《自由言论经济学》的文章。文中考察了经济安排与自由言论之间的相互关系，其结论可以用当下中国知识界常讲的一句话概括，即反对一切形式的话语霸权。

话语霸权背后往往是社会的强势集团。在一个利益多元化的社会中，经济学家也会追求自己的私利，所以，往往是社会中能出最高价钱的强势集团，能购买到社会中最有话语权力的大腕经济学家为他们服务；而弱势群体因为组织起来的费用高得他们往往承担不起，同时他们也的确很难认识到自己的真正利益之所在，所以比较涣散，很少能雇得起有很大话语权力的经济学家。这种情况与在诉讼案中出多少钱请什么样的律师很类似。所以，如果听凭所谓"思想市场"的调节，最后还是会造成话语权力越来越不平等。当然，这里也有政府调控的余地：一方面，对于"政府经济学家"，政府要对他们有所要求，即在市场经济的文化与政治背景下，"政府经济学家"要特别重视弱势群体的利益诉求；另一方面，政府直接掌控的媒体，要有意识地为这个社会中处于边缘或非主流地位的经济学家留出说话的空间，以作为这个社会内在稳定器及调节器的一个有机组成部分。

中国经济学界目前也存在形形色色的话语霸权与学术垄断，必须打破这种话语霸权与学术垄断，在中国经济学界内部营造一个有利于竞争而非垄断的环境。主流经济学家必须知道，让非主流地位的经济学家参与到竞争中而非搞压倒性话语霸权对于经济学完善自身的体系也非常重要。这方面，萨缪尔森可充当一个反面教材。1968年，萨氏在其《经济学》第九版中嘲笑处于非主流地位的加尔布雷思（John K. Galbraith）说："不是经济学家的人过分重视了加尔布雷思……在他所写的东西中，基本上没有可供博士论文或学会会刊论文作为验证和调查的对象的命题。"然而，仅仅三年后，加尔布雷思就当选为美国经济学会会长，而萨氏也被迫修改了在《经济学》教科书中对加尔布雷思不公平的字眼。

（四）更长远的考虑

政府严格区分体制内经济学家与体制外经济学家，经济学界自身反对话语霸权与学术垄断，这仅能保证中国经济学家不会以私利妨害公利。如果说中国经济学界作为一个整体，真要为转型期的中国作出一些实质性的贡献，那么，经济学家最好有更长远的考虑。

首先，我想说明，这种更长远的考虑不是说要经济学家"无私奉献"——这本身是很不经济学的话语，而是说经济学家既能更好地保守住自身的利益，同时也能促进转型期中国的整体利益。

转型的过程就是制度变迁的过程。道格拉斯·诺斯（Douglass C. North）曾研究认为，人们对制度变迁的态度取决于支持变迁的预期成本与预期收益的比较。但因为不同收入阶层对于制度消费的贴现率不同，所以，收入较低阶层往往看重眼前，而收入较高阶层才更看重较远的预期。按照这个理论，因为中国经济学家总体上属于社会中收入较高的阶层，所以要有更长远的眼光。

转型期中国一个突出的特征是，各利益集团的发育很不平衡，实力悬殊。而改革又是一个重新分配交易资源以及各利益集团争相抢夺其中最大份额的过程，因此社会中的强势集团往往会抢到比弱势集团大得多的一块。这是中国改革开放以来收入分配差距拉得如此之大的实质性原因。表面上看，这很符合强势集团以及为之服务的主流精英经济学家的利益；但从长远看，则完全有可能因为收入差距突破人口占大多数的弱势群体所能承受的底线，导致社会出现动乱，到那时，强势集团及附着其上的主流精英经济学家很难再保守住自己的利益。

所以，即使是出于自利的需要，中国主流经济学家也应该学会让步，并鼓动他们所服务的强势集团作出一些让步，使得弱势群体能更多地从经济增长中得到实质性好处。或者干脆暂时"高尚一把"，也站到弱势群体这边说说话。说到底，这不是经济学家

"有没有良心""道德不道德"的问题,而是经济学家自身长远利益之所在。因为只有使中国社会各利益集团之间形成制衡的局面,使民主能切实地建立在这种利益集团相互牵制的基础之上,而不是建立在一个虚幻的所谓"全体人民利益"的基础之上,才能确保这个多灾多难的国家能跳出治乱兴衰的历史循环,也才能真正保守住经济学家自身的利益。

在结束我的这些卑之无甚高论的文字前,我想说明一点:尽管文中也涉及一些个案,但绝不针对任何个人。借用马克思在《资本论》第一卷第一版序言中曾经说过的一句话:"我的观点是:社会经济形态的发展是一种自然历史过程。不管个人在主观上怎样超脱各种关系,他在社会意义上总是这些关系的产物。同其他任何观点比起来,我的观点是更不能要个人对这些关系负责的。"

(作于 2001 年 10 月)

第二辑

改革与转型

东方社会视角下的社会主义市场经济

我的观点是：在马克思的"世界历史"与"东方社会"理论框架下，社会主义市场经济是一种中间状态，其实质就是必须观照到中国建立社会主义制度后生产力与生产关系发展的不平衡性，以"既能发展生产力，又能避免用人头做酒杯"，来超越中国社会主义生产关系从一开始就面临的巨大历史悖论。简言之，社会主义市场经济的意义在于"既能发展生产力，又能避免用人头做酒杯"。需要指出的是，"发展生产力"与"避免用人头做酒杯"这一基本矛盾，中国要解决起来并不容易。必须警惕两种倾向：一种是，以发展生产力之名，将"市场经济"异化为资本无序扩张；另一种是，以维护公平之名，将"社会主义"异化为权力无序扩张。不过，对于中国向社会主义市场经济转型中的各种矛盾与问题，我们应该有一种基于历史的同情；而要解决现实中的各种问题，的确有待于我们选择一条兼顾公平与效率的独特发展道路。

（一）马克思关于"世界历史"与"东方社会"的观点

按照马克思的观点，各个民族的历史只有向世界历史转变，各民族才能在世界历史中存在下来，人类也才有可能最终走向共产主义。这是因为，各个民族和国家的相互依存性或者说全人类历史的整体性越是加强，资本主义将越能得到更大的发展从而推动生产力的发展；与此同时，落后的民族和国家就越有可能突破原来狭隘的地域性限制，充分吸收并利用世界资本主义的"一切肯定成果"，实现从原始生产方式向现代生产方式的跃进。而民族历史转化为世界历史的过程，就是民族国家建立资本统治的过程。因此，马克思在《共产党宣言》中说："资产阶级……它迫使一切民族——如果它们不想灭亡的话——采用资产阶级的生产方式；它迫使它们在自己那里推行所谓的文明，即变成资产者。一句话，它按照自己的面貌为自己创造出一个世界。"他在《德意志意识形态》中又说，只有"世界历史"形成之后，以及资本主义生产关系全球化以后，"人们之间的普遍交往才能建立起来；普遍交往，一方面在一切民族中同时产生没有财产的群众这一现象（普遍竞争），使得每一民族同其他民族的变革都有依存关系，而最后，狭隘的地域性的个人为世界历史性的、真正普遍的个人所代替"。此时，在全球范围内实现共产主义，实现最普遍最全面的个人自由才有可能。

马克思也将其"世界历史"的视角投向了东方社会。在他看来，东方社会特有的村社经济制度将妨碍其走向资本主义。因为这种相互孤立且同质的村社很难形成分工与市场，所以不可能形成资本主义生产方式，东方社会的"孤立状态是它过去处于停滞状态的主要原因"。马克思进一步考察后认为,东方社会这种孤立状态,还将妨碍这些民族的历史向"世界历史"转化。"因农业和手工制造业的直接结合而造成的巨大的节约和时间的节省,在这里对大工业产品进行了最顽强的抵抗"。这与马克思所说的民族历史必须通过转化为世界历史才能最终获得民族生存与制度的提升存在矛盾。因此,马克思预言,东方社会如果不想灭亡,其选择有两种可能性。第一种可能性是:它或者最终滑向资本主义,而滑向资本主义的代价将是血与火的,也不得不经历资本积累中"血淋淋与肮脏"的过程。正如马克思所说的,东方社会"为了喝到现代生产力的甜美的酒浆,它不得不像可怕的异教神那样,用人头做酒杯"。

当然,马克思也指出了东方社会的另外一种可能性,即它也有可能跨越资本主义制度的"卡夫丁峡谷","使农村公社向其高级形式过渡,使人民获得政治自由和社会状况的根本改善"。但这种可能性有其严格的前提条件。这种严格的前提条件不仅仅是一场伟大的社会革命,这场革命同时应该改造农村公社生产方式,使之向高级形式过渡,并将消除资本主义生产关系的破坏性影响。更重要的是,革命仅仅是一个开始,要真正实现跨越"卡夫丁峡谷",革命后的东方社会能够支配"资产阶级时代的成果",支配"世界市场和现代生产力","并且使这一切都服从于最先进的民族的共同监督"。为此,马克思提出,东方社会实现跨越"卡夫丁峡谷",其实仍然需要以某种形式使得其民族历史转化为"世界历史",仍然脱离不了"世界历史"的背景。否则,即使进入了共产主义,也是一种"地域性共产主义","它们会依然处于地方的、笼罩着迷信气氛的状态",而且,"交往的任何扩大都会消灭地域性共产主义"。

马克思也将研究的目光投向了中国。他同意黑格尔《历史哲学》中的看法：中国是一个没有历史的国家，很早就进入了停滞状态，更没有进入"世界历史"。但马克思更认为，资本主义生产关系的扩张最终将把中国卷入世界历史的进程之中，即使中国也进入资本主义生产关系。所以，他指出："英国用大炮强迫中国输入名叫鸦片的麻醉剂。清王朝的声望一遇到不列颠的枪炮就扫地以尽，天朝帝国万世长存的迷信受到了致命的打击，野蛮的、闭关自守的、与文明世界隔绝的状态被打破了，开始建立起联系，这种联系……迅速地发展了起来。"马克思还预言中国封建的关系将被打破与取代。他说："世界上最古老最巩固的帝国八年来在英国资产者的大批印花布的影响之下已经处于社会革命的前夕"，"即刚巧在全世界似乎都处在沉静的时候，中国和桌子都开始跳舞起来鼓动大家了"。但马克思的确预言中国革命的前途是资本主义性质的。因此，他说："如果我们欧洲的反动分子不久的将来会逃奔亚洲，最后到达万里长城，到达最反动最保守的堡垒的大门，那么他们说不定就会看见这样的字样：中华共和国——自由、平等、博爱。"

（二）社会主义市场经济为什么是一种中间状态

19世纪末至20世纪初期的中国社会是典型的"东方社会"。尽管列强的入侵迫使原来闭关锁国、独立于"世界历史"之外的中国开始融入"世界历史"，但自1840年鸦片战争到1949年新中国成立的一百多年中，由于中国人民对帝国主义的反抗，中国的历史从来就没有很好地整合进"世界历史"的过程之中。那么,在一个未经过资本统治充分展开的东方大国如何建设社会主义,就成为摆在中国人民面前的一个大课题。正是在这种大的历史坐标中,中国共产党人开始了艰辛的探索。同时,这也决定了中国社会主义是在世界资本主义时代的社会主义,是同全球资本主义体系联系在一起并作为这个体系中有机一环的社会主义,是初级阶段的还不合格的社会主义。

以马克思关于"世界历史"的观点为中国社会主义定位,至少有以下三点值得我们思考。

一是中国社会主义面临巨大的挑战。在改革开放之前,中国社会主义仍未进入"世界历史",因此必须客观地承认它是一种"地域性"的。这使得它与生俱来就面临两大挑战:一是自身历史的积淀,即马克思所说的"笼罩着迷信气氛",它可能使中国社会主义不可避免地带有封建的特征;二是外部资本主义生产关系扩张,即马克思所说的"交往的扩大"。我们回过头来以"世界历史"的观点看待苏东剧变的原因,其实恰可以追溯到上述挑战:在内部,由于未经历过资本主义阶段民主的"训练"而直接由农奴制进入社会主义,苏联与东欧社会主义国家在处理政党与群众、政党与领袖的关系问题上都做得不好,党内民主与社会主义民主都未能发展起来;在外部,20世纪80年代开始的资本关系全球化浪潮方兴未艾,于是,这种"地域性共产主义"未能经受住考验而崩溃。

二是中国社会主义面临巨大的历史悖论。一方面,中国近代以来的历史表明,中国共产党人选择社会主义是有其历史根据的。邓小平曾根据毛泽东当年的"三个不允许"思想明确指出,中国如果搞资本主义,将无法避免国内阶级压迫与国际帝国主义压力的残酷现实。因此他说:"中国要解决十亿人的贫困问题,十亿人的发展问题。如果搞资本主义,可能有少数人富裕起来,但大量的人会长期处于贫困状态,中国就会发生闹革命的问题。"他还说:"如果我们不坚持社会主义,最终发展起来也不过成为一个附庸国,而且就连想要发展起来也不容易。"但另一方面,我们又不能不看到,马克思关于"世界历史"的观点已经指出,除非以某种方式进入"世界历史",否则像中国这样的"地域性共产主义"不可能成功。更明确地说,中国的社会主义建设始终处于世界资本主义时代这个大背景下,必须融入世界资本主义体系,必须至少部分接受资本统治的逻辑,这使得中国社会主义稍不小心就会重新"滑向资本主义"的"用人头做酒杯"的过程。

三是中国社会主义是前无古人的伟大探索。正因为中国社会主义面临巨大的历史挑战,同时又是在巨大的历史悖论中寻求前进之道,这也进一步证明了执政党所从事的事业的不易,证明了中国社会主义作为前无古人的事业的艰难。一方面,执政党决心带领中国人民跨越"卡夫丁峡谷",避免中国重新步入"用人头做酒杯"的资本统治逻辑;另一方面,执政党又必须试图通过在不突破社会主义基本价值取向的框架下,通过改革开放使中国生产力得以发展,使中国历史进入"世界历史"之中。因为它已认识到,人类进入共产主义的经常性途径必须以"民族历史"向"世界历史"的转化为前提。简言之,中国共产党人所探索的中国社会主义发展之路是一条既富裕又公平之路。所以,中国的发展远远超出了马克思的认识视野。中国社会主义事业如果成功,就不仅仅是"世界历史"的特例与个案,更将是对"世界历史"的发展作出的极其伟大的贡献。

在马克思主义关于"世界历史""东方社会"以及"中国前途"的大框架下,邓小平提出"社会主义市场经济"的实质,就是必须观照到中国建立社会主义制度后生产力与生产关系发展的不平衡性,以"既能发展生产力,又能避免用人头做酒杯",来超越中国社会主义生产关系从一开始就面临的巨大历史悖论。或者简言之,社会主义市场经济的意义在于"既能发展生产力,又能避免用人头做酒杯"。

这里有一个未必恰当的对比。新儒学代表人物牟宗三先生曾认为,中国哲学是一种早熟的哲学,在"道"或"内圣"的层面上,它比西方哲学更为伟大,也更符合人类社会发展的大方向。但在眼下世界现代化潮流的背景下,中国哲学必须放下身段,从"内圣"开出"新外王","坎陷"出"科学与民主"。经典马克思主义框架下的社会主义,一方面的确可以实现超越"人头做酒杯"的阶段,但对于中国具体国情而言,不经过资本主义又不能发展生产力。因此,社会主义市场经济理论也是马克思主义的一种"坎陷":在经典马克思主义与现实资本主义中间走出另外一条道路;或者说,是在两者之间寻求一种"微妙的平衡",即戴志康先生讲的所谓"中间状态"。

因此,仅从理论层面看,社会主义市场经济的确有其经济学含义。

第一,中国社会主义经济体制理论。马克思设想未来社会是消灭了商品经济与市场经济的社会。但中国未经商品经济与市场经济的充分发展,还必须在坚持社会主义基本生产关系前提下通过商品经济与市场经济来促进生产力发展,因此社会主义市场经济理论的"中间状态"就表现为：既利用市场经济的办法来发展生产力，又坚持市场经济的社会主义方向。

第二，中国社会主义所有制理论。马克思和恩格斯在《共产党宣言》中指出，共产党人在社会革命运动中应"特别强调所有制问题，把它作为运动的基本问题"。针对中国社会主义的特殊历史条件，社会主义市场经济理论在所有制问题上的"中间状态"体现在：既要坚持社会主义生产关系的主体地位，同时为了发展生产力又必须在一定程度上利用资本主义生产关系，即允许资本主义所有制在公有制主体地位下存在。这两条缺一不可。

第三，中国社会主义分配理论。马克思对资本主义生产关系最集中的批评是分配的不公正性。但同时又认为，这种不公正的分配促进了作为现代生产中最为稀缺的生产要素即资本投资的积极性，从而促进了资本主义生产力的大发展。社会主义市场经济的"中间状态"表现为它主张分配既能体现社会主义基本生产关系的内容，又能促进各种生产要素投入生产的积极性以发展本来在资本主义条件下才能发展起来的生产力，因此提出了"坚持按劳分配为主体，把按劳分配与按生产要素分配结合起来"的分配原则。

第四，中国社会主义对外开放理论。马克思当年提出，东方社会跨越"卡夫丁峡谷"的前提条件就是以某种方式进入"世界历史"，而又不被资本主义历史体系所吞没。中国社会主义形成于资本主义历史体系已经形成的时期，不对外开放，中国历史就不能进入"世界历史"，社会主义生产力就不能大发展；但如果任由资本主义世界体系所裹挟，则很容易成为资本主义世界体系的一部分，成为资本主义的附庸。社会主义市场经济选择对外开放,并在对外开放中坚持"以我为主",也是在二者之间寻找一种平衡。

(三)对现实可以有一种基于同情的理解,但不能混淆黑白

以马克思"世界历史"与"东方社会"的框架看社会主义市场经济的内涵,即"既能发展生产力,又能避免用人头做酒杯",仅是一种纯理论上的推演。其经济学含义也是一种理论上的推演。但必须指出的是,"发展生产力"与"避免用人头做酒杯"这一基本矛盾并没有解决。中国走上改革开放之路,可以视为进入"世界历史"的必然选择;选择市场经济肯定是为了发展生产力,但不幸的是,中国的市场经济发轫之初,一些现象的出现与蔓延,又使人们对中国能否摆脱"用人头做酒杯"表示怀疑。比如,有报道指出,仅广东清远地区农民工每年因工伤断的手指头能装上几个箩筐;此外,不断曝出的矿难消息已使我们的神经几近麻木。而且更具有反讽意味的是,越是我们某些经济学家心仪的"经济最有活力地区"或者说"发达地区",不公平现象越普遍。例如,长三角、珠三角的发展尤其是珠三角的发展,初期基本是得益于低廉的劳动力,而农民工待遇之低、生活状况之差,最后竟然发展到被我们批为"资本主义"的国家来关心中国劳工的权利。同样在初期,土地征用领域不公平现象也非常普遍:土地产生的级差地租几乎都被官员与资本均分,农民拿到的所谓补偿款连保障几年基本生活都很困难。而我们有些经济学家还把这当作所谓"自由社会主义",未免太过于书生气了吧?!

这些年有一个非常耐人寻味的现象:一些被指称为"自由主

义者"的学者在为中国经济高速增长叫好，但他们把"成功"归结为"搞了市场经济"；而另一些被指称为"新左派"的学者，也在为中国经济高速增长叫好，但他们把"成功"归结为因为中国"还是社会主义"。还有一种观点更有意思：这种观点的确把中国经济高速增长归结为"社会主义市场经济"，但在此观点看来，市场经济就是资本主义，而所谓社会主义则变成了政府强行为市场扩张开道，不惜以"低福利"及"恶化公平"为代价来发展经济。于是，"社会主义市场经济"就成了官僚与资本结合的一种代名词。因此，这种观点提出中国要警惕"裙带资本主义"。

关于上述三种对于"中国经验"的不同总结，我在此不想多做评价，但我还是想拿土地征用来说事：中国近些年来所进行的大规模征地几乎是重复了当年英国资本主义发轫之初的"圈地运动"，唯一不同的就是，在中国，正因为土地是公有的，所以资本在圈地过程中有政府作为后盾，圈地成本比土地私有制条件下低得多得多。

从更宏观层面上来看，改革开放以来社会阶层分化、收入悬殊以及劳资矛盾越来越突出，已经对中国能否真正摆脱资本统治的逻辑提出了疑问。这些问题如果不能很好地解决，我们还不能说中国社会主义制度已经巩固。我们甚至也不能说我们彻底解决了马克思主义提出的横亘在中国人面前的课题：既可以避免"用人头做酒杯"，又照样能够痛饮"现代生产力的甜美的酒浆"。而且，问题还可能往另一方面发展，即如果贫富分化趋势得不到遏制，一定会有力量用"社会主义"来否定"市场经济"。

但这并不意味着我们不能对于上述中国现实有一种基于历史的同情。正因为"社会主义市场经济"是一种试图"既能发展生产力，又能避免用人头做酒杯"的"中间状态"或者说"平衡点"，而"中间状态"或者说"平衡点"与"均衡价格"一样只是理想状态，在现实中与"价格围绕价值上下波动"一样，要么会"左"一点，要么会"右"一点——昨天可能更多偏向"社会主义"，公平倒是公平了，但很难饮到"现代生产力的甜美的酒浆"；于是，我们今天可能选择更多偏向"发展生产力"，结果，"用人头做酒杯"现象又不可避免地发生了。这很正常，因为历史留给我们的就是这么一条没有人走过的逼仄的泥泞小道，深一脚浅一脚甚至跌倒都很正常。难道不是这样吗？

　　关键是我们不能不正视现实。从这个意义上来看，在当前情势下，我还是同意这样的看法，即"更多社会主义，更多市场经济"。在这里，"社会主义"更多在价值层面上代表我们对追求公平正义的初心。我们坚守了这份初心，才能对中国因为搞市场经济过程中出现的较为普遍的"用人头做酒杯"现象心存惕怵，并想办法予以克服。而"市场经济"则更多代表效率，代表中国人对富裕生活的向往。"社会主义市场经济"的经济学含义，就是中国人千百年来的美好理想，即既公平又富裕的"大同世界"。当然，这亦是从纯逻辑角度推出的内容，如何能够在现实中得到贯彻，有待于未来走一步说一步。

（作于 2009 年 6 月）

中国改革的新政治经济学

回顾中国改革这段历史,我们注意到看似矛盾的两种现象:一方面,几乎所有人都承认,改革极大地促进了中国生产力的发展,促进了中国更快地融入世界现代化潮流之中;但另一方面,我们也不能不承认,改革的全过程几乎都伴随着各种争论。特别是新的一轮改革争议中,卷入其中的不仅有知识分子,公众也通过互联网渠道广泛地参与进来。尽管后来有关方面有意识地通过媒体及高层宣示进行引导,但并没有能像以往那样平息争论。所以,我们必须认真思考的一个问题是:为什么一场极大地促进了中国经济增长与社会进步的改革,在历经了 30 年后,却面临不少争论与质疑?可以用什么样的方法化解中国改革当前面临的困境?

(一)改革最难处理的是利益不一致问题

包括张维迎在内的许多学者都曾提出,只要是符合"卡尔多-希克斯标准"(Kaldor-Hicks Principle)的改革,就是政府应当推进的改革。

关于福利经济学中的"卡尔多 - 希克斯标准",美国著名经济学家鲍莫尔(William J. Baumol)曾这样理解:无论是卡尔多提出的所谓"合意的革新"还是希克斯提出的"可容许的改革",其实就是指这样一种状态,即这种革新或改革给全体社会成员带来的总收益,在补偿改革给全体社会成员带来的总成本后,还有净收益。但也正如鲍莫尔分析指出的那样,这种"合意的、可容许的"改革标准,说到底是一个"集体效率的目标",简单地说,是"总成本与总收益相抵后还有净收益",却没有考虑"净收益在不同成员之间的分配问题"。

而不同社会成员是否支持改革,又恰与改革净收益的分配状态相关。针对这一问题,制度经济学提供了一个更为实用的标准,即"戴维斯 - 诺斯标准":只有支持改革带给他的预期收益超过他为支持改革可能付出的预期成本,此成员才会支持改革。但是,戴维斯与诺斯引入了不确定性分析后又认为,由于制度变迁过程中不确定性太大,而社会各阶层成员有着相对于制度"现期消费"而言不同的贴现率,因此,社会各阶层成员对于制度的"预期净收益"中"预期"的时间期限也不相同。基本结论是:低收入者贴现率较高,更倾向于选择当前报酬流量的安排,这就好比一个行将饿毙的乞讨者讨到 2 元钱,他首先考虑的是填肚子,而不可能拿 2 元钱买一本《致富指南》,等到自己成为百万富翁再到五星级饭店吃燕窝鱼翅;而高收入者贴现率低,更看中时滞相对较长的预期。

真实世界的改革,可能更符合"卡尔多 - 希克斯标准",即能够增进生产力与全社会的财富。但这样的改革往往使得一部分人福利得到增进,一部分人福利受到相对损失——这种状况在新政治经济学中被称为"利益不一致"（Heterogeneity）。换句话说，改革不可能同时符合每个社会成员的利益。这个时候改革能否继续顺利推进，就取决于支持改革的利益阶层与反对改革的利益阶层之间的博弈结果。假定在民主制度下，以简单多数票决制（majority rule）决定一项改革决策是否被采纳，即使是符合"卡尔多-希克斯标准"的改革，仍然可能因不符合"戴维斯-诺斯标准"而遭到抵制。而改革最难处理的恰恰就是这样的问题：可以极大增进生产力与社会财富的方案，却可能因为分配导致的利益不一致而无法顺利得到采纳与实施。反过来说，改革能否得到顺利推进的关键并不在于改革能否极大增进生产力与社会财富，而在于能否处理好改革过程中的利益分配问题。

（二）中国改革成功在相当程度上是由于较好地处理了"利益不一致"问题

1985年3月，中国改革开放总设计师邓小平在首次谈到"改革是中国的第二次革命"时，也指出了"改革面临着很大的风险"，而原因就在于，"因为改革涉及人民的切身利害问题，每一步都会影响成亿的人"。（《邓小平文选》第3卷第113页）这表明，在改革之初，邓小平就将处理改革中"利益不一致"问题放在关键性环节予以考虑。现在回过头来看，这场"伟大的革命"之所以能在过去30年间得以顺利推进，原因也恰恰在于较好地处理了"利益不一致"问题。

1984年以前的农村改革以土地承包责任制为主要举措，几乎所有社会阶层都直接从改革中得到好处：农民自不必说，城镇居民也从"做大的蛋糕"中得到好处,最直接的感受是自新中国成立以来农副产品的供应从来没有如此丰富过。这种改革既符合"卡尔多-希克斯标准",因而是合意的改革,同时也符合"戴维斯-诺斯标准",因此受到几乎所有社会成员的支持。那也是中国改革的黄金年代。其最突出的效果就是:它是一项全面改革的总动员,空前地激发了全国上下每个阶层对改革收益的良好预期,这种良好预期又在相当时期内使人们忽视或者说能够忍受改革进一步扩展到其他领域后,由于分配性冲突导致的"利益不一致"问题。这种效应一直延续到 1990 年代中后期。

1980 年代中期开始的改革进一步扩展,基本上采取的是渐进式策略,即"先易后难"。而所谓"先易后难",其实就是将改革领域以"利益不一致"的由小到大进行排序:利益冲突越大的改革,越往后放;同时对涉及重大利益格局调整的改革方案采取各种过渡性安排。比如,改革是在存量不动时对增量的改革,即我们常说的"老人老办法,新人新办法"。所以,一开始国家并没有急于改革传统的公有制经济,而是在公有部门之外发展起乡镇企业、"三资企业"与私营企业。即使是改革已经推进到不得不对存量"动手术"的时候,国家仍然安排了大量过渡性策略:比如,用了整整 10 年时间逐渐消化国企"下岗职工";再比如,分税制改革中为了最大限度减少由于中央与地方"利益不一致"可能造成的影响,国家确定了"中央把税收按比例返还地方"的过渡方案。

也就是说,中国渐进式改革在处理"利益不一致"问题上,能够绕开就绕开,如果的确绕不开,就通过各种过渡性方案,最大限度降低利益冲突的程度。"使改革的力度与社会可承受程度统一起来",这是中国改革 30 年来最可宝贵的经验之一。

(三)事情的另一面

然而,也正因为中国改革在处理"利益不一致"问题采取了上述策略,不可避免地导致了"利益不一致"问题的累积。

以"存量不动先对增量进行改革"而言,为了使改革有动力,同时具备"示范效应",策略上也必须使改革先入者受到激励,得到更多的好处,否则谁还愿意改革?改革之初,由于增量较小,存量较大,所以分配上的差异并不明显。但随着改革的推进,增量不断变大,存量相对变小了,增量改革的参与者以及有权参与增量改革者,即"国家与社会管理者阶层"以及"新兴资本阶层与知识阶层",无论合法与否,其从改革中得到的收益越来越大,而增量改革的成本基本则由存量承担。比如,东北地区当年承担改革成本的一个基本方式,就是承担了中央财政因对沿海地区税收减免后的亏空。大概很少有人知道,在整个 1980 年代,国家对东南各省的优惠政策一个接一个,此时东北却承受了全国最重的税收负担。在 1990 年代初期,鞍钢流动资金困难到连买煤的钱都要职工捐资,可是上缴给国家的利税仍然高于上海宝钢若干倍。但此时由于类似"拨改贷"等各种政策的出台,支持存量的财政支撑基本断流,对于依附在存量上的那些为国家在计划经济下进行原始资本积累、现在又在为改革支付成本的国企职工以及农民,政府不仅没有进行足够的补偿,且没有兑现以前有过的"老有所养、病有所医、少有所学"的事实承诺,这使得其与增量之间的利益差别更大。此外,增量改革市场化进程是一种借助于政治框架推进市场化的进程，由于缺乏必要的制度上的规范，发生了较为普遍的权力资本化现象，特别是有权者非法侵吞或转移国有资产以及部分官员的腐败——民间称之为"掌勺者多吃多占"——实际上也是在侵害存量的利益，使本来相对利益已经受损的存量与增量之间在利益上的矛盾更加突出。

因此，改革30年后，即使是涉及存量的改革，其导致的损益分布也呈现出这样的规律性：此前与增量改革相关的"国家与社会管理者阶层"以及"新兴资本阶层与知识阶层"，仍然是受益最大的群体。

正因为渐进式改革导致的"利益不一致性"由小往大累积，加之由于补偿的不及时，随着制度转型的不断深入，矛盾也不断累积，中国社会公平状况不断恶化。这与俄罗斯的爆炸式改革形成了鲜明的对比。因此，我们常用这样一个隐喻比较两种不同改革的进程与后果：苏联与俄罗斯的大爆炸式改革，是从存量开始，相当于先用推土机将所有的旧房子都推倒，在空地上盖新房子。因而，在新房子盖起来之前，全体俄罗斯人都有一个无房可住的艰难时期，但随着新房子不断盖起来，被转移进新房子的人越来越多，俄罗斯的社会矛盾越来越小。而中国渐进式改革是不动旧房子，在旧房子旁边先盖新房子，盖新房子的成本是由居住在旧房子里的人承担的。但新房子不断盖起来的同时，旧房子却失去了维修的经费来源。更有甚者，有人为了盖自己的新房子，甚至干起了偷拆旧房子砖瓦的勾当，而且这种现象还相当普遍。如果新房子足以使所有住旧房子的人迁出来住进去倒也可以，但问题在于，承担了建房成本的原来住在旧房子里的人至今也很少有能够住进新房子的，他们中的许多人仍住在不堪风雨的旧房子里。

（四）下一阶段改革的主要障碍并不是中低收入群体

以"戴维斯-诺斯标准"衡量，正是由于觉察到自己处于利益相对受损者的位置，所以，附着在存量上的社会阶层成员——主要由国有企业职工与农民组成——支持改革的积极性不高，甚至对于改革有一种抵触情绪。尽管政府常常对他们进行这样的教育，即"改革符合工人阶级的长远利益"，而且的确可以预计改革继续推进将有利于这些阶层成员，但正如前面所述，收入相对较低阶层贴现率太高，使得他们更看重眼前的利益，并以此确定自己对于改革的态度。所以，以一种远期的预期净收益来试图说服收入本来就低的阶层成员支持改革，效果肯定不明显。

也因此，一些学者看到了在当下中国社会中低收入者中间弥漫着一种气氛，学者们称之为"民粹主义"，认为这构成了"改革的最大障碍"。我认为这种观点有失偏颇，并不客观。

实际上，早在1980年代后期，中国改革就已经越过"自发秩序"而进入"建构秩序"阶段，即制度的变迁不再是由下而上并最终得到上层的确认和保护的过程，而是一个由政府强力推动并得到经济精英以及知识精英协助的过程。所以，一定程度上，精英阶层对于改革的前途具有更关键的作用。那么作为改革中相对利益上升的精英阶层对改革的态度又如何呢？作为增量改革的获益者，精英阶层在成为社会较富裕阶层后，又比较看重继续改革的预期，也就是说，他们考虑得更长远。而在当初的设计中，当改革进入由增量带动存量的阶段时，将轮到增量改革的既得利益者更多地分担改革成本。换句话说，在后续的改革中，对精英阶层来说，预期收益未必会超过预期成本，也就是说未必有净收益，所以他们害怕进一步的改革会触动他们的既得利益，因此也变得保守起来。于是，此前的改革中坚力量完全有可能由改革者转变为保守者。尽管这时"改革"仍然挂在他们口头上，但更多时候他们以"改革"的名义行反改革之实，而他们自己却不自知。这些既得利益者才是后续改革的最大障碍。而且，更复杂的情况在于：从既得利益者口中吐出的"改革"字眼越多，下层民众对"改革"的失望也可能越多。

于是，在中国出现了一个非常有意思的"复杂的共谋"：不仅前一阶段改革的利益相对受损者支持改革的热情下降，而且前一阶段改革的既得利益者也不太愿意推动后续改革。在社会各阶层对改革的热情急剧下降的情况下，中国改革的确走到了一个十字路口。

（五）进一步推进改革的策略考虑

在经济思想史上，鲍莫尔曾经作过如下设想：一个符合"卡尔多-希克斯标准"的方案，在因"利益不一致性"而无法被采纳时，可以通过补偿的方式将其转化为符合"帕累托改进"的方案，从而获得通过。

下面我们给出一个典型案例说明这一过程。

假设某单位有100个人。现在有一项改革决策，如果被采纳，可以为这100个人中的某个特定的人带来300元的收益，而给另外99个人每人带来1元钱的损失。如果这个决策用民主投票的方法付诸表决，结果一定是以 99 票反对、1 票赞成而无法通过。但从总福利改进的角度看，决策通过后会给单位增加 300 元的福利，带来 99 元的损失，两相抵销，仍有 201 元的净福利；而决策不被通过，则净福利改进为 0。如果以"希克斯标准"衡量，上述改革是"可容许的改革"，因为成本与收益相抵，净收益为 201 元。因此，应该推进这样的改革。但这样的改革却因"利益不一致性"而无法被采纳。这时，可以用"卡尔多补偿"来协调利益上的冲突，即由改革受益者对改革受损者进行补偿。如果在民主投票前，受益者作出承诺：改革如果继续进行下去，他将从增加的 300 元钱收益中拿出 198 元钱，给其他 99 个人每人补偿 2 元钱，那么，这项本来只有 1 个人受益而 99 个人受损的改革，就变成了每个人都能改善其状况的一种典型的"帕累托改进"。其中 99 人每人增加 1 元钱收入，而另一个人增加 102 元的收入。因此，改革一定会受到百分之百的支持。

但是，我们同时要看到，由于既得利益者并不愿意放弃既得利益，补偿过程不会自觉地在改革的损益双方之间进行，这个时候必须借助于国家承诺，即政府可以通过自己的强制力量来保证事前承诺是可置信的，并且可以借助于再分配制度保证事后补偿能真正进行。

而实际上，邓小平一开始也是这种思路。他说，要让一部分地区、一部分人先富起来，再以先富带后富。他还特别讲到"两个大局"：内地先要支持沿海地区，无条件富的人要支持有条件富的人，称"这是一个事关大局的问题"；"沿海地区发展到一定的时候，又要求沿海地区拿出更多力量来帮助内地发展"，"对一部分先富裕起来的个人，也要有一定的限制，例如，征收所得税"，并称"这也是个大局,那时沿海也要服从这个大局"。这里显然隐含了一种政治策略:让改革即时受益者与即时受损者都进行相互的承诺——受损者先投票支持改革,受益者在受益后对受损者进行补偿。

因此,要化解中国改革当下所出现的困境,要继续推进这种"合意的可容许的改革",当务之急是将符合"卡尔多-希克斯标准"的改革转变为"成果共享式"改革;手段则是大胆实施收入再分配政策,使改革中相对利益受损者能得到应有的补偿,使改革重新获得民众尤其是底层民众的支持。

焦点最后仍然集中于政府。因为无论是协调全社会利益、兑现"补偿承诺",还是实施再分配政策,政府都是主角。因此,为了达到推进改革的目的,政府必须转换思路,将改革的重点适时转移,由经济建设转向社会管理与公共服务,即协调好各阶层利益关系,促进社会保障与社会福利体系建设。从市场经济的逻辑来看也应如此。因为真正的市场经济逻辑是:效率由市场去安排,公平则由政府管理。政府将注意力转向社会公平,不是让政府回归到计划经济下的角色,而是回归到真正的市场经济条件下政府角色应有的定位,这将为中国下一步更顺利地推进市场化改革提供更好的动力。

(作于2009年3月)

"中国例外"还是"普适规律"?

有人曾说过:绝大多数书评人,无非是借别人的著作,浇自己思想的块垒。

在我看来,史正富先生所著《超常增长:1979—2049年的中国经济》(下称《超常增长》)一书的推出以及围绕这部著作的讨论,其意义除了著作本身的观点贡献外,更在于它重新激起了学界对于"中国模式"以及中国前景问题的知识关切,并又一次提供了细致梳理此前关于"中国模式"以及"中国前景"讨论得失的机会。尤其是在中国共产党召开的十八届三中全会和盘托出中国未来改革顶层设计和路线图之际,应该是格外有意义的。

我可能要作比较长的铺垫才会涉及著作内容,但这些铺垫是有必要的:一来想突出大背景下这本著作的思想贡献,二来试图为进行一种新综合做准备。

(一)

到底是什么造就了中国经济的超常增长?这是《超常增长》关注的第一个问题。

正如作者在书中所梳理的,关于中国经济三十多年的超常增长之因,国内外经济学家都有各自的见解。从林毅夫等人(2002)的比较优势战略,到钱颖一等人(2003)的 M 型结构理论,再到张五常(2009)的基于地方政府竞争的分层合约制,等等,可谓众说纷纭,莫衷一是。但这些观点背后涉及的一个根本性问题是:中国经济超常增长,到底是世界经济的"例外",还是遵循了大国经济成长的一般规律?

为了弄清上述问题,我们必须提到另外一场争论,即关于"中国模式"的争论。这场争论与《超常增长》著作的交集都在于"如何解读中国经济崛起的秘诀"。在这场争论中,"中国模式论"的倡导者〔国内如黄平,2006;胡鞍钢,2012,2013;王绍光,2012;等等。国际上如乔舒亚·库珀(Joshua Cooper Ramo),2008;马丁·雅克(Martin Jacques),2010;等等〕认为,中国能够创造如此优异成绩的根本原因,在于中国独特的经济和政治体制,创造了中国经济超常增长的奇迹。也就是说,在这些学者眼中,中国经济超常增长不仅是世界经济史上的"例外",而且也非一般经济学尤其是新古典增长理论所能解释。更有部分被指称为"新左派"的学者,认为"中国模式"探索出了一个富有自身特色的现代化模式,"既不同于计划经济时期的发展模式,也不同于西方资本主义的发展模式",这种模式是"可供非西方国家借鉴与模仿的最新典范"。如果对此加以进一步提炼与总结,可能发展起新的理论,以充实目前的主流经济学。

当然更多的是"中国模式"与"中国例外"论的反对者。在他们(如吴敬琏,2011;许纪霖,2011;陈志武,2010;等等)看来,中国经济之所以能够实现超常增长,恰恰是因为抛弃了传统计划经济，回归到人类社会主流。中国的成就，只是"证明了自由促进发展。政府管制放松得越多，私人空间越多，经济活力就越大"。"人的自由，私有产权，加上市场经济和法治，这是人类的模式。"所以，中国经济超常增长不仅不是什么"例外"，反而进一步证明了西方世界的发展代表着各国发展的一般方向，证明了经济学规律的普适性。

作为国际范围内研究经济增长问题的大师，持"普适论"观点的美国学者乔纳森·安德森（Jonathan Anderson，2006）在中国有诸多拥护者。安德森认为，中国经济的超常增长，是因为做对了四件事：农村实行了家庭联产承包责任制、开始了大规模的轻工业生产出口、国有企业改革解决了重工业问题、放开房地产市场特别是住宅市场。四件事的共同之处，就是建立市场机制。而建立市场机制，就是"华盛顿共识"的一项核心内容。他还提出，"华盛顿共识"还包括建立更严格的信贷控制、反补贴、减少贸易限制等，而这些都是中国政府在过去三十多年中所做的工作。因此，所谓"中国模式"成功就是"华盛顿共识"的成功。

如果我们再仔细梳理分析，从价值判断层面看，还有两种"例外论"与"普适论"者。

一般"中国例外论"者，对"中国模式"是持赞同态度的；但有一种"中国例外论"者——可称为"例外的'例外论'者"（如秦晖，2012）——承认中国经济快速发展及中国经济体制是一种"例外"，但认为这种"例外"是以劳动者"更低的自由"与"更低的福利"作为代价。这种"低人权"竟然成就了中国经济增长的"竞争优势"，甚至降低了世界范围内经济增长的道德水准。与此类似还有一种更极端的观点，他们（如王毅，2011）提出，所谓的"中国模式"自秦制以来就有,"这套传统包括:政府对资源的高度垄断,对市场的严密控制;政府部门甚至军队大规模经商,搞权力工程、形象工程;权力阶层的奢靡消费;等等"。申言,"一些人鼓吹'中国模式',其实质是要抵制制度改革,对抗普世价值"。

与此对应,一般"普适论"者,认为中国经济的成功得益于采取了自由市场、明晰产权等西方已被证明的行之有效的制度安排,但也有一种"普适论"者——可称之为"少数派'普适论'者"——认为,中国目前的制度安排不是独特的,而是误入了某些失败国家通常的"陷阱"。在他们(如黄亚生,2011)看来,中国今天所做的无非是和当年拉美国家一样的事,即政府利用它强大的领导能力和组织能力集中力量办大事:施行高税收政策,然后将资金投向工业园区建设、基础设施建设等经济项目;施行"强迫工业化",用行政手段而不是用市场价格去征收土地;在经济中占据"制高点"(commanding heights)和战略行业,在银行、能源、钢铁等行业施行国有化。其结果是经济增长速度超快,但收入分配状况迅速恶化,失地农民沦落为城市贫民,社会动荡,迫使政策不得不趋向民粹化,造成"失去的十年"。因此,持这种观点的学者一般都预言,如果不尽快进行根本性调整,中国经济的超常增长行将结束,且留下极其恶劣的后果。

一般的"例外论"者与"普适论"者,有一个共通之处:就是认为中国已经在正确的道路上或至少正朝着正确的路在走,而"例外的'例外论'者"和"少数派'普适论'者",却对中国过去三十多年所做的事都表示怀疑。

（二）

我留意到，《超常增长》的作者史正富先生此前参与了这场关于"中国模式"的争论。这部著作延续了他此前的观点。这种观点无疑属于"中国例外论"。正如作者在书中所言，中国经济之所以能够实现超常增长，是因为"中国已初步形成了一种与西方常规市场经济有着系统性差异、新的经济制度类型"。

但在"中国例外论"之下，作者有着自己独特的观察与创新。

首先，对竞争性地方政府与经济增长之间关系框架的拓展。关于中国竞争性地方政府与中国经济快速增长之间的关系的研究，较早始于戴慕珍（Jean C. Oi, 1989）和白苏珊（Susan H. Whiting, 1997）等人。在一篇分析中国增长的文献中，前者就提出"地方政府公司主义"（local state corporatism，译为"地方法团主义"）这一概念；后者则进一步提出了"政治企业家"（political entrepreneur）概念，以描述追求经济增长的中国地方政府官员。在此基础上，国内外涌现出一系列研究中国地方政府行为与经济高速增长之间关系的文献。《超常增长》一书的独特之处在于：它将竞争性地方政府与战略性中央政府以及竞争性企业系统联结在一起，分析三者之间的内在联系及运行机理，从而构建起一个三维架构的完整分析框架。在这个大框架下，不仅有竞争性地方政府通过招商引资等多种方法构造了可持续的投资激励体系，造就中国经济的超强投资驱动力，还有中央政府在制定长期发展战略的基础上平衡发展与稳定，通过抓住机遇有效吸纳国际超常购买力来营造大环境，兼有竞争中的企业着力创新、谋求发展，三者合力才成就了中国经济增长奇迹。

其次，对中国三维制度架构下经济增长与外部环境的关系进行了揭示。从亚当·斯密开始，新古典经济学一直把市场扩张作为经济不断增长的基本条件。换言之，如果市场范围狭窄，产能无法消化，分工受到限制，一国就不可能实现持续增长。《超常增长》一书认为，中国特色社会主义市场经济的三维架构制度，一方面为资本投资提供了足够激励，但另一方面，国内低工资、低消费占比以及较低的内需市场，无法消化资本超常投资累积起的巨大产能。这显然构成一对矛盾。而矛盾的解决，就是战略性中央政府抓住时机不断扩大开放，利用了美国超发货币形成的超常国际购买力，从而完成了中国经济的大循环。这一思路与晚近由克鲁格曼以及罗德里克（Dani Rodrik）等人强调的"增长—制度—全球化"框架一致，也是此前只关注制度特征的其他"中国例外论"者所缺乏的。

再次，对竞争性地方政府如何促进经济增长的内在机理的详细分析。包括提出或赞成所谓"北京共识"在内的"中国例外论"者一般认为，中国晚近三十多年经济政治体制之所以促进了经济超速发展，是因为既维护了其政治上的威权特征，同时又引入经济上的市场竞争。不少"新左派"学者还提出，一个强势政府和具有强大控制力的国有经济，能够正确地制定和成功地执行体现国家利益的战略，"集中力量办大事"是中国经济实现赶超的真正秘诀。这种宏观分析框架固然简洁，符合"奥卡姆剃刀"原则，但其缺陷在于与微观经济运行的距离过于高远。与此不同的是，在《超常增长》一书中，作者运用新制度经济学原理，认为竞争性地方政府促进经济增长的原理在于：给资本更高激励、更低的交易费用以及更高的行政效率。具体而又令人信服。

最后，完整归纳了中国的制度特征及其比较优势。书中认为，与西方常规经济制度相比较，中国三维市场体制的特征由四大支柱支撑：地方政府作为市场主体；国有企业的资产资本化形成国有经济的战略制高点地位；中央与地方分级资产负债管理体系形成的复合型国家财政体系；超越短期宏观调控的国家发展管理。作者进而提出："理解它的内在张力和演进趋势，必须打破由新古典经济学所制造的资本主义市场经济的神话，用实际存在的、而不是教科书上的西方市场经济，与中国现行经济制度进行实事求是的比较和评价。"这无疑是最典型的"例外论"。

（三）

英国历史学家汤因比（Arnold J. Toynbee）表达过这样的意思：大国无一例外地奉行某种例外论，这是它们始终对自身怀有的一种情感。可惜，"无所不在的例外论是不可能得逞的"。

借着阅读《超常增长》这部著作的机会，我想谈谈自己对于"例外论"与"普适论"二者的看法。

在我看来，"普适论"者承认"例外论"者的看法，即当下的中国经济政治体制不同于西方。只不过"普适论"者认为，这样的中国经济政治体制仅是一个过渡性安排。也因此，"例外论"者提不出更加尖锐的让"普适论"者在逻辑上无法回答的问题。虽然"例外论"者强调中国经济政治体制的独特性，但没有很好地回答一般"普适论"者提出的那个十分尖锐的问题：既然承认是改革造就了中国经济三十多年超常增长的奇迹，而改革的取向又无疑是市场化，市场化提供要素激励又是"普适规律"，怎么能够把中国经济增长奇迹归因于"政府主导"这一所谓"中国特色"呢?

《超常增长》作为"例外论"的代表性著作,同样不得不面对这个问题:地方政府即使作用再大,但如果不是改革造就竞争性市场以及给资本以更高激励,中国经济能维持超常增长吗?实际上,正如吴敬琏等人(见吴敬琏,1996)很早就研究过的,新中国成立以来1958年、1970年以及1980年的行政性分权,都为地方政府竞争提供了可能性;但只有市场经济改革之后,这种竞争才对经济增长发挥了实质性作用。从更带根本性的经济增长理论来看,剥开制度分析部分,《超常增长》立论的基础,仍然是索洛(Robert M. Solow)的新古典增长模型,即劳动资本比率决定均衡产出水平。三维构架最大的优势,无非就是为资本投资提供超常激励,从而快速提高了资本积累率,推动经济超常增长。从这点上看,《超常增长》一书实际上通过对新古典增长理论和制度分析的融合,超越了简单的"中国例外论",同时也制造了过于强调"例外论"带来的麻烦。

纵览经济增长理论发展史,从亚当·斯密开始,几个世纪以来,经济学家都在孜孜求解经济增长的秘诀。从最初强调资本积累的作用,到发现人力资本积累的重要性,再到强调技术创新,一直到1980年代中期以来关于制度在经济增长中扮演的关键性角色;从理论研究到国别实证,成果颇丰,常有相互否定的现象,特别是用国别研究否认一般性理论。这也是造成"例外论"与"普适论"无法调和的重要原因。

经济学家罗德里克曾经试图进行一种综合——这种综合或许能够填补"例外论"与"普适论"在方法论上的鸿沟。在他看来,一方面,"第一等级的经济学原理"是,"产权制度、市场导向的激励制度、稳健货币、财政支付能力等"始终是推动经济增长的终极原因,"还没有哪个经济体在不遵循上述健康经济治理原则的情况下出现快速增长"。从这个意义上看,任何一个实现了经济快速增长的国家,都不存在"例外",或者说,这些基本原则是"普适"的。另一方面,"新古典经济分析的灵活性比其政策领域的实践者一般所想象的要大得多","相同的经济理论,并不对应唯一的政策组合"。相反地,"改革者有相当大的政策空间根据当地的约束条件和充分把握当地的机会,把这些原则应用于制度设计之中"。在这点上,罗德里克特别强调"本土知识"的重要性,并且认为,贴近当地实际的政策组合,才是决定一国实现经济快速增长的制度性安排。这种制度性安排在不同国家呈现出千差万别。从这个意义上看,每一个成功实现了经济快速增长的国家相对于其他国家又都是"例外",因为"恰当的增长政策总是因地制宜的"。

因此,我个人认为,仅就破解中国经济超常增长之谜,"例外论"者与"普适论"者大可不必相互否定。"例外论"者讨论的可能是政策组合构成的制度安排,"这并非因为经济学在不同条件下作用不同,而是因为家庭、企业、投资者所处的环境以及由此所提供的机会和约束不同"。"普适论"者更多讨论的是构成经济快速增长的所谓"元理论"部分。而中国经济超常增长的全部秘诀,可能恰就是"例外论"者所强调的具有中国特色,甚至是"非正统"的经济政治制度安排,体现并释放了"普适论"者所强调的推动经济快速增长的"元理论"要求。

但不能因此而"和稀泥"。正如罗德里克所强调的,因地制宜的政策安排远比清楚经济学理论重要得多。所以,最需要警惕的,是持"普适论"观点的"黑板经济学家"的自大。罗德里克严厉批评道:"许多经济学家根据简单的经验法则提供咨询而全然不顾经济社会背景的做法(私有化这个、自由化那个),不是对新古典经济学原理的正确应用,而是对这些原理的肆意糟蹋。"而决策者也应该"对于那种普适性、最优做法式的改革药方要保持清醒的头脑"。

所以,就价值判断层面而言,我更倾向于"例外论"者。尤其是史正富先生,作为企业家,他是中国过去三十多年经济超常发展的参与者与亲历者;作为学者,他又是中国过去三十多年经济超常发展的观察者与思考者。所以,这部"贴近地面飞行"的著作中所讲的"中国故事",其可信度肯定高于纸上谈兵的"书斋经济学家"。

(四)

《超常增长》一书关注的第二个大问题是:如何维系中国经济未来超常增长?

历经了三十多年的超常增长后,中国经济规模已跃居世界第二,进出口总值也在2013年底首超美国位列世界第一。但正如书中所揭示的,三十多年超常增长也累积了经济社会发展的巨大矛盾。在我看来,这种矛盾主要包括三个方面:人与人之间的矛盾,体现在阶层之间的分配性冲突;人与自然之间的矛盾,体现在经济快速扩张受到环境和资源承载能力制约;中国与世界的矛盾,体现在在位大国和周边国家对一个正在崛起中的大国感到焦虑甚至表现出敌视情绪。这些巨大矛盾当下已经由潜在浮出水面,构成中国未来可持续发展的现实威胁。

实际上,学界围绕如何以改革来继续维持中国经济长期增长的讨论已近白热化。这其中,"例外论"者与"普适论"者给出的答案几乎是相反的。

在以《超常增长》一书作者为代表的"例外论"者看来,过去三十多年中国经济的超常增长,已经形成了一种独特的经济体制,并且"这个体制已是一个适合中国国情、具有持续发展能力的市场经济新类型"。未来要维系中国经济超常增长,我们需要做的,是通过"诉诸行政体制改革、通过政府部门的组织变革和流程再造来继续完善它",但方向仍然是保持和改善政府主导宏观经济发展的能力,"而不是进一步市场化"。

"普适论"者所持观点正好相反。正如前面所分析的,在他们看来,过去三十多年中国经济超常增长并且经济体制上有进步与改善,"都是因为拥抱普适价值的结果";而中国经济三十多年超常增长所累积的主要问题,恰是因为还残存着的"中国特色",即包括政府和国企在内的"国家部门"(state section)仍然在相当程度上主导着经济。他们称中国现行的经济体制实际上是一种"半统制、半市场"的过渡性经济体制,"它既包括新的市场经济因素,又包括旧的命令经济或称统制经济的因素"。要继续实现中国经济可持续增长,当然是通过缩小政府权力、实现国企私有化来继续推动市场化改革。

简言之,"例外论"者认为,中国已经开出新路,应继续沿此前进;而"普适论"者却说,那条所谓的新路不过是国家资本主义或官僚资本主义的老路,中国必须走真正的新路。而"普适论"

者所讲的新路，在"例外论"者眼里，不过是西方走了三百多年且目前正风雨飘摇、穷途末路的老路。

与一般"例外论"者又有不同的是，《超常增长》提出了一个真正算得上"国家资本主义"的未来方案：在国际金融危机影响下国际超常购买力行将消失之后，除通过常规的消费升级、产业升级、城镇化、信息化和农业现代化来实现常规增长之外，还要通过设立综合性国家发展战略基金，投资于生态建设、国土整治、人力资本以及国防等国家长期发展及人民长期福祉所必需的战略性基础工程，培育国内超常购买力，来填补国际超常购买力消失后留下的空间，以继续实现超常增长。

有必要再申言一次：总体上，我是倾向于"例外论"者。从一般理论上看，政府的功能是作为大规模匿名交易中充当垄断暴力的、保证契约能被强制执行的"第三方"。所以，地域越宽广、发展差异越大、不同民族越多、利益主体越多元化的国家，政府就必须越强大。中国的特殊性决定了任何时候都需要有一个强大的政府。中国历史也表明，凡是政府强大的时候，往往是人民安居乐业的时候；而政府软弱涣散之时，往往也是战乱频仍、民不聊生之时，这种状况仅仅有利于思想者与诗人，所以才有"国家不幸诗家幸"之说。

但一个强大的政府仍然必须是将目标定位为为了"天下苍生"，使全社会福利最大化的政府，即一个真正的"中性政府"。这可能是我与史先生以及一般"例外论"者不同的地方。

有学者（如姚洋，2009）认为，改革开放以来的中国政府是"中性政府"，即不偏向任何利益集团，而把中心关切指向经济增长。这在某种程度上是对的。但是，正如我在多篇文章中反复指出的，把中心关切指向经济增长的政府，必然是"亲资本"的政府。而这一点，不但此前能从新古典增长理论中找得到支撑，且这回又从《超常增长》一书中得到确认。在主流经济学家批评甚至痛斥政府给民间资本设置各种障碍的时候，这本书替政府讲了公道话：再没有任何其他国家的政府比中国地方政府对资本更亲近的了。

"亲资本"的结果虽然造就了中国经济因资本超常投资率带来的超常增长率，但是，因资本以其更高的激励，给资本要素所有者以"超国民待遇"，导致政府职能异化。特别是进入 21 世纪以来，当房地产成为经济增长支柱性产业且土地财政成为地方政府最方便快捷的"钱袋子"时，地方政府与房地产商一起，自然而然结成了"神圣同盟"。政府的"亲资本"倾向更是变本加厉：各地发生的强拆，就是权力为资本开道的赤裸裸的行径。一名所谓的"改革型"官员曾说过这样一句"名言"：政府应该做好投资家的帮办。这非常生动地表达了 1990 年代中期以来，各级政府与资本之间的关系。

"亲资本"的政府必然会在一定程度上忽视劳动者利益及社会公平。投资者可以在地方政府那里一路绿灯，但一个北漂小伙子为办一个护照返乡 6 次还没有结果。有一个极端的例子：某外资企业长期将当地最低工资标准作为中方劳工工资上限，劳工不满并采取罢工行为。然而，在外企答应提高劳工待遇的情况下，地方政府却出面干预，认为这家外企单方面提高职工待遇的行为可能会引发连锁反应，最终可能因劳工工资标准普遍提高而抬高企业成本，"恶化"当地投资环境。应该说，我国劳动力工资报酬在初次分配中所占比例近些年一直下降，与此有很大关系。"亲资本"还导致政府官员与资本要素所有者之间相互利益输送。因为政府官员在用"看得见的手"推动"看不见的手",用公权力去吸引和撬动资本,所以,腐败的发生也就难以避免。这也再度破坏了社会公平。

因此,我个人部分同意"例外论"者的观点:基于中国仍然是一个发展中赶超型大国,经济增长仍然有很大空间,在未来保持中国经济可持续而非超常增长中,政府必须积极作为,尤其是仍然必须掌握土地、金融等关键性资源,重点投资国土整治、能源资源基地及通道等战略性基础工程,这决定了我国各级政府的角色必然有别于发达国家政府定位。同时,中国必须保留自然垄断型国有企业,作为实现重大战略布局、平衡内部重大利益关系、参与国际竞争的"保底牌"。但我与"例外论"者不同却与"普适论"者相同的看法是:随着我国经济总量迅速增加,政府必须要转变职能重点。即职能重点不应该再是直接抓"GDP 增长最快化",而是"全社会福利最大化",更明确地说,职能重点应该是抓社会建设尤其是社会管理与公共服务,而投资于生态建设、人力资本甚至国防都不过是政府进行社会管理与提供公共服务的题中应有之义。即使从维持经济持续增长的意义上来说,只有政府成为真正的"中性政府",不为任何利益集团所裹挟,才能做出正确无偏狭的经济决策。

(五)

但从当下的情势看,就在决定中国未来命运的十字路口,一般的"例外论"者以及"普适论"者的声音似乎都没有成为主流,而至少在媒体与学界成为主流并已被认为在影响决策的，是我前面提到的"少数派'普适论'者"。

　　最近一段时间，有着深厚官方背景的学者与媒体发文重提反思"拉美化现象"。一般主流学者包括国际机构都把当年拉美"失去的十年"归因为包括"金融自由化、取消几乎一切政府管制等在内的新自由主义政策泛滥"，否则无法解释拉美后来的左翼化。此类观点与黄亚生的观点几乎一致，即认为1980年代以来拉美国家陷入经济危机，发展停滞，恰是1960年代中期以来拉美国家实施以国家为主导的赶超战略背景下超常增长留下的后遗症：追求内向型经济增长、重工业化以及国有大企业垄断，最终造成了广泛失业和贫富分化；而问题出现后，政府在应对上又以民粹主义的态度回应短期社会舆论，向民众作出不切实际的高福利承诺。另有一篇文章反思了1930年代资本主义国家的经济危机以及此次国际金融危机。在奥巴马、陆克文等欧美国家的政客以及克鲁格曼、斯蒂格利茨等主流经济学家认为此次国际金融危机反映的是自由市场经济制度的不足时，该文再次将矛头指向民粹主义，认为"民粹主义承诺改变了大众的福利预期，加大了对政府的依赖，也放松了自己的奋斗决心，是效果极其负面的腐蚀剂。致命问题是，一旦大众的福利预期得不到满足，社会心理很快发生逆转，并形成蔑视权威、拒绝变革和仇视成功者的强烈氛围"。该文的推荐语中说："需要特别指出的是，市场经济呈现固有的周期性波动，有时会发生严重的经济或金融危机，但不能因此就否定市场经济制度的巨大优越性。遗憾的是，全球金融危机爆发后，中国左派势力开始抬头，错误地认为西方资本主义破产了，结果中国近几年市场化改革与开放裹足不前，错失良机。"这种主动把

"经济问题讨论政治化"的做法非常耐人寻味。还有，该文不仅对民粹主义影响政策使得中国走向"拉美化"表示了担心，甚至暗示中国经济过去三十多年超常发展不过是重复拉美国家在20世纪六七十年代的老路，并且目前也已累积起重复拉美"失去的十年"的各种要素。所以，尽管有"例外论"者甚至一般"普适论"者看好的三十多年改革的铺垫，但在"少数派'普适论'者"看来，"再不进行彻底改革，仍然是死路一条"。如果剥开其表面说辞，他们的改革主要针对的是金融、国企和土地这"三块硬骨头"，其实就是1980年代拉美国家当年已经实行过的改革。改革设计者的目的是"让私人资本能够得到最大限度的活力释放"。

而非常有意思的是，认为"中国道路"无非是证明"华盛顿共识"的安德森（Jonathan Anderson，2004）早就指出，中国下一步仍然将是遵循"华盛顿共识"指引，实现金融自由化、国企和土地私有化。更有意思的是，与安德森在中国有同样影响，但认为中国具有"独特性"的罗德里克，曾在著作中虚构了这样的场景：一个"火星人"经济学家，被邀请到北京向中国领导人提出关于改革战略的建议，他必然会根据"标准的新古典理论"提出，大型国有企业可能会产生垄断权力的滥用，所以建议通过"贸易自由化从国外'输入'价格约束"，"开放贸易反过来又要求其他的配套改革。必须改革金融部门"。

罗德里克虚构这一幕是为了反讽提出"普适性药方"的经济学家，因此称他们为"不了解地球的火星人"。试想，如果中国新一轮改革偏离社会主义市场经济方向，而要朝这个方向走，我们就要面对一个尴尬的问题：难道为中国设计未来改革的"少数派'普适论'者"，真是来自"火星"？

（六）

我不得不再次说到罗德里克。

罗德里克在其著作《相同的经济学，不同的政策处方》（中信出版社 2009 年版）中曾经讲过一个故事，几年前他访问一个拉美国家，该国财政部长准备了一份关于该国经济最新进展的详细的 PPT 演示稿，列出了他们已经采取的所有改革措施：贸易壁垒已经清除，价格控制已经取消，所有国有企业都已私有化；财政政策收紧，公共债务减少，通货膨胀也不复存在；劳动力市场富有弹性，外汇和资本没有了管制，经济向各类外国投资开放；等等。财政部长自豪地对罗德里克说："我们已经完成了所有第一代改革和第二代改革，现在正进行第三代改革。"罗德里克不由得感慨道："的确，这个国家及其财长是那些源自国际金融机构及北美学术界关于发展政策的教条的优等生。照此逻辑，如果这个世界上还有正义可言的话，那么这个国家就应当得到高增长和减贫的奖赏，然而令人遗憾的是，实际情况并非如此，该国贫困和不平等不降反升！"

这也是我在当下最深的忧虑。

对此应该同样表现出最深忧虑的，就是"例外的'例外论'者"。在当下，如果政府无限度放纵私人资本，其结果可能是进一步拉大贫富差距，延续此前不道德的经济增长模式。这才真正可能陷入"拉美陷阱"：被飞速奔跑的市场抛下的绝望者与权贵之间的"低烈度"战争。

但愿不会，也相信不会。

最后，让我们再回到《超常增长》这部著作上来。书中提出，中国特色社会主义市场经济体制，作为有别于西方经典模式的发展道路，在为中华民族伟大复兴奠定最重要的制度基础时，也为人类制度文明提供了一种可供选择的替代方案。我相信，这一愿望应该是今天我们绝大多数人的"中国梦"。也正因为《超常增长》一书描述了这一前景，并在这一共识下，提供了支撑我们讨论的原初材料及平台，仅此，再次向作者史正富先生表达深深的谢意。

（作于2013年11月）

改革的理想与现实

吴敬琏先生《呼唤法治的市场经济》一书出版之际,适逢中国改革即将走过30年。书中对于中国改革与发展进程中学界与百姓关注的诸多焦点问题进行了梳理与回答。读罢该文集,受到很多启发,这里我仅就书中涉及的一些关系谈几点想法。

第一,"第二种力量"与"第三种力量"之外的力量。吴敬琏先生很早就提出这样一种担心,即改革可能遇到来自社会上"第二种力量"与"第三种力量"的阻挠。"第二种力量"是计划经济下旧的既得利益者,他们不愿意推进市场化改革;"第三种力量"是增量改革的既得利益者,他们不希望继续推进改革,而愿意在转型期相对混乱的经济体制下浑水摸鱼。而我认为还存在另外一股力量:在改革过程中的体制外利益相对受损者。改革使中国实现了前所未有的发展,改革成绩的确不容否认;但也必须看到的是,由于损益分布不匹配,一些人的确承担了改革的大部分成本而受益相对较少。这部分人对于改革的热情有所下降是可以想象的,也是可以理解的,毕竟每个人都只能从个人的切身利益的角度考量改革。2005年我曾经承担了一个课题调查,共获得有效数据10565份。在问到看到"改革"一词的第一反应时,"有些不以为然"与"有些抵触"者的比例加起来为56%。列联表检验表明，不同的职业身份与在看到"改革"一词时的第一反应有显著的相关性：被调查者中的党政官员、企事业高级人员、其他类职业身份者的第一反应相对较多地表现为"有些兴奋"；专业技术人员相对较多地表现为"有些不以为然"；离退休人员、失业下岗人员、农民工及无业者相对较多地表现为"有些抵触"。我相信，如果说在体制外利益相对受损者这股力量中弥漫着某种情绪的话，并不关乎学者争论的"主义"，而只关乎利益。如何通过协调利益关系、实现改革成果共享，来重新调动这部分人改革的积极性，是下一步中国深化改革需要考虑的关键问题。实际上，吴敬琏先生在书中也强调了改革的公正性。也正因为看到了这一问题，执政党强调："差距扩大和经济社会发展不协调……如不妥善处理和逐步解决，势必影响改革发展稳定的大局。"[《十六大以来重要文献选编》（中），第456页]

第二，"口头改革派"与真正改革派。吴敬琏先生在书中提到了这样一种人：借改革之名，不惜通过损害老百姓利益来行利己之实。由此，我觉得应该对成天喊改革的人作出区分："口头改革派"与真正的改革派。真正的改革派是一群理想主义者，他们主张的改革就是吴敬琏先生强调的既有效率又有公正的改革，改革的目标是富国强民，并且在改革中强调法治与秩序。这样的改革者喊改革的确是有资格的。还有一种"口头改革派"，成天喊改革，但实质是因为只有改革才能激活他手中的权力，只有改革才能打通权力通往市场的通道，使权力可以"变现"，成为捞取个人或少部分人好处的工具。在媒体披露的一些国企改革涉及腐败的案例中，少数人明明是想化公为私，但无一例外地以"通过改革建立现代企业产权制度"作为幌子，此时"改革"甚至能成为他手中打击异己的棍子。我曾到过一个城市，那里到处都在改制，到处都在建工程，但出租车司机跟我说："不改制，不建工程，那些人通过什么去捞啊？"可以说，这些"口头改革派"，实际上是为了保住既得利益的保守派，与吴敬琏先生说的"第三种力量"基本是一回事。而我认为，对改革造成最大伤害的，甚至使得"改革"这个词在某些时候"倒了人胃口"的，恰是这种"口头改革派"。也就是说，是"口头改革派"破坏了"改革"在一部分人中间的声誉。如果真像吴敬琏先生说的那样，"第二种人在公众中有市场"，恰也是因为"口头改革派"这所谓的"第三种力量"在公众中的坏影响。

其实，吴敬琏先生提出建立法治市场经济，针对的也恰是我上面说的"口头改革派"利用转型期制度真空为所欲为扭曲改革的现象。因此，我个人认为，应该把批评的矛头聚焦于"口头改革派"。而对于"大众情绪"，则只能基于理解的同情去加以引导。因为我们不能要求贴现率非常高的低收入者有长远的眼光。而且，大家都在不遗余力地喊改革，而其中一部分人喊改革是"别有用心"，并不是真的要推动吴敬琏先生理想中的改革。这个时候，基于对现实中某些诸如下岗、分流、削减福利等具体改革措施的态度来判断改革的"大众"，要区分哪些人是真改革者，哪些人是要借改革之名维护或捞取好处的假改革者，本身就很困难。

第三，理想的改革与现实的改革。细读吴敬琏先生收录于书中的文章会发现，他主张的市场经济是"以自由保障效率，以法治保障公正"的市场经济；还可以看出，近些年来，"以法治保障公正"这一思想在吴敬琏先生的文章中分量越来越重。这的确针对了有可能破坏市场的两种力量：一是垄断，二是被滥用的权力。应该说，这是一种理想的改革。

但理想的改革与现实的改革之间有很大的距离。现在我们习惯于把当下出现的问题都归结为改革不彻底，但我有时会有这样的困惑：有没有理想的改革模式？有没有彻底的改革？如果没有理想的改革模式，无法见到彻底的改革到底是什么样子，却说所有问题都是改革不彻底造成的，这种说法就站不住脚。就像以前我们常说，计划经济出现了许多问题，不是因为计划经济本身有问题，而是我们没有把计划做得更科学。但问题在于，你见过真正科学的计划吗？既然这样，我们的确也应该问一问，当下出现的一些问题，真的与改革设计本身无关吗？我看过一篇关于供暖改革的调查报告。报告中说，福利性供暖取消之后，在一些城市，老百姓的实际感受是：供暖时间短了，室内温度低了，冬天难过了。一些贫困人口甚至成了"苦寒户"。表面上看，财政掏钱少了，但整体供暖成本并没有下降，能源也并没有节省：为了提高室内温度，有钱人开热空调，普通人买电热片，低收入者也被迫烧起了煤球炉。我的意思是，改革是一场伟大的试验，必须承认会出现这样那样的问题，因此邓小平当年就提出了"允许试错"的思路。不能以一个理想的模式去观照现实的改革，然后把所有的问题都归结为改革不彻底。以前学界有人曾经批计划经济是"乌托邦"，认为市场经济是"反乌托邦"的。按波普尔（Karl Popper）的说法，"乌托邦"就是不惜代价按既定的理想蓝图施工，可能导致的最大的问题就是要求某个人或部分人为一个整体的方案而牺牲。我现在担心的是，所谓"完全的自由市场"理想也有某种"乌托邦"特质。如果一定按这种理想的改革去实施，可能也会导致忽略代价。尽管吴敬琏先生在书中并没有表达这样的思想，但一些经济学家还是表现出这样的思想，因此才有"改革要牺牲三千万老工人""MBO（Management Buy-Outs，意为管理层收购。——笔者注）不规范，但符合改革方向"这样的话，这都是按蓝图实施不计代价的表现。我认为，只有立足现实，考虑到各种约束条件，出现什么问题就解决什么问题，增强改革决策的科学性与改革措施的协调性，尤其是协调好不同社会阶层之间的利益关系，建设一个"好的市场经济"才不会在中国最后变成"反乌托邦的乌托邦"。

第四，自由市场经济还是法治市场经济。这个问题在吴敬琏先生的著作中并不是问题。因为书中说的自由市场经济，就是法治下的自由市场经济。但仔细一想并不那么简单。自由市场强调的是限制权力介入的范围，而法治强调的是权力介入市场的方式。在这个意义上，我认为强调法治市场经济比强调自由市场经济更为重要。这是因为，首先，正如道格拉斯·诺斯所揭示的，现代市场经济有效运作的前提，就是政府作为"强制执行契约的第三方"，必须足够强大到有效保护契约。也就是说，现代市场经济从来都离不开权力。所以，并没有真正意义上的完全自由市场经济。当然，诺斯也感叹道："在现阶段，以我们现有的知识，还无人知晓如何创建这样一个实体。"其原因是，"简单地说，如果一个国家（政府）一旦具有了这样强制的力量，那么，那些管理该国家（政府）的人便会利用这种力量来谋取自身的利益，而以牺牲社会其他人的利益为代价"。这就是所谓"诺斯悖论"。如何既使政府有效又不会滥用权力，我认为关键就在于政府介入市场的方式。如果行政性与随机性很强，自由裁量权过大，不仅容易导致腐败，而且因其不能给经济人稳定的预期而增加全社会的交易成本；如果以法治的方式介入，则既能保证契约被执行，又能防止腐败。从这个意义上讲，强调法治市场经济比自由市场经济更重要。其次，为了推动改革更好地进行，当下并不能简单地强调"限权"。正如有些学者所说的那样：对改革最大的威胁来自某些利益集团，建设法治市场经济的威胁也来自某些强势利益集团的阻挠，而无论是从理论上看还是从转型国家的经验来看，一个有公信力和执行力的强大中央政府必不可少，当然前提是有法治的约束。所以强调法治市场经济不仅更符合现代市场经济的特征，而且对于保证改革有序推进具有十分重要的意义。

（作于 2008 年 1 月）

回到政治经济学时代

关于国有企业产权改革,我谈几点看法。

第一,关于国有企业产权改革方向的争论是否有意义。现在回过头来讨论国有企业产权改革方向是否正确,对于国有企业改革本身来说意义不大。因为国有企业改革已经具备了路径依赖的性质。自从主流经济理论界以及政府将企业改革的核心内容锁定为"产权改革"时起,就已经决定了国有企业改革其后的路径必然是沿着今天这样的路子走。也就是说,无论有多少持传统政治经济学观点的学者提出异议,也无论原来的国企职工有多少不愿意,国企改革走到今天这一步,是从一开始就注定了的。这次争议过后,会不会有方向性逆转?同样不可能。也正因此,那些对改革持异议者以及不愿意改革者,在强大的改革洪流面前显得如此之不入流,他们不仅徒增烦恼,还落下个"思想不解放,观念落后"的名声。这倒真应了另外一句名言:"世界潮流,浩浩荡荡;顺之者昌,逆之者亡。"

经济学上有一个基本的假设,即理性经济人都有趋利避害的倾向。所以,实际上国有企业改革这么一步一步过来,从个体层面上来看,从微观层面上来看,肯定后一步是对前一步的改进。

否则它不会选择这样做。所以有人将国企通过 MBO 实现私人化的过程比作大热天的冰糕，与其让它化掉，不如送人好，并且认为这也无须讨论。去年中国经济学年会，有一位经济学家发言说，农民工在城里再怎么受到歧视，也比他们在乡下待着强，否则他们不会选择进城。这一观点也是从这样的逻辑出发的。

但有一个问题需要讨论，即是什么样的制度背景使得国有资产不进行私人化就活不下去，使得农民不选择进城就活不下去……如果用法国自由主义经济学大师巴师夏（Frédéric Bastiat）提出的"生活的逻辑"来解释，即一个快饿死的贞女为了活命选择卖淫，这一选择的确改进了结果，但这不需要经济学家作出解释。经济学家需要作出解释的是：是什么原因使得贞女竟然活不下去？今天我们讨论国有企业产权改革方向正确与否对于国企改革本身意义是不大的，但有助于把我们的视野导向一个更宏观的大背景，即到底是什么原因使得中国改革呈现出现在这个样子？

第二，关于国有企业改革的成本问题。有人说，中国的改革，实际上是一个试错的过程，一步一步走到今天，改革的总体效益是提高的；也有人认为，产权改革实际上是付出了很大的代价的。我想强调一点，一定要建立一个社会成本的概念。从微观层面上看，产权改革也许使得某一个企业在财务上、账面上的利润增加了，但是它消耗的社会成本有多大？这个有没有计算出来？在整个产权改革中，几千万下岗职工的问题，这个社会成本怎么计算？国外有一种舆论说，改革产生的不稳定因素使得中国维持社会治安与社会稳定的费用在过去 10 年间增长了十几倍。这也是社会成本。你可以说改革的每一步是符合个体理性的，可是这个个体理性并没有达到集体理性。所以这个时候，改革不仅要算哪一个企业搞活了,甚至整个国有企业搞活了,同时也要算宏观账,即改革到底造成了多少社会成本。

最近我总强调必须注意到科斯(Ronald H. Coase)在《社会成本问题》中提出的一个很深刻的思想:"主流经济学掩盖了人们进行选择的实质,而我们讨论的问题具有交互性,即避免对 A 的损害将肯定会损害 B 的利益。我们必须决策的真正问题是,这个社会到底是应该允许 A 损害 B,还是允许 B 损害 A?关键在于避免较严重的损害。"尤其在界定产权过程中,政府对产权的任何重新界定,都不可能达到双赢,必定是有利于一些人而不利于另一些人。改革作为广义产权的重新界定,必定是一个充满摩擦与冲突的过程,因而我们不可对改革抱有任何不切实际的幻想;相反,改革过程中强势集团的"机会人策略行为",将可能使改革成为某些人剥削另外一部分人的名义与工具,对此我们要抱以足够的警惕。

第三,关于管理层收购(MBO)过程中政府的角色。有经济学家认为,管理层买断是一个契约,而不是一个权利,所以,既不存在剥削,也不存在掠夺,尤其是所有的 MBO 都是经过当地政府同意的。对于 MBO 过程中企业被人为做低价格,有学者说政府要考虑很多问题,比如怎样安置富余人员,怎样解决财政的负担,等等。实际上这种说法是把地方政府设想成社会福利最大化的代表。一个关注合法性的政府,应该将其目标锁定为社会福利最大化。但问题在于,当下的中国政府在改革中所定下的目标并不是社会福利最大化,而是经济效益最大化,已经形同一个大企业。这才有政党以文件的形式确定了改革要以效益优先。这点与现代政府通常把社会福利最大化定为自己的目标函数已经不一样了。更可怕的是，实际上现在中国少数地方政府官员以及某些中央政府部门官员，不仅不把社会福利最大化作为目标函数，也不把经济效益最大化当作目标函数，而是把个人利益以及部门利益最大化作为目标函数。在缺乏权力制衡的背景下，政府官员和企业家阶层，外加一部分知识精英之间形成了一个典型的"分利联盟"，以改革的名义肆无忌惮地私分国有资产。在这种情况下，所谓契约的观点，所谓政府要考虑许多别的因素的观点，我觉得是不太成立的。

我想讲的第四个问题是，在国企改革的讨论中，争论的双方有没有在达成最低共识的基础上进行对话的可能？即是否有一些观点是争论的双方尤其是主流经济学家都能接受的？

一是国企产权改革到底适用哪种法则。用拉斯·沃因（Lars Werin）在其新著《经济行为与法律制度》（*Economic Behavior and Legal Institutions: An Introductory Survey*，2003）中提供的"产权法则"和"责任法则"来对待不同性质的侵权行为，在推进中国制度变迁的过程中非常重要。"产权法则"（Property Rule）可以这样理解：如果达成促进财富增长的另外一种产权安排的交易费用很低时，A 不是购买而是侵犯了 B 的产权，那么，A 不仅应该赔偿 B，同时还应该受到法律的惩罚。而"责任法则"（Liability Rule）则可以理解为，如果达成促进财富增长的另外一种产权安排交易费用很高时，A 不得已侵犯了 B 的产权，那么 A 应该对 B 进行赔偿，但 A 不受到惩罚。退一步讲，我们不妨承认，主流经济学关于部分国有企业必须民营化的判断是对的，其原因是：从财富增长原则看，假定国有企业民营化客观上会促进经济增长，而且有利于制度转轨；从交易费用看，假定目前意识形态及其他制度性因素使得国有企业民营化进程非常困难,交易费用过高。在这种情况下,一些企业经理层不得不采取变通的方法,比如利用MBO过程使国有资产由公变私,即企业经理层侵占国有产权是不得已的,但又是增进财富的。此时,应该适用"责任法则"而不是"产权法则"。正如张维迎先生反复强调的,他们不应该受惩罚。但千万不要忘记另外一条:即使适应的是"责任法则",也还是有一个赔偿问题。国有资产不能被白白侵占,哪怕暂时先记账,以后也必须还上,这样才能对作为国有企业股东的老百姓有交代,这样的改革也才算有一个最基本的公平。

二是关于法治的观点。建立法治社会是一个共识。大家不是都强调法治吗?而且不是都认为建立法治社会是一个渐进的过程吗?1997年中国的《刑法》里就加了一条,叫作"私分国有资产罪"。即使你认为这是一个"恶"法吧,按照演化的观点,或者叫演进秩序的观点,即使它是一个"恶"法,你也不能法外施恩。你认为企业家是现代社会创新的主体,所以你对企业家本能地抱有同情,甚至你也可以认为通过MBO私吞国有资产符合"理"——譬如说这个"理"就是国有企业只有民营化才能提高效益——但是它不合法。而你恰恰又强调法治的管理,强调一种演化的秩序,你应该怎么选择?因为某些企业家对社会作出过巨大贡献,就可以不计较他们私吞国有资产的行为?这和法治社会的理念完全不是一回事。

三是关于政府的观点。主流经济学家时时刻刻警惕着政府。按他们的说法就是:"经济学家的任务就是时刻准备斩断政府伸向市场的看得见的手。"但是恰恰就是在这个国企产权改革尤其在MBO过程中,政府这只"看得见的手"在翻云覆雨:几乎所有的

MBO过程背后都是政府力量在推动。而此时主流经济学家从来不说"政府这只看得见的手应该给他砍断",他们恰恰还呼吁政府就应该这么强力推动。这种现象与主流经济学时刻警惕政府僭权的传统如此相悖。

我与康晓光先生有同样的担心。现在处在转型期的政府,一方面控制的权力在急剧下降,另一方面为了显示权力,就更加频繁地使用权力。而这种频繁使用权力的方向,可能是错误的。最后的结果,就是形成一种"分利联盟",就是权力、资本、知识相互勾结。这种"分利联盟"可能使中国的改革成为一种"半拉子"改革。一开始,他们都是改革的积极推动者,但是发现某一阶段的状况最符合这几个集团的需要后,他们说:改革到此为止吧!于是,他们从原来的改革派变成保守派。这种"半拉子"改革比不改革更加可怕。

我想讲的最后一点是,中国重新回到政治经济学时代。

这次关于国企改革问题的讨论,有一些很有意思的现象,表明中国重新回到政治经济学时代。

按马克思的说法,政治经济学的研究对象是生产关系,即生产与交易背后的社会权力结构及社会各利益集团之间的关系。只是自1932年罗宾斯(Lionel C. Robbins)在其代表作《经济科学的性质和意义》一书中,将经济学定义为研究稀缺资源配置的学问之后,主流经济学逐渐形成了关注效率以及实证研究的新传统,而关于社会公正及其他规范研究就越来越成为支流甚至末流。但是,我们必须注意到,在西方,从传统政治经济学到现代经济学的研究对象的转变,其背后有很深刻的历史背景。这就是,在经过了近三百年的斗争—妥协—再斗争—再妥协的反复后,典型资本主义国家内部的权力结构与各利益集团之间的关系，已经走向了一种较为稳定的有秩序状态。如果说在资本主义初期，契约自由已经证明了各利益集团之间形式与起点上的平等，那么，到了 20 世纪初中期，各主要资本主义国家已经以累进税制及各种劳动权利与社会保障底线，使资本主义已经接近了这种制度所能容纳的最大限度的分配平等，即结果平等。而且，原来强势的资本集团已受到约束，懂得让步；而原来弱势的劳工集团也已因为工会组织的强大而变得不再像原来那样弱势。各利益集团之间已形成某种相对均势与相互制衡的局面，权力界定或广义的产权界定已经完成。在这种背景下，政治经济学的使命在典型西方资本统治社会反而几近结束。而曾被讥为"庸俗的赚钱术"的、以研究"如何摊大饼"为己任的现代经济学越来越成为主流。

而中国不一样。当原来设想的不突破旧的大的制度框架的改革，在 1980 年代后期之后终于不以设计者的意志为转移而走向另外一面后，越来越不平等的现状逐渐唤醒了那些原本在"低头推车"的人们，也让他们想到要"抬头看天"：原来我们推了半天，连最基本的权利、责任与义务都没有讲清楚，而好处却已经被某些权贵资本给独占了。于是，经济学所强调的"生产性努力"某种程度上被政治经济学所关注的"分配性冲突"所替代。这时，资源配置的效率反而可能被视为其次，而如何在博弈中争取到未来更高更主动的谈判地位，是各利益群体最大的关切。因此，中国又重回政治经济学时代。这个时候，我们的学界也好、政治家也好，都将面临全新的课题。

（作于 2004 年 10 月）

公平四题

（一）保证公平的两种方式

我常讲两个故事，来说明东西方传统对保证分配公平的不同做法。

一个故事来自美国著名财经作家戈登（John Steele Gordon）所著《美国商业故事》里的一篇文章。在该文中，戈登通过分面包的传说回溯了西方保证公平分配规则的起源。据说，在古罗马军队中，士兵每天定量得到一块面包充当全天的口粮，而这块面包是从更大块的面包上切割下来的。一开始，切割面包与分配面包的任务是由长官一人担任，于是，长官往往切割下最大的一块留给自己，然后按关系亲疏决定切割下面包的大小进行分配。由于分配不公平，军队内部发生矛盾甚至内讧的事不少。为了防止因争夺食物产生的争斗，罗马人很快找到了一个极好的规则：当两个士兵拿到了一块面包后，要求一个士兵来分割，而另一个士兵优先选择属于他的一半。可以设想，在这种规则下，分割面包的士兵出于自利，只能最大限度地追求平均分配。写到这里，戈登很激动："这是自律法的完美例证：这种法律是从每个人的自利角度来制定的，以使其行为公平合理。自律法考虑到了每个人的利益，而不是一人集团的利益，不是那些制定和执行这些法律的人的利益。"这也构成了西方以制度保证公平分配的传统。

相对于以规则保证公平，传统中国人保证公平分配更多靠伦理道德约束。最经典的例子就是"孔融让梨"的故事。孔融四岁时，其父亲让他把一袋梨分给家人。孔融把最大的给了爷爷奶奶，把比较大的给了父母，把其他的给了弟弟妹妹，而把最小的留给了自己。这个简单的故事之所以一直流传到今天，绝不仅仅是为了教育小孩要懂得谦让与礼貌，而是因其体现了传统中国人关于公平分配的基本思想：公平分配的秩序是要照顾到老幼尊卑，体现传统伦常，而主持分配的人也应该是像孔融这样有道德的人。如果把"孔融让梨"这个发生在家庭内部的故事放大到国家——在传统中国人那里，家与国本来就是一体的——那么公平分配的秩序必定体现了儒家纲常，而皇帝因"顺天承命"，是最高道德的代表与化身，同时作为最大的"家长"应该为所有的"子民"进行公平分配。

仔细考察，西方式的"古罗马分面包"与东方式的"孔融让梨"，各有其优长与不足。

古罗马军队发起的分面包规则，从理论上讲，是靠制度作保障，因此更具约束力和衡久性；但其前提是各方必须有对等的实力，发现对方不遵守规则时有能力进行惩罚。这种依靠他律实现自律的办法又被称为"狐狸规则"或"罗马规则"。它是一种在强者之间执行的规则，因为弱者没有实力加入这种游戏。也正因此，罗马式民主仅仅是贵族的民主，且这种民主在对待弱者时异常残酷。比如，贵族通过投票，决定修建古罗马斗兽场，将奴隶、犯人与战俘投入其中与猛兽搏斗，因此而丧命的人超过27万。这是典型的"狐狸联合起来决定鸡的命运"。一直到今天，西方社会财富越来越集中到权力与资本手中，也是由这一规则的内在基因缺陷所决定的。

相比较而言，中国靠伦理道德约束的公平分配规则，其稳定性很差。往往是王朝开始时，当政者能够守住道义，但时间一长就不行了。但是，它有一套纠正系统：改朝换代。替代者往往打着"替天行道"的旗号——我是为了恢复"道"，因此要推翻前任统治者。"王朝周期率"就是这样来的。与此同时，因为社会各阶层耻于谈"利"，妨碍了中国走向近现代工商业文明。但总体上看，依靠道德约束保证公平分配，社会监督成本低；发乎"仁"的分配规则，使得"抑强扶弱"成为传统中国社会的主流意识。正是靠着这套保证公平的体系，中华文明成为世界上唯一未曾中断的文明绵延数千年而不绝。

近代以来，西方坚船利炮输入的除了现代化，还有"狐狸规则"。这就如同"君子国"中闯入一个恶人。在狐狸面前，仍然甘心做小鸡的，注定要被狐狸吃掉，于是所有人都不得不学习做狐狸。在强势的"狐狸规则"面前，"孔融让梨"式的道德自律不仅保护不了弱者，甚至还成了对弱者的诅咒。在这种背景下，近代以来尤其是甲午战争之后，中国人都在反思，文化自信不再。大家都相信，要长久维护社会的基本公平，只有引进西方的逻辑。新中国成立以来，曾有一段时间强调"新社会新人新道德"，即对普通人强调大公无私，但很快证明路子走不通。因此，我们转而选择市场经济体制。在人人追求自利的背景下，"狐狸规则"终成主流。

但正如前面所分析的,"狐狸规则"并非没有缺陷,因为它建立在每个人都享有平等的社会经济与政治资源基础之上,意味着每个人都有能力制约他人。但在现实生活中,这很难达到。因此,这种情况下,如果社会强势集团联手掌握制定与执行规则的权力,而又没有起码的道德自律,那么"狐狸规则"将导致最坏的结果。况且,世界上本没有完美到没有任何缺陷的制度。所以,我们在强调依靠制度保障公平的同时,也要发挥好道德自觉在保证公平中的作用,以确保"强者不至于肆无忌惮"。

(二)从"机会平等"到"条件平等"

最近,法国学者托马斯·皮凯蒂(Thomas Piketty)的新书《21世纪资本论》,引发经济学界和理论界广泛关注。该书英文版于2014年2月出版后,至今销量已超过50万册,不仅成为亚马逊网站的最佳畅销书,也成为哈佛大学出版社成立101年以来最畅销的书。

通览全书后,其表述的事实部分可以简单地概括如下:财富分配的不平等在资本主义历史上长期存在,根深蒂固,不但不能随着经济增长而得到解决,反而有不断累积的趋势。究其原因,仍然可在当年马克思研究过的劳动与资本关系中去寻找,即劳动在分配中相对份额不断降低,而资本利得不断增加。为了说明这一问题,作者运用了大量无可辩驳的数据,因而即使是最为挑剔的右翼经济学家,也承认作者讲得有道理。

但书中提出的对策是最具争议性的。皮凯蒂认为,要改变这一状况,无论是教育、医疗还是社会保障与福利国家制度,都无法从根本上解决贫富差距问题，必须靠各国联合起来实行累进式财产税，把最高收入人群的所得税提高到 80% 左右。

皮凯蒂为何会提出这样单纯而激进的再分配政策？这是有其背景的。

在皮凯蒂之前，关于如何促进平等问题，经济学家对机会平等强调得比较多。在他们看来，财富分配不公平问题之所以较为突出，是因为垄断、腐败等造成的机会不平等使然。因此，为了实现机会平等，这些经济学家开出的"药方"，是主张政府应该更彻底地从市场中退出，让自由市场更好地发挥作用，保证每个人"都在同一起跑线上"，都能通过自身努力实现梦想。

再后来，经济学家意识到，单纯的市场竞争也不可能缩小财富分配差距，因为每个人的"起点"并不公平：有些人生来禀赋较差，家庭条件也不好；而有些人不仅先天禀赋好，且"一生下来嘴里就含着金汤匙"。这样，即使把他们放在"同一起跑线上"，竞争的结果还是不公平。基于这种认识，经济学家认识到，要实现真正的机会公平，政府的公共政策要发挥作用，就是"通过全面的改革措施来消除阻碍机会平等的各种障碍"。这些改革涉及的内容包括"公正对待土著居民、保护妇女权益、推广全民教育、进行城市改革、赋予每个人平等选举权以及建立福利制度等等"。

但是，正如皮凯蒂以及更早的美国著名经济史学家福格尔（Robert W. Fogel）等人发现的那样："机会平等"能够发挥平抑贫富分化作用的时代，仅仅在农业社会或以手工业为主的资本主义发展初期。在这种社会里，农民及小企业所有者的收益主要取决于手工劳动。当时土地非常廉价，创办小作坊式的手工企业也不需要多少资本。所以，"对于勤劳、节俭的劳动者来说，通过自己一生的努力来提高经济和社会地位，并非是一个不可实现的梦想"。在那个时代，强调排除个人不可把握的诸如出生、种族、性别及家庭背景等因素的影响，为每个人创造一个平等竞争的机会，就显得很重要。

但是，当历史进入现代资本主义，"机会平等"原则就不适用了。新技术的应用以及更广阔的市场促进了企业规模的扩大。而这时，因为处女地早已开发完毕，地价变得非常昂贵，任何人如果没有一笔"原始积累"，"再也无法期待通过努力劳动来创建自己的企业了"。同时，产业工人如果不接受相对工资低这一不公平待遇，就"再也不能够轻易地通过逃往农村来回避悲惨的现实了"。也就是说，"个人无法有效地向大公司提出挑战"。因此，皮凯蒂及福格尔得出结论认为，"机会平等"不仅是一句空话，而且意味着"财富的世袭制"：穷人的后代恒穷，富人的后代愈富。也就是我们所说的进入了财富"拼爹时代"。

在此背景下，要改变财富不公平分配现状，包括皮凯蒂在内的一些经济学家提出，要"条件平等"而不是"机会平等"。为了实现"条件平等"，政府出台的改革计划就是：一方面，要"通过提高个人所得税税率，将富人的收入重新分配给穷人"；另一方面，还要"对大企业进行管理；保护工人组建工会和参与罢工的权利，增加工资水平"。

比较"机会平等"与"条件平等"，我们不难发现，"机会平等"更多是强调政治与社会层面的平等，而"条件平等"则更多强调经济平等；"机会平等"更多涉及社会与政治改革，而"条件平等"则涉及政府的再分配政策。

但以上不同仅仅是表面上的。在西方经济思想谱系里，从

"机会平等"到"条件平等",涉及一个更深层面的问题:谁应该对贫困问题负责?

在西方社会,早期基督教文化宣扬一种宿命论,认为贫困是对个人堕落的一种惩罚,因此个人应该对自己的贫困负责任。后来,经济学家之所以强调"机会平等",是因为此时的宗教思想认为,"任何人都可以通过对罪恶的外在和内在斗争来得到上帝的恩典",只不过由于机会的不平等,"剥夺了一部分人直接与上帝面对面的权利"。而通过社会与政治改革,给一切人创造平等的机会,可实现"个人直接面对上帝",但个人仍然要对个人负责。而当社会发展到强调"条件平等"的时候,是因为经济学家认识到,"不应该把贫穷看成是个人的失败,而应该看成是社会的失败"。因此,"社会与国家应该担负起消除贫困的责任,而不是强调通过个人努力来追求平等;因为实际上个人再如何努力,在改变其命运中发挥不了多少作用"。正是由强调"个人对个人负责"的观念向"社会对个人负责"的观点的转变,推动了思想界由强调"机会平等"向强调"条件平等",以及由强调"一般社会与政治改革"向强调"政府再分配功能"的转变。

梳理现代西方学者从强调"机会平等"到强调"条件平等",对中国也有重要意义。实际上,在我们国家,个人努力在改善个人处境中的作用也已经很有限。再勤劳的农民以及街道上每天工作12个小时的清洁工,他们的所得甚至都无法保证看得起大病、供得起子女上大学。而某些富二代,这"少爷"那"公子"的,却能够"先拿老爹几个亿练练手"。鉴于此,我们也必须超越"机会平等"的观念,转而强调"条件平等",使政府与全社会在缩小贫富差距中更有作为。

（三）政府何为

在主流经济学框架下，政府在解决社会公平问题中都是负有责任的。

比如，在新古典综合派看来，社会贫富分化是少数市场失灵的领域之一。而政府的作用，就是要解决市场失灵问题。因此，政府通过税收尤其是遗产税及累进所得税，来平衡全社会收入，是政府的重要责任甚至是主要责任之一。又如，在近年来兴起的制度经济学框架下，政府是作为契约执行的第三方出现，即以暴力为后盾，强制性保护产权及交易中各方的权利。其中，利用政府强制力进行再分配，以弥合社会贫富鸿沟，同样是解决不公平问题过程中政府的职责之一。

但是，政府进行再分配有时容易走极端。原因主要有两点：一方面受民粹主义裹挟，容易进行激进再分配，压抑全社会投资积极性，从而妨碍发展，甚至导致普遍贫困。另一方面，政府是由一个个具体的人构成的，既然是人，就可能受利益影响，很难做到"客观公正"。特别是这些人手里还掌握着强制的力量，因此可能利用再分配的机会或名义，干损公肥私之事。而一旦市场失灵导致的不公平，再加上政府官员本身成为利益集团或与利益集团勾结在一起，那社会将会更不公平。这就是诺斯关于"政府悖论"的观点。

那么，政府到底如何在解决社会公平中有作为呢？广泛讨论无意义，而针对我们这样发展型国家中政府角色的讨论，可能更有现实意义。因为发展型国家中的政府在促进发展过程中，如果一味追求"GDP增速最快化"，可能会产生恶化公平这样的"负外部性"。

我们都知道，在成熟市场经济体的发达国家，政府与市场的边界划分一般应该是：政府的目标函数是全社会福利最大化，而效率问题主要由市场有序运作来保证。我国仍然是发展中大国，政府在促进经济发展与市场体制改革中必须积极作为，这决定了我国各级政府的角色必然有别于发达国家政府的定位。

但即使如此，随着我国经济总量迅速增加与市场经济体制逐渐完善，政府职能也要随之不断进行转变。而恰恰由于我国一些政府职能转变较为缓慢，仍然把追求"GDP增速最快化"作为目标，至少导致以下三个与收入分配不公平相关的问题。

首先是一些政府"亲资本"的倾向。与农业时代劳动力是最重要的生产要素不同的是，现代工商业经济增长更多依靠投资。也就是说，经济增长主要由投资拉动，人均拥有的资本量甚至在相当程度上决定了一地的发展速度。而要使资本要素拥有者多投资，必须给其更高的激励，这势必会压低其他要素收入。所以，如果政府将重心放在"GDP增速最快化"，会造成一些政府本能地"亲近资本"，给资本要素所有者以"超国民待遇"，从而在一定程度上忽视了劳动者利益及社会公平。1990年代中期曾有一个极端的例子：某外资企业长期按当地最低工资标准作为中方劳工工资上限，引发劳工不满并采取罢工行为。在外企答应提高劳工待遇的情况下，地方政府却出面干预，认为这家外企单方面提高职工待遇的行为可能会引发连锁反应，最终可能因劳工工资标准普遍提高而抬高企业成本，"恶化"当地投资环境。应该说，我国劳动力工资报酬在初次分配中所占比例近些年一直下降，与此有很大关系。

其次是一些政府相当程度上"冷落"了社会管理与公共服务。当一些地方政府把追求 GDP 增长放在首位时，不可能也没有同等精力去平衡全社会不同阶层利益，因而平抑贫富差距方面的效果也不会很理想。与此同时，当省长、市长、县长甚至乡长都成为把主要精力放在"招商引资"的"董事长"时，也不可能把为人民群众提供公共产品与服务作为主要责任。我在搞调查过程中就听一位官员亲口说过："这些年我们为抓经济发展可谓殚精竭虑，甚至把招商引资的份额层层分解，规定完不成招商引资数额，单位头头就得'下台'。在这种背景下，坦率地说，民生与公平就成了'两余'工作：'官员有余力，财政有余钱'时我们才会去搞一搞。"这样的做法，当然会造成社会发展与经济增长不平衡，以及经济增长与社会福利增长的不同步。

最后是少数政府官员与资本要素所有者之间相互利益输送。因为政府官员在用"看得见的手"推动"看不见的手"，用公权力去吸引和撬动资本，所以腐败的发生也就难以避免。这也再度恶化了社会公平。

因此，未来要深化收入分配改革，不断促进社会公平，通过推进行政体制改革转变政府职能也必然是要把握住的重要环节。其中，把政府打造成真正让老百姓满意的服务型政府又是重中之重。

按照建设服务型政府的要求，各级政府在指导思想上必须要转变职能重点，即职能重点不再是抓 GDP 增速，而是抓社会建设尤其是社会管理与公共服务。在社会管理中，深化收入分配改革，协调全社会利益关系是当前优先考虑的事情；在公共服务中，以发展社会事业和解决民生问题为重点，优化公共资源配置，逐步形成惠及全民的基本公共服务体系，实现基本服务均等化是优先目标。与此同时，只有政府把职能重点转变了，其常态工作不再是"招商引资"，权力与资本相互利益输送的管道与机会就会大大减少。这都有利于全社会收入分配良序的形成，能极大程度促进社会公平。

（四）基本社会保障投入的必要

建立起基本社会保障制度有助于实现社会公平，一直是经济学界的共识。但在中国关于建立起具有中国特色的社会保障体系的讨论中，有一种观点很具有代表性，即认为在中国这样一个发展中国家，为全体人民提供基本社会保障是不可能的。其原因是，为全体人民提供基本社会保障需要花费很多钱，而将如此巨大的财力投入在"非生产性领域"，将极大降低社会效率，降低经济增长速度。

这种观点是站不住脚的。为全体人民提供基本社会保障所花费的钱，从表面上看，的确是"非生产性"的，即不像投资于产业那样直接促进 GDP 的增长，但实际产生的效果却是"生产性"的，即从长远看将有利于经济发展。

我们知道，所谓为全体人民提供基本社会保障，在温饱问题已经基本解决的背景下，主要是提供基本教育与医疗的保障，实现"人人有学上，人人看得起病"，以保证人人享有基本教育与健康服务。而按照现代经济理论，投资教育与健康正是人力资源投资的两个最重要的方面，因为教育与健康是造就现代高素质劳动力的关键条件。而公认的一点又是，在现代经济长期增长中，人力资源投资的重要性已经超过物质资本投资的重要性。所以，尽管投资于人民基本社会保障的钱暂时压缩了直接投资于产业发展的资金，但从长期看，又是保证经济持续和谐发展所必需的。

在这一点上，被誉为"经济学良心"的著名经济学家、1998年诺贝尔经济学奖得主阿马蒂亚·森（Amartya Sen）有过很好的论述。森在其代表作《以自由看待发展》中开宗明义地提出："本书的观点反对在很多政策圈子里占主导地位的信念，即认为'人的发展'（经常用来指教育、医疗保健）仅仅是只有富国才付得起的某种'奢侈品'。"森从政府提供基本社会保障的"工具性与实效性"角度，详尽地论证了政府提供基本教育与健康服务对于经济发展的意义。

为此，森还特别通过对中国与印度的对比说明他的这一观点。森认为："中印两国政府都已经走向更开放的、参与国际的、市场导向的经济"，"尽管印度的努力近来有所成效，但是像中国那样瞩目的长期快速增长成绩还没有在印度出现"。解释这一差异的一个重要因素在于以下事实："从社会准备尤其是高素质人力资源的角度看，中国比印度超前很多。因为尽管改革前的中国对市场是持非常怀疑的态度的，但对基本教育和普及医疗保健并不怀疑。当中国在1979年转向市场化的时候，人们特别是年轻人的识字水平已经相当高，全国很多地区有良好的学校设施。中国的健康条件，也由于改革前当局对医疗保健像对教育一样作了社会投入，也比印度好得多。而相比较而言，印度社会的落后，表现在精英主义过分地注重高等教育而严重忽视中小学教育，以及严重忽视基本医疗保健，使得它在取得共享型经济发展方面缺乏准备。"

值得一提的是，森的这一观点得到了公认。世界银行经济考察团在 1981 年所作的关于中国问题的报告结论中认为，从 1949 年算起至经济转型之前的 28 年，"在中国，由于平均收入低，有相当数量的一部分人口是很贫困的。然而这些人的生活水平却比其他国家中具有类似收入水平的人要高得多。他们全有工作，他们的食品供应是有保证的，他们的大多数孩子在上学，而且很大一部分人享受医疗保健。中国的预期寿命——它依赖于许多其他经济社会的变化因素，而成为可能是反映真实贫穷程度的单独指标——的平均数显著高于低收入国家的水平；即使在最穷的省份，它比中等收入国家的平均数也低得不多"，"这都为这个国家今后的发展奠定了基础"。

为人民提供普遍而基本的社会保障，还可以促进机会公平从而有利于提高社会效率。经济发展的活力很大程度上来自社会流动性，这种社会流动性又在于社会中暂时处于较低层次的人群意识到他们有机会与能力参与到更高层次的经济发展与公共决策中，而这种机会与能力首先又在于他们享有和别人一样的教育与健康水平。森就指出过："不识字对一个人参与那些要求按规格生产或对质量进行严格管理的经济活动（如全球化贸易所日益要求的那样）来说，是一个绝大的障碍。类似地，不会读报，或者不能与其他参加政治活动的人书面联系，对于政治参与也是一种限制。"而政府提供的基本保障正好可以克服这些障碍。从这方面看，社会保障的投入也是生产性的。

不过，我们认为，政府对基本社会保障的投入具有生产性，从长期看有利于经济的持续健康发展，这种观点仍然是从工具性与实效性角度看待政府为人民提供基本社会保障的功用。或者说，它仍然是一种效率的观点。

　　按照学科分工，效率的观点的确应该是经济学家看待问题的基本维度，但我们需要避免的是，经济学可能以其学科的强势，用效率维度掩盖了其他更重要的视角。关于这一点，作为"经济学良心"的阿马蒂亚·森也明确提出了警告。他在论述关于自由的价值时就说，经济学家习惯按照他们"狭隘的观点提出这样的问题：自由能不能促进经济增长？"，而实际上，"自由也的确有助于经济增长"，"但自由本身的重要性不需要通过它们在经济方面的作用来间接地证明"。

　　再回到关于提供基本社会保障问题的讨论。针对一些经济学家提出基本社会保障投入可能妨碍效率的观点，我提出：基本社会保障投入也是生产性的，从长期看有利于社会效率，但绝不意味着，如果基本社会保障不具备生产性，真妨碍了社会效率，作为政府就可以不去提供这种保障。因为在一个文明与丰裕的社会中，为全体人民提供基本社会保障本身的重要性，也不需要通过其在经济方面的作用来证明。

　　从最初的意义上看，人类之所以要组成社会，就在于需要互济的功能，以保障人类的延续。在人类的早期，生产很不发达，人们靠狩猎与采集来获得食物，且食物非常匮乏。而狩猎与采集主要是青壮年人口从事的事情，如果不发挥社会的互济功能，老人、小孩与妇女这些劳动能力很差甚至无劳动能力的人都将无法生存，人类也就无法延续，更谈不上发展，因此需要人们组织起来形成社会以及作为政府雏形的早期氏族权力机构。这种早期权力机构的最大功能之一就是授权安排分配，从而为整个氏族提供基本保障，使每个人——包括劳动能力差或无劳动能力者——都能生存下去。因此，自从人类有了社会与政府，以提供基本保障的方式使得每个人都能享受"免于饥饿的自由"就成为政府的一项基本职责。随着经济社会进一步发展，基本保障的内容也逐渐增加，由保障基本生存的"免于饥饿的自由"发展到一般的"免于匮乏的自由"，其中包括了"免于饥饿权、身心健康权与受教育权"。从这个意义上来看，为全体人民提供基本社会保障，使每个人看得起病、上得起学，的确无关效率。

一个丰裕社会为全体人民提供基本社会保障更是政府的基本功能。因为社会的丰裕为政府提供普遍的基本社会保障奠定了更加坚实的物质基础。如果这个时候还以效率与公平之间的权衡为由，以至于出现本来能治好的病却因无钱进医院而导致病人死亡，本来考上了大学却因无钱而上不起大学等现象，即使是极少数现象，也是政府在保护个人的基本权利方面的失职，而且还可能极大地放大社会的不公平感。

其实，关于提供基本社会保障是政府的基本职责而无关效率，这一观点在现代经济学中也是得到认可的。经济学家萨缪尔森就认为，保证人人不会因得不到食物而饿死以及不会因病得不到医治而病死，是政府的基本责任，这与经济增长本身没有关系。阿马蒂亚·森也认为，不能把实现基本社会保障作为经济发展的手段使用，因为它更大的功效在于保障人的基本自由。

近些年来，中央也一直强调建立公共服务型政府，这也是对政府在市场经济条件下功能定位的一个调整。过去我们不少地方政府把关注的重心放在经济发展，忙于招商引资，这也是使得我国基本社会保障网建设总体滞后的一个原因；中央提出建设公共服务型政府，让政府的角色回归于为社会提供更多公共产品，几其是为全体人民提供基本社会保障。通过以上的论述，我们应该这样来看待其意义：建设公共服务型政府，不仅有利于经济长期发展从而有利于社会效率的提高，同时也是在经济发展考虑之外，为了全体人民过上更美好的生活而迈出的一大步。

（作于 2016 年 7 月）

资本创造世界的一段历史叙述

当英国学者彼得·高恩（Peter Gowan）所著《华盛顿的全球赌博》（江苏人民出版社2003年版）一书到我手中的那一天，正逢地球上最强大的帝国以自由的名义向另外一个历经十多年制裁而脆弱不堪的第三世界小国开战。与战争带来的喧嚣相对应，在中文网络媒体与个别纸质媒体上，中国知识界反战与主战的声音也特别刺耳。中国之外的事件从来没有像今天这样让中国知识界如此关注。

是的，全球化了，"地球村"了。尤其是知识界的上层，当他们来往于北京与纽约，由"雪窦山下"跳到"哈佛燕京"时，谁能说美国的利益与他们无关？

在这个时候，读一本"新左派"的书，并为之写一篇述评性文字，我感受到了困难与压力。我要承认我内心的某种脆弱，尤其在中正平和、圆融精致、一贯公允的学者们努力使他们的发言时刻符合政治正确性与世界潮流的时候。

其实，高恩在书中的观点对于许多人来说并不陌生。从马克思当年在《德意志意识形态》中对资本主义作为一个扩展过程的论述，到布罗代尔以及沃勒斯坦（Immanuel Maurice Wallerstein）

关于资本主义历史体系的演进过程的研究，几乎都重复着同一个思想：资本将按照自己的意志创造世界。但高恩这本书最独特的贡献大约在于，他以 20 世纪后 1/4 时间段内发生的诸如前社会主义国家的转向或解体、海湾战争以及亚洲金融危机等重大历史事件作为研究对象，具体地揭示了资本在创造世界的过程中所使用的独特伎俩，从而使资本创造世界的历史变得可以捉摸，也为人们重新审视看似无关的历史事件提供了一个更宏观的整体视野。

高恩的论述从分析布雷顿森林体系的崩溃开始。在一般经济学家眼里，布雷顿森林体系的解体是美国资本主义被削弱的某种象征；而高恩却恰恰相反，认为它是美国"赌博资本主义"下决心摆脱皆在限制其扩张的一整套制度安排。

高恩将资本划分为两类：一类是生产性资本；另一类是以钱生钱的资本，即马克思笔下的"投机资本"或"虚拟资本"。前者曾在资本主义发展之初扩大生产方面起了基础性作用。但使资本摆脱生产环节直接获利的诱惑使得欧美资本主义常有将生产性资本往虚拟资本转移的冲动，资本家渴望成为纯粹的食利者。在 20 世纪 70 年代以前有两种力量阻止了这种冲动：一是二战后世界格局决定了对新自由主义的"金融抑制"，或者凯恩斯提到的所谓"食利者的安乐死"；二是生产性资本在欧美的利润率仍然很高。由凯恩斯与怀特（Harry Dexter White）所设计的布雷顿森林体系有效地反映了这两种约束条件。布雷顿森林体系的规则主要有两条：第一条规则是各国货币与美元之间实行固定汇率，而美元与黄金挂钩。当美国之外的他国一旦出现贸易顺差时，可以将顺差部分兑现成黄金。这里其实隐含着一个前提，即美国生产性资本主义必须强大到始终在国际贸易中存在顺差。另一条规则是国际范围内的私人金融除了进行生产性投资以外，不得进行投机性活动，这是典型的"金融抑制"。但20世纪70年代以后，情况发生了变化。一方面，由于生产性资本的扩张，使生产性资本主义在欧美以外的地区兴起，抢夺了世界市场，导致欧美生产性投资利润下降；同时，由于美国寻求对欧洲的控制，进行大量的资本输出，导致美国在对外支付方面出现了巨额结构性逆差。另一方面，更重要的是，对投机资本的抑制力量最终抵不过投机资本本身扩张的冲动，这就是马克思所谓的"资本家阶级最后总会蜕变成一个完全的食利者阶层"的趋势的作用。于是，布雷顿森林体系终于在20世纪70年代解体了。

布雷顿森林体系解体的一个最重要的标志是，美国关闭黄金兑换窗口，各国货币与美元之间实行浮动汇率制。这就意味着，美国从此不再需要维持美元对黄金以及其他任何货币的平价，美元变得几乎不受任何外在约束，世界被推向了一个纯粹美元标准。而美元自身的唯一约束就是华尔街的投机资本家集团。于是，一个所谓的"美元-华尔街体系"终于建立起来了。美国的生产性资本主义也终于变成了纯粹食利性质的金融资本主义或者说"赌博资本主义"。也因此，20世纪后1/4的时间内，资本主义的历史主要就是金融资本主义扩张的历史。

从理论上讲，当以美元为全球唯一结算货币，而美元自身的价格又由华尔街资本家集团说了算的国际货币体系形成后，美国已经具备了控制全球经济的能力。但金融资本主义的扩张并非没有遇到障碍。最大的障碍在于各民族国家自身的经济独立性对"美元-华尔街体系"的天然排斥，使得金融资本的扩张始终受到限制。因此，如何使得各民族国家经济形成对华盛顿的依赖就成为金融资本扩张的一个核心问题。

高恩使用了丰富而具体的材料，生动地再现了全球各民族国家经济逐渐落入"美元-华尔街体系"的历史过程。这一再现是任何粗线条的勾勒都无法比拟的。因为篇幅的关系，我只能作一种简约化的说明。在高恩看来，冷战结束前，美国利用两大阵营的对立巧妙地将世界上大多数主要国家有效地纳入了自己的控制范围。这些国家利用美国的"保护伞"来防止共产主义的"洪水猛兽"，其代价就是接受"美元-华尔街体系"的统治。在后冷战时代，共产主义的"失败"一方面使得许多原苏联保护国成为"美元-华尔街体系"扩张的后续对象，从而使得"美元-华尔街体系"在对原保护国的剩余索取行将衰竭后，终于又看到了新的可供其剥夺的领地；另一方面，由于"共产主义的幽灵"终于不再是世界的"噩梦"，客观上要求美国必须使用不同于冷战时期的手段来达到这一目的。

按高恩的说法，后冷战时代，美国摧毁其他民族国家经济的独立性是沿两条道路展开的。

第一条道路是在全球大力推行新自由主义的意识形态，即所谓"华盛顿共识"。因为这一"共识"本身鼓吹资本与商品在全球自由流动，其结果自然有使其他民族国家经济对美国不再设防这一面。但在高恩看来，新自由主义意识形态更为严重的后果产生在民族国家内部，它使得民族国家内部的社会关系朝着有利于纯粹食利的新兴的资本家阶层方面偏转，生产部门越来越从属于金融部门，财富、权力和社会保障离劳动大众越来越远，导致的结果是，新自由主义首先使得民族国家内部出现分裂。一方面，新兴的资本家阶层以及与之相勾结的政府官员不仅发了财，而且越来越买办化:他们效力于美国跨国资本在国内的意图;他们的金钱以美元的形式存放于华尔街;他们的子女也都在美国或欧洲读书;他们自身已完全成为"国际人"。但另一方面,劳动大众越来越被边缘化,所分享到的经济增长的成果份额也越来越少。精英们的买办化本身已使"美元-华尔街体系"得以控制民族国家,而民族国家内部两极分化的局面让精英们对自己的权力和财产产生朝不保夕的忧虑并进一步依赖美国,即进一步买办化,这使得"美元-华尔街体系"对这些国家的控制更加牢固。

另外一条道路是以全球化的名义进行的。按高恩的说法,全球化的实质就是使民族国家向核心国家打开本国的政治经济市场,允许它们的产品、公司、资本和金融机构进入本国市场,使本国的国家政策依附于华盛顿、纽约和其他主要资本主义中心地区的发展和决策。

但是,只要民族国家内部将生产性资本置于投机性资本之上,只要能做到即便是不依附于"美元-华尔街体系"也能独立生存,就在逻辑上至少存在从这一体系中抽身而出的可能性。于是,为了排除这最后一点可能性,配合上述两条道路,美国政府采取了一系列战略性策略,主要包括:利用美元价格的上升,要求放松资本项目控制的压力;利用游资的流入和对冲基金挑起的金融战,以使这些国家彻底就范。

从一定意义上讲,美国的策略至少在某种程度上终于成功了。正如高恩引用的资料所表明的那样:拉美国家、亚洲国家和以前的苏联阵营国家,在由美国战略性策略所导致的每一次金融危机之后,都被由美国控制的国际货币基金组织将其原因归罪于这些国家内部的经济结构;而这些国家每一次为了摆脱危机求助于美国以及国际货币基金组织的时候,都不得不接受"由美国财政部设计,并通过国际货币基金组织和世界银行进行推销的框架体系";不出意料,接受这一框架体系的结果,是使这些民族国家无一例外地陷入更沉重的美元债务之中,也因此不得不进一步依附于"美元-华尔街体系"。今天,很多亚非地区的民族国家都出现了类似于拉美国家那样荒唐的一幕:一个个地广人稀、资源丰富、气候宜人的民族国家,竟然出现了因债务危机导致经济破产进而国家破产,脱离"美元-华尔街体系"就无法生存的局面。

这里有必要提及伊拉克战争。高恩在书中专门辟了"海湾战争、伊拉克和西方自由主义"一章来分析这场战争。高恩的分析雄辩地证明,美国对伊拉克的打击更深层次的原因在于:与科威特由一小撮控制着全部石油资源并将美元存放于华尔街的腐败的王公们掌控着国家不同,以萨达姆为首的阿拉伯复兴党世俗政权,致力于国内独立的现代化建设,致力于统一阿拉伯民族,使阿拉伯民族得到复兴。在中东诸国中,伊拉克算得上世俗化最早,工业化、城市化发展最快,社会组织与国家动员能力最强,以及人民受教育程度最高的国家之一;同时,它也使得"美元-华尔街体系"的扩张在这一地区受到威胁。因此,在伊拉克已经接受北约与俄罗斯的建议从科威特撤军,甚至已经撤出科威特的情况下,美国仍然轰炸了伊拉克全体人民赖以生存的重要基础设施,毁坏了伊拉克农业所赖以生存的灌溉系统,并且以汽油凝固弹、子母弹以及被称为"准原子弹"的油气炸弹在马特拉通道进行"杀人比赛"。此外,还有随之而来的十几年的经济制裁,以此彻底摧毁一个民族独立生存的可能性。

但美国真的"解放"了科威特吗?高恩尖锐地指出:"只有最

狭义的格劳修斯观点——把解放理解为将财产所有权归还给埃米尔及其家族——才可能会把打败伊拉克武装力量说成为科威特人民赢得解放,而萨巴赫及其约18个附属宗族的统治依靠的是他们对民主宪法改革的镇压。"美国根本不支持民主政治,但却为这种王朝的独裁统治提供了充分的政治支持。"

高恩的观点产生于"9·11"事件以前。有意思的是,"9·11"事件之后的2001年10月15日,美国《新闻周刊》(Newsweek)主编扎卡里亚(Fareed Zakaria)在该刊上发表了一篇文章《仇恨的根源》,文中的观点足以与高恩互证。他写道:

大多数美国人认为阿拉伯人应该对我们在海湾战争中所起的作用报以感激之情,因为我们拯救了科威特和沙特。可大多数阿拉伯人认为我们只是帮助了沙特和科威特的王室家族。真是天壤之别。那些海湾的酋长们挥金如土,靡费的金钱之多,令人难以置信。仅举一例,一个受宠的沙特公主,只有25岁,就在利雅得建造了一座价值3亿美元的宫殿。作为赏赐,还被委以该国与AT&T的电话工程合同。财富不仅没能带来政治进步,甚至已经造成了很多的负面效应。对下层的压制随着时间流逝日益加深,他们之下的游牧社会已经变成了牢笼,充满了失望、伤心和躁动不安的年轻人。他们中的一些人现在住在阿富汗并同本·拉登一起工作。直到1980年代末期,阿拉伯世界一直被老迈的独裁者和腐败的国王所困扰。那些或许曾在1960年代风光一时的政权都变得疲弱不堪,蜕变为窃国政治,为人民所憎恶,彻头彻尾地丧失了合法性。有一点不得不提,他们中的很多政权都是美国的亲密盟友。

给人相应的印象是,即使伊拉克在某种程度上也确实存在着腐败现象,但其盈余部分则大多投资于本国的发展。

现在,美国又以"解放"的名义再度出兵伊拉克,并且将萨达姆与复兴党说成是"暴君"。

萨达姆的确是搞专制统治,高恩也这样说。有时候,我们内心的脆弱性使我们不得不屈从于主流的分析,因为这种分析更符合政治正确性。当年凯恩斯访问新生的苏联,回国后写了一篇有趣的文章《访俄印象记》,其中用了 9/10 的篇幅说他如何如何讨厌苏联的共产主义统治,以表明自己的阶级立场,仅在最后,他终于非常委婉地写道:"我对于(苏俄)新旧官方信仰都同样地嗤之以鼻,对于新旧专制统治者的所作所为同样地深恶痛绝,但是我仍然觉得,我的眼睛应当正视事物发展的可能性,并始终予以关注。从旧俄国的残酷与愚昧中,什么好东西都不可能产生;而在新俄国的残酷与愚昧中,却可能潜藏着理想世界的萌芽。"高恩在此与凯恩斯几乎采取了同样"曲折"的写法。他甚至表现得比今天的美国人更憎恶萨达姆的专制,而仅仅认为,萨达姆政权及其侵占科威特的行为"第一次从整个阿拉伯世界的层次上提出了'有产者'与'无产者'的问题"以及"民族国家走独立现代化道路还是依附于美元 - 华尔街体系"的问题,就这几点来看,萨达姆及其政权的合法性尚有些可供讨论之处。

但在这里,由于高恩对萨达姆的所谓专制批评得如此严厉,以至于他自己都没有意识到他将全书中一个至关重要的问题悬置起来了。这个问题就是,如果我们认同后发国家在已有的"中心 -

外围"结构下进行现代化努力的价值,认同他们独立于"美元-华尔街体系"的努力的价值,我们在批评这些国家的所谓专制统治时是否就应该想得更远一些?连美国政治学家亨廷顿(Samuel P. Huntington)都承认:后发国家经济现代化过程需要一个威权的统治或许是一条规律。

但这个问题今天也许无须回答了,因为全球民族国家经济陷落的图景已经形成了,尽管还有少数所谓的"新左派"学者仍在乐观地以为个别历史事件以及个别国家的努力或许提供了别样的可能性。其实,他们的简单乐观仅仅证实了高恩在书中重复过的马克思的悲观预言:资本主义内部最终没有能力为这个星球上不断发展的人类社会提供一个可行的框架体系。我倒认为,真正的"新左派"在当下的历史阶段,仅仅在"反抗绝望"这一点上或许有些意义。

与这幅全球陷落的图景相对应的是,一个以华盛顿为中心的"世界政府"正在形成。历史的流向似乎从来没有像今天这样让人一览无余过。

但和谐并没有形成。黑格尔说:"在历史中,幸福的时代是一纸空文。"他的意思是说,一个对于世界上所有的人都幸福安宁的时代,书写历史或许就没有必要,因为没有什么值得写的。正如生活在桃花源中的人们,"不知有汉,无论魏晋"。而高恩犹在书写历史,这段资本创造世界的狰狞历史与我们如此切近,并且还在随着帝国重达 7000 公斤的精确制导钻地炸弹的轰鸣声向深度展开,幸福离我们到底有多远,可知矣。

(作于 2003 年 5 月)

"发展型国家""失去的三十年"与"M型社会"

自 1989 年经济泡沫破裂,至 2020 年安倍政府下台,日本经济经历了近 30 年的低速增长期。其中,从 1989 年到 2008 年国际金融危机爆发,这段时期曾被学界称为"失去的二十年"。2009 年,日本名义 GDP 甚至低于 1992 年。2012 年 12 月,第二届安倍政府上台后,曾被民众寄予很大希望,在其相对漫长的任期内,尽管后期日本经济略有起色,但日本 GDP 年均增长率仍然在 1% 左右的低水平徘徊。因此,日本国内干脆将这段时期加上过去的 20 年,称其为"失去的三十年"。

二战结束后,日本仅用了 30 余年的快速经济增长就实现了"赶超战略",成为世界第二大经济体,这曾经被视为世界经济增长史上的奇迹。但此后连续近 30 年的长期经济停滞,其所衍生出的社会经济后果,一直是学界与媒体竞相讨论的话题。

基于同为东亚国家且改革开放以来经济发展历程具有历史可比性,尤其是作为目前的世界第二大经济体,中国亦面临如何摆脱"老二的魔咒"这一难题。因此,中国学界更应该关注日本经济停滞的原因及其后果。

（一）

回顾日本战后经济史，日本经济为何从生机勃勃的增长陷入长期停滞？学界可谓众说纷纭，其中最具影响力的说法产生于1997年亚洲金融危机之后。一批主张自由放任的经济学家认为，是日本的东亚威权式发展模式抑制了市场活力。而现在再回顾历史，我与日本学者大前研一（Kenichi Ohmae）所持观点类似：日本作为曾经的"发展型国家"的典型，在转轨过程中推动了发展的自主性，才是造成日本"失去的三十年"的主要原因。

"发展型国家"理论，是在著名经济史学者格申克龙（Alexander Gerschenkron）相关思想基础上发展起来的。格申克龙在讨论落后国家的"后发优势"时认为，在落后国家，民众对经济发展的期望值很高，高期望值与其经济发展落后的现状及面临的障碍之间，存在一种紧张关系。这种紧张关系，会成为落后国家政府启动工业化发展的强大压力。在资源有限的约束下，落后国家政府会选择不同于已实现了工业化国家的发展模式。其中重要的一条，就是政府主导型工业化。

后来，在研究日本、韩国及中国台湾地区等东亚经济模式过程中，查默斯·约翰逊（Chalmers A. Johnson）在充分吸收格申克龙成果的基础上，提出"发展型国家"理论。约翰逊认为，国家（政府）与经济增长之间的关系有三种类型：一种是"常规国家"，以美国和英国为代表，经济已经发展到只需要国家制定并维护竞争规则，其他由市场发挥作用的阶段；第二种是"计划意识形态"

国家,以苏联为代表,一切资源几乎都由国家进行计划配置;第三种则是以日本为代表的"发展型国家",是"政府驾驭下的市场"主导经济运转,其最大的特点是政府在经济民族主义支配下,自主选择适合本国的经济赶超之路。

日本在二战后采取的是政府主导型经济增长战略,即通过政府产业政策和相对集中的资源调配,来追求高速经济增长。这一政策的确发挥了功效。到1950年代末,日本经济已经远超二战前的水平。但与此同时,也带来了新问题。由于公民收入增长速度落后于经济增长速度,使得日本只能通过出口消化过剩产能,但逐渐地,国际市场也无法容纳日本大量出口。面对过剩的生产能力与有限的市场销路之间的矛盾,以下村治(Osamu Shimomura)为代表的一批经济学家提出,只有使国内百姓尤其是普通劳动者的收入倍增,提高他们的购买能力,才能有效解决国家经济中由于内需不足导致的产能过剩问题,由此政府仍然可以维持经济高速增长,就业问题也会迎刃而解。

下村治等人的主张得到了时任首相池田勇人的支持。1960年,日本宣布启动为期10年的"国民收入倍增计划",该计划最激动人心的口号是"让普通人的收入在10年内增长1倍"。从具体措施方面来看,日本政府强调提高劳动者收入,池田内阁1961年还制定了旨在"增加从事农业者的收入,使其达到从事其他产业者的生活水平"的《农业基本法》,引入了"最低工资制",同时扩展了社会保障计划,完善养老保险金制度,提高健康保险付给率,希望以此消除生产力水平和人民生活水平之间的差距。

10年过后,"国民收入倍增计划"取得了极大成功。从1955年到1970年,日本百姓的平均收入增长了约8倍,极大带动了各种家庭耐用消费品如彩电、冰箱、洗衣机、吸尘器、微波炉、热水器、立体声音响等的消费，上述产品的家庭普及率达到90%以上。强大的国内消费需求推动了日本经济进入第二轮高速增长期，日本也因此很快成为西方世界仅次于美国的第二大经济强国。日本自1985年签署《广场协议》之后能安全度过近30年的滞胀和低速经济增长期，仍然得益于日本政府当时采取的"国民收入倍增计划"。正是这个计划使日本在整体经济呈颓势时，国民的生活质量基本未受影响。也正是这种提升个人生活品质的需求，维持了日本经济在恶劣环境下的正常运转。

日本经济开始失去自主性，是自1980年代始。由于日本经济总量日益接近美国，尤其是以半导体为代表的产业发展迅猛，在国际市场的份额也力压美国，美国开始了对日本经济的惩罚性打压。美国先是通过建立排他性半导体产业联盟以及通过所谓"东芝间谍案"，迫使日本签订《日美半导体保证协定》，使其放弃了半导体产业升级之路；后又通过迫使日本签下《广场协议》，致使日元在不到3年时间里对美元升值了1倍，极大打击了日本外向型经济。

在此背景下，日本被迫走上了美式金融资本主义道路。这是因为：一方面，国外资本不断流入日本，使得市场流动性不断增加；另一方面，产业升级的路子基本被封死，而以外向型制造业为主的实体经济因日元急剧升值而遭受重创，利润急剧下降，这使得大量的流动性资本急于找到新的投资方向。于是这一时期的日本，包括股票与房地产在内的资本市场成为汇聚巨额流动性资金的领域，从而引发资产价格飞涨。在此过程中，仅仅是土地和其他不动产及企业股份的溢价，就足以制造经济更加繁荣的假象，一直到泡沫膨胀到爆裂为止。

面对金融资产泡沫化的局面，日本政府对经济的宏观干预基调反复变化，加剧了经济结构失衡。日本政府长期用财政作"隐性担保"支持银行对大企业放贷，这一方面带来了经济规模急剧扩张，但另一方面也助长了认为银行"太大不会倒"，以及认为企业"不差钱"的倾向，导致金融系统呆坏账激增，企业过度负债。同时，日本在金融系统改革未启动的情况下，却接受了汇率自由化这样激进的改革主张，致使泡沫破灭，经济步入失速。

日本经济自主性发展遭受第二次打击，是1997年的亚洲金融危机。

1990年代初，面对经济泡沫破灭之后的增长失速，日本政府采取了扩张性政策，并试图重拾产业政策，通过大规模投资基础设施建设与国土开发，以及大规模提高社会福利，以此刺激总需求，把经济从低迷的泥淖中拉起，并带动社会就业。这一措施刚有起色，亚洲金融危机就爆发了，给了主张自由放任的经济学家言说的机会。美国哈佛大学教授迈克尔·波特（Michael E. Porter）与日本一桥大学教授竹内弘高（Hirotaka Takeuchi）共同撰写了题为《诊断日本病》的文章，认为"日本病"的总根源恰在于政府对市场的不信任抑制了自由市场的活力，使日本经济体制走向僵化。因此，他们开出的处方是进一步实现"金融自由化""企业私有化与自主化"与"劳动力雇佣短期化"，以此重新激活日本经济。这一观点随即应者如云。小泉政府上台后，接受了这一观点，开始了包括"邮政私有化"在内的自由市场方向改革。但是，日本经济不仅起色不大，而且整个中产阶层再次成为自由放任改革的受害者。

上述举措中，对中产阶层冲击最大的，就是"劳动力雇佣短期化"。

众所周知，自1980年代中期始，随着以"亚洲四小龙"为代表的东亚国家与地区的兴起，以日本企业作为蓝本，研究"被尊重"对劳动者的影响曾经是一个热门话题。1993年，经济学家汉普登-特纳（Charles Hampden-Turner）与特龙佩纳斯（Alfons Trompenaars）在两人合著的《资本主义的七种文化》（又译为《国家竞争力——创造财富的价值体系》）一书中指出，企业经营要成功，就必须要能启动成员的积极性、驱策力和精力，使之用于企业使命的达成。为此，企业有两种选择：一种是在事后使得员工获得的地位与其作出的贡献相匹配，这被称为事后"赢得的地位"（achieved status）；另一种是在事前赋予不同岗位的员工平等地位，使他们因受到尊重而努力，这被称为事前"赋予的地位"（ascribed status）。美国企业文化强调前者——只要你努力，一定会有所获；而日本企业文化则强调后者——我们都是企业的主人，因此必须共同努力。而两位经济学家列举的大量事实表明，日本企业在尊重员工的文化下，其效率要高于美国企业。这也表明，至少在东亚文化背景下，企业中员工对事前被尊重的看重，要高于对事后报酬的看重。1997年，日本本土管理学者松本厚治（Koji Matsumoto）出版了《企业主义——日本经济发展力量的源泉》一书。书中批评了美国企业中的等级文化是不符合人性的，因为它使得企业员工对企业没有归属感，他们的流动性很大。不仅如此，它还使得企业员工对工作缺乏自主权、主动性和自律性，只按照工作手册机械地劳动，实际上成为机器的一部分；而劳动不过是获取工资的手段，即使劳动不是痛苦的事，也不具有乐趣。而日本企业中"尊重人"的管理方式将是未来世界范围内企业文化的发展趋势。因此，当时学习日本企业文化成为西方的时尚。

无奈时势弄人，1997年爆发的亚洲金融危机对日本各行各业都产生了巨大影响。自由放任派经济学家认为，日本企业尊重员工的企业文化，导致企业治理结构僵化，而美国"利润至上，强者至上"的文化，使得经济发展更具活力。这一主张同样得到小泉政府支持。随后，日本政府出台了一系列新举措，而终身雇佣制、年功序列制以及高社会保障与福利等曾被视为创造了"日本奇迹"的"日本模式"，被彻底"革命"，走向式微。尽管出台的新举措短期内似乎刺激了经济增长，但不久后，由于改革使民众对失去稳定可预期的工作及收入的担忧，加之福利水平的降低，日本社会陷入消费失速，经济终因内需不足而停滞。日本经济总体无起色，进入第二个"失去的十年"。

2008年开始的全球金融危机，给了小泉政府"以美国式自由放任治理日本病"思路最后也是最致命的一击。危机中的日本经济仍然毫无起色。曾经为小泉政府"结构改革"理论急先锋之一的日本学者中谷岩（Iwao Nakatani），竟然在其新著《资本主义为什么会自我崩溃？——新自由主义者的忏悔》中承认："日本病"的根源在于1980年代中期开始，美国强迫日本接受其包括汇率自由化在内的各种自由放任方案，使日本经济丧失了自身发展特色。

（二）

日本经济20多年的结构性改革与失速，在社会面的一个直接后果，就是两极分化的出现以及中产阶层的消亡。对此，大前研一在其代表作《M 型社会：中产阶级消失的危机与商机》中有详细阐述。

在这本 2006 年出版的著作中，大前研一认为，20 多年来，日本社会中原本人数最多的中产阶层，除了一小部分挤入高收入上层社会之外，更多的则沦为中低收入甚至低收入阶层。这使得原本呈现橄榄型的社会结构的中间部分日益凹陷下去，人口分布往代表着高收入和低收入的两端移动，出现一个拥有两侧双峰、中间低谷的阶层社会，他形象地称之为"M 型社会"。

"M 型社会"产生的原因，就存在于两次发展模式的转变之中。第一次，在走向金融资本主义过程中，原本分配领域较为平均、1980 年代之前基尼系数始终维持在 0.27 以下的日本，收入分配差距迅速拉大，产生了一批投资暴富阶层，同时也因实体产业停滞不前及经济泡沫破灭后投机失败，致使一大批中产家庭向底层坠落。第二次发展转型，特别是日本企业终身雇佣制度的改革，在社会面上促使日本中产阶层日益消亡，社会收入差距再度不断扩大。

在大前研一看来，"M 型社会"的形成，既是"失去的二十年"的一种结果，同时又反过来使得日本后续经济发展更不可持续。

我们知道，消费是带动经济增长最重要的动力，而中产阶层从来就是社会消费的主体。在一个以中产阶层为主的国家中，中产阶层消费应该能够占到总消费的 60% 左右。而中产阶层的逐渐缩小，其直接经济后果之一是全社会消费乏力，经济增长无法持续。

在 1980 年代中期之前，日本中产阶层占据社会主导地位，

"日本的社会精英和新进员工的收入差距只有 8 倍。这种没有贫富差别的均质性社会，是支撑日本经济增长的原动力"。当然，这不仅仅因为中产阶层的收入水平足以支撑他们较高的消费，更因为在终身雇佣制度下，中产阶层从一开始就有一个稳定的生活预期："年轻时虽然薪水不高，但是往后一定会加薪、升职，最后总可以升到中上阶层，退休之后也有足够的退休金。"这样，中产阶层就敢于放心消费。强劲的中产阶层消费需求反过来也带动了日本经济的强劲增长。

但是，随着全球化进程的展开，尤其是具有日本本土特色的员工终身雇佣制、年功序列制的瓦解，以及原本完善的社会保障体系被美式"里根主义"市场规则冲垮，中产阶层中一大部分"下流"到中低收入阶层，"M 型社会"形成。一方面，中低收入者消费能力本来就较低下，更何况因对未来预期不明确而不敢花钱；而另一方面，"M 型社会"中"上层阶层的收入虽然增加了，但能满足他们需求的高级百货商品却非常少"，因为上层阶层的消费主要是购买来自欧美的奢侈品。所以，日本全社会总消费需求不断下降。按大前研一在著作中提供的数据：日本全国百货公司的营业额在 1991 年为 9.4 万亿日元，而到了 2004 年，一路下滑到 7.4 万亿日元。这是一种绝对额的下滑。也正因为总消费需求不振，日本经济增长出现了近 20 年的低迷。

总括起来说，日本社会消费需求不足的原因主要有三点：首先是没有一个有强大消费能力的中产阶层支撑社会总消费；其次，社会保障不健全，使得脆弱的中产阶层不敢放心消费，要把钱留着用于支持教育、医疗、住房、养老等费用；最后，收入差距不断拉大，造成了"有钱人不需要买东西，想买东西的人没有钱"

的现象。

2006年,第一届安倍政府上台之初,意识到消费不足是日本经济低迷的重要原因,因此,安倍在其三个任期内,相继有针对性地推出了一系列改革方案。其中,第一任期和第二任期分别都推出了三项举措,这些举措被大前研一称为"安倍经济学"的"六支箭",主要内容包括"大胆的金融政策""灵活的财政政策""刺激民间投资为中心的经济增长战略",以及"孕育希望的强大经济""构筑梦想的育儿支援""安心的社会保障"。其实质都是通过激活国内消费总需求重振经济。

但正如大前研一在2017年出版的《低欲望社会》中所指出的那样,"六支箭"全脱靶了。因为这些举措并没有从根本上满足日本民众追求稳定的有保障的可预期的生活这一需求,日本民众的消费意愿反而越来越弱。有一组数据最能说明问题:至2016年,日本经济持续低迷已超过25年。一般来说,民众为了维持基本生活会取出存款用于消费,个人金融资产应该会减少。但实际上,25年间,日本国民的个人金融资产反而从1000万亿日元,增至1700万亿日元。大前研一深度调查了造成这一现象的原因后认为,是所有人对未来生活的不安全感,使得国民倾向于存更多的钱,用来对冲未来的不确定性。这种不安全感,就是源自原来十分稳定的工作,变成了短期雇佣。而且,政府负债亦不断高企,使得公务员都可能随时因裁员而丢掉饭碗。

(三)

日本过去近30年的经济低迷及"结构性改革"造就的"M型

社会",除了会因内部消费不足进一步加剧经济增长困难之外,其社会政治代价则更为严重。简单地说,就是造就了无恒心的上层、愤怒的中层以及因绝望而"躺平"的下层。

关于无恒心的上层——他们是日本经济金融化的受益阶层,尽管富得流油,以至于可"购买全世界",但他们对未来亦有不确定性带来的"惶恐感"。美国学者阿列克斯·科尔（Alex Kerr）以其在日本的亲身经历所写的《犬与鬼——现代日本的坠落》一书,列举了一些非常有趣的现象。其中有一个典型故事,从中我们大概可以窥见"病得不轻"的日本富有阶层。

蟾蜍在中国古代曾一度与乌龟一起被认为是具备灵异功能的动物。很长一段时间里,蟾蜍竟然被日本上层人士用来预测资本市场的变化。1980年代末,日本大阪某高级料理店的老板娘尾上缝,声称自己有一件神秘宝贝——一只会预测股市涨落的陶瓷蟾蜍。于是,每天下午,尾上缝的宅子前都会停满各种豪华轿车,包括日本最负盛名的兴业银行与三一证券在内的各大金融机构的大老板,都会聚到尾上缝家中,参加参拜蟾蜍与诵经的仪式。更重要的是,在参拜与诵经仪式后还要听取蟾蜍的"神谕",好为第二天的资本操作进行决策。仪式的过程一般是:首先,老板们依次排队轻抚蟾蜍的脑袋,接着到摆放在院子里的各种佛像前念诵祈福;然后,尾上缝坐在蟾蜍前,入定,接着晓谕该买进哪只股票,卖出哪只股票;最后,老板们再次诵经至凌晨两三点钟。按照科尔在书中的说法,尾上缝的这只蟾蜍,在日本泡沫经济的巅峰期,竟然操纵着日本1万亿日元之巨的金融产品！尾上缝本人也因此敛集了大量财富,建立起庞大的金融帝国。东窗事发后,尾上缝本人、兴业银行老总、三一证券老总等一干人等很快被捕,与"尾上缝的蟾蜍"一起走向穷途末路。而尾上缝的破产竟然导致两家银行倒闭。一个经济大国的资本市场上的一些头面人物,竟然被一只陶瓷蟾蜍搅得心神不宁,情绪随着那只"尾上缝的蟾蜍"的所谓"神谕"而波动,哪有什么"恒心"可言?

中产阶层曾被普遍认为是维护社会健康稳定的中坚力量,因为这一阶层更多受惠于市场经济与市民社会。市场经济给了他们施展才华的舞台,市民社会使他们享受到世俗给予他们的地位。这二者的结合,使得"中产阶层可以不受干扰地对自己的能力形成深以为然的幻觉,对制度体系产生共同的信赖感"。而随着"M型社会"的出现,中产阶层人数越来越少,这意味着维护市场经济和市民社会正常秩序的力量越来越弱小,因而,社会会滑向非秩序化方向。

在正常的社会中,阶层之间的利益冲突也可能发生,但如果有一个强大的中产阶层存在,就可以进行有效缓冲。但在"M型社会"中,中产阶层不仅因其弱小而无法填充上层与中下层之间的鸿沟,更为麻烦的是,从中产阶层"下流"到中低收入阶层的人群本身也会出现价值观上的"下流化"趋势,即这一群体的性格也将日益变得没有耐心甚至暴戾化。

英国两位公共卫生专家威尔金森(Richard Wilkinson)和皮克特(Kate Pickett)在研究社会不平等与暴力犯罪之间的关系时指出,暴力是"试图抵御和清除凌辱及羞耻感——一种无法忍受和难以抵御的痛苦情感——代之以它的反面骄傲的一种行为",而"一个人失去了骄傲便一无所有"。因此,失去中产地位的人群最容易因为感觉自己人格被凌辱与践踏,"为了挽回面子"而成为社会施暴者。与上述观点对应,美国著名时事评论家凯义·菲利普斯（Kevin Phillips）提出了"中等激进派"（Middle Radical）这一概念。大意是说，在"M型社会"中，富人越来越受到宠爱，而社会中凝聚力极强的凶猛的底层人的利益也不敢被忽视，只有中产阶级成了新的"孤儿阶级"：他们循规蹈矩地工作、纳税，他们没有富人阶级避税漏税的窍门，而他们的所得逐年递减也无人理会，还要忍受着税负不公平和资产价格飞涨。这种被弃的孤儿感及受害感，使得他们日趋疏离和激进，最终崛起为愤怒的"战神"——他们中许多人成为街头运动的主力，少数人甚至成为恐怖分子或暴力犯罪分子。这就是中产阶层因"下流"到中低收入阶层后变得暴戾化的显著例证。所以，在"M型社会"中，中产阶层不仅不能减缓社会冲突，甚至可能成为社会冲突的另一支力量。日本社会中近年来的暴力犯罪、黑帮及各种反社会行为，主力不是下层而是中下层，原因即在此。

一个正常社会能够维护其秩序，除了依赖于中产阶层外，更依赖于社会能够为每个人提供平等的上升"管道"。市场经济给每个人最大的心理安慰剂，就是保存了每个人都有可能成为"人上人"的梦想，而中产阶层的存在又在保存这一梦想中发挥了最大的效用。中产阶层流动性强固然使得这一阶层本身出现身份焦虑，但使更低阶层的"小人物"看到了希望：当身边的"小人物"上升为中产，过起了悠闲与享受的中产生活，更多的"小人物"会认为自己也有上升的可能性，于是会更加努力地工作。也因此，在一个社会中，中产阶层越强大，"小人物"上升的"管道"就越畅通，社会也因此更加有活力。

但是，在"M型社会"形成过程中，"小人物"看到的可能是另外一番景象：身边辛苦打拼了十几二十年的前辈仍然蜗居在地下室，即使有些人侥幸进入中产，也可能一夜之间因投资（机）失败或因失去稳定的工作而重新沦入下层。而在"M型社会"形成之后，正如"M"这个字母形态所昭示的，从中低收入阶层到高收入阶层，中间有一条巨大的"V"形鸿沟，几乎任何人都难以逾越。此时，无数的"小人物"因为意识到无法通过正常的途径成为"人上人"，加之每个人都还得被迫应对未来的不确定性，所以，近20年来，日本年青一代尤其是下层社会中成长起来的年轻人，干脆"躺平"，完全失去奋斗的动力。正如大前研一在《低欲望社会》中所言，这些年轻人认为，即使再努力，也无法过上他们所向往的中产生活，所以干脆选择不结婚、不生子、不消费、不买房的低配生活。他们活一日算一日，许多人大学毕业后活动范围甚至未超出自己身边5公里的范围。

于是，日本社会面正出现这样的情景：无恒心的上层、愤怒的中层以及因绝望而"躺平"的下层。三者结合，这是日本逐渐失去活力并无可避免步入颓势的基本原因。大前研一预言，日本未来"最糟糕的'剧本'就是：年轻人拒付年金，不缴社会保险费，完全舍弃老年人；小巷里到处都是三餐不济的流浪老人，对将来不抱希望、丧失工作欲望的年轻人，而精英阶层对此无所作为。社会陷入混乱，日本极有可能因此成为一个荒废的国家"。

当然，大前研一也承认，就全球范围而言，一方面日本中产阶层人数仍稳居前列，另一方面，即使是"下流"到中低收入阶层的人群，他们的收入水平也远高于发展中国家中产阶层收入。这使得日本社会在陷入他所预言的"混乱与荒废"之前，仍然有一定的回旋空间。

（四）

研究日本问题，目的在于比照中国现实，但其复杂性却非一篇文章所能容纳，兹在此简缀几句，算是提出问题。

改革开放近40年，中国经济总量已超过日本，位列世界第二。无可否认的是，中国产生了一个绝对数量越来越大的中等收入阶层。与此同时，中国还具备"发展型国家"特征，又正处于经济体制转型之中，同样面临"转型陷阱"。因此，中国所面临的总体情势更复杂于日本。首先，尽管经济总量排世界第二，但从人均看，中国则刚刚跨入中等收入国家行列，这与日本早已成为世界最富裕国家之一不可同日而语。其次，中国的中等收入阶层总体规模并不大，且阶层基础还很脆弱，稍有不慎，更容易重新"下流"到低收入阶层。

中国阶层分化及其心理状态，与日本所发生的有高度相似性。中国暴富阶层崛起速度之快及手段之特别，已经深度冲击中国千百年来关于"应得之物"的信心；基础脆弱的中产白领们，生活在沉重的房贷压力、子女教育压力与就业竞争压力之下，加之面对市场及经济环境波动的不确定性，他们时刻充满不安全感，易滋生暴戾情绪，而且作为体制改革的受益者，他们甚至有反体制情绪；平民子弟试图通过教育改变自己社会地位的通道变窄，即便通过打拼侥幸获得一份工作，但由于无法得到任何"后援"，他们想要购买一套属于自己的住房从而在城市中安家也就成为难以实现的企望。这种状态的确在中国也催生了一个以"三和青年"为代表的因对前途绝望而"躺平"的年轻群体。这种阶层结构及心态，给中国未来社会政治造成的复杂性，甚至远超过日本。

如果从经济增长现象回究原因，我们不难得出这样的看法：中国社会总消费需求不足，亦与中国社会阶层结构有关——低收入者无更多财力用于消费；中等收入者因对未来的担心而不敢消费；高收入者则要么消费需求已经满足，要么他们的派生性或奢侈性消费需求基本国际化。这与日本也有相似之处。

　　上述种种，都使得日本的经验与教训对中国有借鉴意义。正如科尔在《犬与鬼——现代日本的坠落》一书中文版序言中所警告的，面对日本经济社会呈现的病态，"中国人不应该对此幸灾乐祸"，因为"'日本病'在发展中的亚洲司空见惯，以中国尤甚"。他还指出："中国应该庆幸日本在亚洲率先走了现代化道路，因而，可以提供足够的教训。"

　　作为身处中国并见证当下中国发展现状的中国人，我想，我们是不是应该更清楚科尔警告的价值呢？

（作于 2021 年 8 月）

谁"制造"了特朗普?

2021年1月20日,唐纳德·特朗普作为美国历史上第45任总统,在执政仅一个任期且期内前无古人地遭到两次弹劾后,黯然离开白宫,结束了其执政生涯。然而,正如诸多政论所指出的那样,尽管在位时间不长,但特朗普当年的获选,却代表了一个时代的到来。

如何理解特朗普的出现,以及行为如此迥异于传统政客的他,何以得到众多美国民众拥戴,这是知识精英们关注的热门话题。在此背景下,有两部著作格外引人注目。一部是美国作家詹姆斯·大卫·万斯(James David Vance)的《乡下人的悲歌》,这部作品被认为是"用一本小说讲透了美国社会底层如何失去了社会流动、上升、奋斗自强的空间、机会和动力的"。另一部是美国社会学家阿莉·拉塞尔·霍赫希尔德(Arlie Russell Hochschild)的《故土的陌生人:美国保守派的愤怒与哀痛》(下称《故土的陌生人》),作者通过对特朗普支持者的深入访谈,穿越"同理心之墙",去理解美国保守派在面对全球化与移民冲击时呈现出的愤怒与哀痛。美国权威媒体评论说,读懂了这两部书,就"读懂了特朗普为什么能赢"。

在这场关于理解特朗普时代的声势浩大的讨论中,优秀的经济学家也没有缺席。美国经济学家阿比吉特·班纳吉(Abhijit Banerjee)和妻子埃斯特·迪弗洛(Esther Duflo),因共同研究贫困问题而荣膺 2019 年诺贝尔经济学奖。也就是在这一年,两人合作出版了《艰难时世的好经济学》(下称《好经济学》)。这对诺贝尔经济学奖夫妻档在书中对"特朗普现象"所代表的时代非常悲观,甚至冠以"艰难时世"(Hard Times)。而且,在著作的结语中,他们更是这样直言:"这个世界制造了唐纳德·特朗普……如果我们不采取行动,还将制造更多灾难。"但该书并非简单谴责特朗普经济政策的悖逆,而是试图从美国经济社会结构的内在矛盾,去理解特朗普及其拥护者的困境。该书还在反思传统主流经济学缺陷基础之上——这种缺陷无疑助推了特朗普时代——就我们时代面临的一些重大问题提出了自己独到的观点。

因此,在我看来,这部著作的分量不仅可以比肩《乡下人的悲歌》以及《故土的陌生人》,而且可以从宏观经济学视角对后者的观点形成互补。

(一)

无论是《乡下人的悲歌》还是《故土的陌生人》,都潜存着这样一种观点:特朗普的出现,首先是诸多美国人的美国梦破灭的结果;而特朗普本人,就是美国庞大的失意者群体的代表。但这两部著作都无法清晰地解释,主流经济学及共和党人在历史上曾支持的移民与贸易自由政策,何以使得本土部分美国人反而成了"受害者"?

众所周知,特朗普 2016 年得以当选,得益于他"美国优先"的政治主张。而这一主张,恰好呼应了美国社会中两个最大诉求:一是限制移民,二是保护美国本土企业。这两大诉求,后来也的确成为特朗普执政后的施政重点。在限制移民方面,特朗普不仅对来自中东和北非地区动乱国家的难民关上大门,而且还兑现了竞选时关于在美墨边境修建隔离墙以阻止来自南美的偷渡者的承诺;在保护美国本土企业方面,特朗普不仅挑起了与中国旷日持久的贸易摩擦,而且以退出各种全球性、区域性贸易协定或施加制裁相威胁,迫使昔日盟友让步,掀起了自第二次世界大战以来经济全球化最大的逆流。这一切,都在于特朗普及其所代表的失意者群体认为,移民与自由贸易,正一点点侵蚀着美国本土劳动力的工作岗位与福利。

关于移民与自由贸易对国家的经济影响,主流经济学界此前是有共识的。

在一个标准的经济学框架下,移民的到来,不会造成当地劳动者的失业或工资水平的下降。因为移民的到来固然增加了劳动力的供给,但同时也会因增加了当地的总需求而增加原有企业的开工率或新劳动岗位的产生。与此同时,移民还因能进一步细化涌入地的劳动力市场分工水平而提高整体经济效率。

主流经济学对自由贸易的看法同样如此。正如《好经济学》一书指出的那样:"自由贸易是有益的,这是现代经济学中最古老的命题之一。"在主流经济学界看来,由于贸易使每个国家可以专注于自己擅长的领域,因此,只要贸易发生,所有国家的总收入都会增长,也就是说,贸易带来的收益将必然超过其可能带来的局部损失。在过去两百多年间,这一结论虽然受到过挑战,但挑战者几乎都来自发展中国家，且他们提出的观点也几乎一致：美欧等发达国家可能利用其在国际分工格局中的优势剥削发展中国家，而独享自由贸易带来的收益。无论如何，自由贸易将有利于美国这样的国家，这一点似乎是毋庸置疑的。

事实真如主流经济学家所认为的那样吗？从美国主流经济学界的研究成果以及主流经济学家对待特朗普政策的态度中可以看出，移民及自由贸易对美国经济增长总体上还真是有利的。

美国本身就是建立在移民基础上的国家，移民在推动美国经济科技发展方面扮演了关键性角色。美国创业中心（CAE）报告显示：2017年《财富》世界500强中的美国企业，43%是由移民或移民后代创立或共同创立的；13个最具品牌价值的企业中，有9个是由移民创立的；在市值超过10亿美元的91家美国"独角兽"科技初创公司中，有50家的创始人至少有1名是移民。即使是非技术性移民，也被认为"鼓励企业雇用了更多低成本劳动力，同时使得本地劳动力转向了辅助性技术性更强且回报率更高的工作"。

自由贸易对美国的好处更是被萨缪尔森等经济学大师所确认。绝大多数美国经济学家认为："自由贸易提升了美国国民生产总值，也就意味着会有更多的价值供所有人分配。"与此同时，自由贸易还使得美国人享受到价格更低的进口商品，因而被认为提高了普通人的福利。因此，当2018年3月，特朗普在美国钢铁业从业者的压力下，签署针对来自中国的钢铁和铝材征收新关税的行政令时，被认为聚集了美国顶级的经济学教授的芝加哥大学布斯商学院（IGM）咨询小组中，有65%的人表示"坚决不赞同"，剩下的35%均表示"不赞同"，竟然无一人表示"同意"。

但是，如果只是确认了上述事实，我们就无法理解，为什么特朗普提高进口商品关税的政策，在普通美国人当中的支持率却高达54%？在美国支持共和党的"红州"，为什么明确反对"移民抢去了当地人的饭碗"这一观点的普通人，仅占调查对象的21%？这正是《好经济学》一书所要回答的问题。

原因就是收入分配的不平等。《好经济学》认为，即使认同主流经济学家关于移民与自由贸易能增加总国民收入这一观点，也存在着增加了的国民收入如何分配这一更深层次的问题。

对不同的行业和地区来说，来自移民与自由贸易的收益本身就不相同，也就是我们常说的"一次分配"。比如，对劳动密集型产业以及传统钢铁与汽车产业比重较大的地区，非技术性移民与同质性商品进口，的确会对中低端劳动力市场形成挤出效应，同时也会对本地产品市场进行侵蚀和瓜分，进一步拉低本地就业率。也就是说，如果政府不进行由移民和自由贸易所带来的总收益的再分配，劳动密集型产业以及传统产业聚集地区，必定会成为局部受害者。

当然，从理论上讲，"假设社会向自由贸易的赢家收税（比如美国大湾区、波士顿、西雅图等）并将这笔钱分配给输家（如底特律），那么即便是美国工人，也可以过上更好的生活"。况且，"既然许多人确实受益，我们应该愿意并能够补偿那些受到负面影响的人"。这就涉及我们所说的"政府二次分配"。然而，正如《好经济学》所指出的那样，二次分配更是一个"政治过程"。不幸的是，从1970年代开始，"近半个世纪的对国家在再分配中角色的质疑，使得执政者越来越没有意愿与能力掌控好这一政治过程"，导致局部受害地区与人群并没有得到应有的补偿。一项研究成果显示：受自由贸易影响最严重地区的人均收入下降了549美元，而政府的福利支出仅上升了约58美元；政府这上升的58美元人均福利支出，还因涌入的移民正逐渐被拉低。

对于移民与自由贸易收益分配的不平等，部分主流经济学家并非不清楚，但他们又有另外一个观点：只要劳动力能够自由迁徙，资本能够自由流动，这种收益分配的不平等还是能够被抑制。也就是说，当某一地区某一行业因移民或自由贸易导致本地劳动力收入被拉低时，只要劳动力市场是自由的，那么本地劳动力将会往收益高的地区或行业流动。当某地区一个行业因为受进口冲击而亏损时，资本会往其他有比较优势的行业转移。其结果是，无论在美国就业还是投资，劳动力最终拿到的工资以及资本得到的回报，都会趋向均等化。

但是，《好经济学》的两位作者结合他们贫困行动实验室（J-PAL）的调查研究结果表明，事实并非如主流经济学理论所言。

从劳动力迁徙看，即便没有任何法律对迁徙自由设限，作为移民与自由贸易而利益相对受损的低技术劳动力，其流动至少受到三种制约。一是对迁徙与职业转换带来的风险和不确定性的恐惧。相对富裕地区对低技术劳动力的需求可能同样不高，而低技术劳动力要寻找并适应高技术岗位，则时间成本与学习成本都很高。二是低技术劳动力从所谓"铁锈地带"向富裕地区转移，房价与房租之高造成的住房成本就是他们无法承受之重。因为美国相对富裕地区的房价，已经让高技术劳动力及富裕阶层抬得很高了。三是一个劳动力背后往往连带着一个家庭，离开家庭意味着劳动者失去了可能失业后的"财务和情感上的安全网"。正因如此，即使是在美国国内，大多数失业者在心理上与来自中东、北非的难民一样，把迁徙视为"鲨口余生"的畏途。最后的结果是，美国国内人口年搬家率从1950年代的7%，下降到今天的不到4%。低技术工人往富裕地区移民的速度，反而低于他们往相对贫困及失业率更高的贫困地区移民的速度。此时，来自中东和北非的难民及中美洲的移民，同样是低技术劳动力，他们的涌入非但没有改善贫困地区的劳动力就业结构，反而二者的确构成了残酷竞争。

资本投资同样表现出黏性。一些受进口产品冲击较大的地区，企业大量倒闭，产生了一系列"鬼城"，不仅有像底特律这样的大城市，也有田纳西的布鲁斯顿这样的小镇。按理说，这些地区因失业者众而劳动力成本相对低，房地产价格及租金低，资本可以投资于其他方向（如非制造业）。但是，这样的事并没有发生。相反，由于这些地区原来产业集群化程度高，基础设施转换难，失业者众又导致当地商店和餐馆等门店消费萧条，地区税基灾难性的减少导致正常的治安、供水、教育、照明和交通等公共服务都难以维持。因此，即使有联邦政府的鼓励再投资措施，但真正来进行非制造业投资的资本少之又少，更谈不上能抵挡这些地区陷入"黏性陷阱"的厄运。

于是，我们看到，尽管移民与自由贸易的确总体上有益于美国，但收益却集中于富裕地区与相对富裕人群；而承担了成本的那部分人，却并未得到额外的补偿，成为失意者。而又由于劳动力迁徙成本高、资本黏性强，这些失意者很难再在市场上找到自己的职业前景，他们陷入了深深的绝望，并且，"因为绝望，吸毒过量、酒精中毒和选择自杀的死亡人数飙升"。"所有这些深度绝望的症状，过去和美国内陆城市的黑人社区联系在一起，如今在东部海岸和中西部东部地区、以白人为主的郊区和工业城市,也上演了同样的剧情。"也恰是这些人和因恐惧未来而加入他们中间的部分边缘中产者以及他们的同情者,是特朗普竞选纲领的铁杆支持者,他们共同"制造"出了这位美国历史上"完全不一样"的总统。

(二)

按《好经济学》一书中的说法,无论是 2016 年还是 2020 年的美国大选,要预测某个人是否支持特朗普,一个有效的办法是,"看他是否是内心深处对白人身份高度认同的共和党人"。这就涉及两个问题:种族问题与党派问题。特朗普之所以在 2016 年当选,并在 2020 年大选中掀起如此大的风波,就是因为他利用并扩大了美国社会在种族与党派上的对立。这也与美国社会学界及政治学界的看法一致,后者亦认为,特朗普的出现,是美国政治极化的产物。《好经济学》一书,则基于行为经济学视角,分析了美国政治是如何一步步走向极化的。

我们还是从传统主流经济学"偏好"这一概念说起。所谓"偏好",就是一个人在掌握了可能需要的一切信息后,依然倾向于的那个选择。这一概念的主要贡献者加里·贝克尔和乔治·施蒂格勒(George J. Stigler)也都是诺贝尔经济学奖得主。他们认为,每个人的偏好是稳定的、不会被改变的,而整个社会的偏好则是连续性的、服从正态分布的。如果真是这样,则意味着社会中秉持中间立场的人总是大多数,且社会不会被分裂成两个极端。这也被认为是西方民主政治的"社会偏好"基础。

然而,《好经济学》一书运用近年来新发展起来的行为经济学的研究成果认为,每个人其实都有多重人格,每种人格都代表一种偏好。而最终哪种偏好在特定情境下占上风,则是社会环境的产物,或者说,社会环境在决定我们的偏好,并持续塑造我们的偏好。美国政治生态的变化恰好就证明了这一点。

我们都知道,在美国社会,黑人、少数族裔人群甚至包括来自中国的移民,曾长期处于被歧视以及被各种政治和社会安排所排斥的地位,比如,没有投票权,在公交车上只能坐后排座位等。正是这种大环境造就了白人的偏好:公开的赤裸裸的自身优越感及对少数族裔和移民的排斥。1960年代开始的平权运动,先是从制度层面废除了歧视,接着从社会政策与文化层面推出了旨在促进平等与融合的诸多举措。经过四十余年的努力,以奥巴马当选总统为标志,证明了平权运动是卓有成效的。而从塑造社会偏好的角度看,当族群平等逐渐发展成为一种政治正确时,这一过程压抑了白人对其他族裔的歧视与排斥,并逐渐使这一"偏好"日渐式微。

但是,正如前面所说的,由于移民与自由贸易政策造成的不平等加剧,使得庞大的白人失意者群体对少数族裔尤其是源源不断涌入的新移民的经济焦虑,转化为日益增强的不满甚至愤怒。即使如此,在强调"政治正确性"的环境中,他们也不敢公然表达。只是自新世纪以来,在美国政客的操纵下,借助舆论及新媒体的发展,"白人优先"这一社会偏好重新被塑造、被强化,同时引发两党政治分裂并走向极端。

《好经济学》一书列举了诸多强化偏见、撕裂社会的例子,包括:"统计歧视",即把现象与特定对象联系起来;"积极信念",

即从自己的初始立场出发去理解一切事；等等。但其中比较典型的则是政客为赢得选举不惜将对手及对手的支持者标签化，以及舆论尤其是新媒体制造的"回音壁"及"信息茧房"效应。

行为经济学有一个著名的"罗伯斯山洞实验"——类似的实验后来被重复过很多次。经济学家邀请22名十一二岁的男孩到俄克拉荷马州的罗伯斯山洞州立公园参加一个夏令营。到营地后，男孩们被划分为两组，并分别被冠以"老鹰""响尾蛇"的组名。实验组从拔河比赛开始，一点点被引导至抢夺水源地这样的竞争。一段时间后，原来毫无关系的两组男孩，在明知道活动不过是组织方安排的游戏的情况下，依然各自在组内建立起亲密关系，而与另外一组的关系则越来越敌对，最后发展到相互侮辱、殴打与破坏财物。实验还发现，甚至在最初，当男孩们被分为两组，并且被冠名之后，这种任意的冠名都引发了成员之间关系的变化：组内成员之间立即亲热起来，而对另一组成员则有意疏远。

正如《好经济学》一书所言，"罗伯斯山洞实验"表明，要在一个国家内部制造分裂是非常容易的：只需要把人群按某个标准进行"标签化"，就会立即激起彼此之间"非我族类"的敌对情绪；如果再进行适当程度的挑拨，"非我族类"的情绪很快就可能发展为"吾必诛之"的仇恨。

自21世纪以来，美国社会就经历了各种"标签化"带来的从分裂到敌对的过程。具有民粹倾向的竞选者为了获得支持，"越来越多地在公开场合毫不掩饰地表达对不同种族、不同宗教、不同民族甚至不同性别的敌意"，而其竞选对手往往避开问题本身，去简单指责前者及其支持者是"种族主义"或"白人至上主义"。学界与媒体则公开讨论所谓"文明的冲突""移民是否拿走了我们的工作,还威胁到白人生存""要不要在美墨边境建立起一堵墙"等话题。在这种政治与舆论环境下,原本和谐相处的大社会,迅速分化成内部抱团而彼此不信任甚至忌惮的小族群。更可怕的是,在政客与舆论的"鼓励"下,原来在政治正确性氛围下不敢表达的某些观点的公开表达变得正当化,使得恐惧与敌意向全社会弥漫。

在这个过程中,互联网上新媒体造成的"回音壁"效应,再度放大并加速了社会与政党的分裂。

行为经济学已经表明,人们总是倾向于选择和自己相像的人进行交往。同时,根据"积极信念"的概念,人们也会倾向于在诸多信息中选择性地相信有利于自我证实的信息。在过去信息不对称的情况下,个人要通过社会性交往去寻找到"同道者",成本非常高;同时,作为政治正确性的一部分,人们尤其是精英阶层即使是不情愿,也会强迫自己去倾听不同意见,与"非我族类"保持交往,再加上社会平权运动的推进,美国社会总体维持了共同体意识及状态。即使是到了2009年,根据一项调查成果,共和党人在当时网络媒体上接触到保守主义观点的平均比例为60.6%,而民主党人接触到保守主义观点的平均比例为53.1%。经济学家由此计算出的所谓"隔离指数"仅为7.5个百分点。

但是,近10年来,脸书(Facebook)和推特(Twitter)等新媒体的兴起,极大降低了人们寻找"同道者"的成本;政治与舆论环境的持续恶化,又催生了人们寻找"同道者"的需要甚至是紧迫感。特别是,随着人工智能算法的发展,在趋利本能的驱使下,各新媒体网站都会根据访问者的偏好,通过算法为用户精准推荐其想要交往的人及想要听到的观点。这更是为不同偏好的人走向拉帮结派并互相封闭甚至攻讦提供了史无前例的便利。于是，原本呈正态分布且具有连续性的社会偏好，迅速向"左""右"两个极端龟缩。折中的政治立场在这种舆论环境下根本站不住脚，只能选边站。这种"有相同想法的人只听彼此的话，形成意见对立的封闭群体"的现象，被哈佛大学教授桑坦斯（Cass Sunstein）称为"回音室"效应。

因此，仅过了10年，在新媒体上，共和党人只关注共和党人观点的占比为84%，而民主党人只关注民主党人观点的占比为69%；民主党候选人推文的首次转发有86%来自自由派选民，而共和党人的相应数字则更是达到惊人的98%；自由主义者用户有92%的信息来自自由派，而保守主义者用户有93%的信息出自保守派。

以研究媒体问题著称的两位经济学家马修·根茨科（Matthew Gentzkow）和杰西·夏皮罗（Jesse Shapiro）这样评论：在美国，"事实上，民主党人和共和党人甚至不再说同一种语言"。"民主党人谈论'遗产税''无证工人'和'富人的税收减免'，而共和党人则提到'死亡税''非法移民'和'税收改革'。""现在只要听一听议员开口说一句话，就可能预测出他们隶属于哪个党派，准确率高达83%；而从1873年到1990年代初，靠一句话推测出党派的准确率基本没有变化，仅从54%上升到55%。"

于是，利用越来越极端的社会分裂及偏见，特别是利用白人和共和党人中庞大的失意者群体原来积蓄在内心却无由也不敢公然表达的不满，特朗普在2016年粉墨登场了。而2021年他的离去，却不仅不能代表这一时代的离去，其"遗产"反而可能会使这一时代更加艰难。因为，造成美国社会分裂及政治极化的一切因素不仅都还存在，而且在他任期内再次被强化了。

（三）

如何走出"制造"出特朗普这类政治人物的"艰难时世"，也是《好经济学》探讨的一个重要话题。两位作者认为，因为"很多政策都是站在好经济学或坏经济学的肩膀之上"，因此，走出"艰难时世"必须呼唤"好经济学"。这里也有两位作者作为经济学家的一种责任或自负。他们引用了凯恩斯的观点：那些在智力与能力上非常自信的实干家与为政者，都不过是某种经济思想的奴隶。

什么是"好经济学"，书中并没有给出逻辑上的说法。但是，我特别注意到，在书的结论部分，两位作者以例证形式列举什么是"坏经济学"，且认为"坏经济学"必须对"艰难时世"负部分责任。尽管我知道他们的观点必定在经济学界引起争议，尤其在中国主流经济学界看来似乎有些反潮流，但我还是想引用在这里，以期能引发思考。

书中认为，在过去一段时期内，"坏经济学支撑了对富人的慷慨施舍和对福利计划的压缩，宣扬了政府无能腐败及穷人懒惰的观念。一方面导致贫富差距扩大，另一方面又导致穷人变得越来越愤怒和懒惰。这两个方面形成了僵局。狭隘的经济学告诉我们，贸易对每个人都有好处，更快的增长无处不在。只是需要人们变得更加努力，且所有的痛苦都是值得的。盲目的经济学忽视了全球范围内收入差距的爆发式扩大，随之而来的社会分裂的加剧，以及迫在眉睫的环境灾难,从而推迟了应有的行动,以致可能无法挽回"。

虽然该书未能对如何构建好的经济学提出系统答案,但我同意两位作者最后的观点:构建起"好经济学"不仅要靠学院派经济学家,还要面向我们所有人;这不仅是因为我们都想要一个更美好、更理智、更人道的世界,还由于"经济学太重要了,不能仅仅把它留给经济学家"。

(Abhijit Banerjee and Esther Duflo, *Good Economics for Hard Times: Better Answers to Our Biggest Problems*, CITIC Press, 2020. 中译本《好的经济学:破解全球发展难题的行动方案》,中信出版社 2020 年版。)

(作于 2021 年 2 月)

第三辑

反思与创新

经济思想史上的过客

（一）自由与保守之间

新自由主义经济学家，大多在政治上都是保守主义者，以至于谈到新自由主义思潮时，有人也说是保守主义思潮。哈耶克、弗里德曼都是新自由主义经济学家，同时也都是政治上的保守主义者。

自由与保守，从字面上看是一对矛盾。但为何这两种学术品质，能同时集于新自由主义者一身呢？国内许多学者对此有不同的说法。但不少说法还是在方法论上将经济自由与政治保守分开来看，这样，事实上仍是认为经济自由主义与政治保守主义合流是一种偶然，而非必然；或者说是一种异态，而不是常态。至于二者有没有内在的联系则不甚了了。

最近在重读杜威论文集《人的问题》时，我发现他对经济自由与政治保守二者之间天然的内在一致性作了很好的解释。

1935年，美国第32任总统罗斯福实行的旨在克服1929年以来经济大危机的"新政"进入第二阶段，即全面加强政府对经济干预与计划阶段。作为"新政"的相对面，新自由主义经济学也滥觞于此时。针对新自由主义打着"维护自由"的旗号对罗斯福新政的种种攻讦，杜威进行了有力的反驳。

杜威首先在其《自由主义的前途》(1935)一文中区分了自由主义的两种传统。自由主义运动发端于英国之初就分为两种不同的潮流。前者充满了道德关怀，或用杜威的话讲，"充满了人道主义和慈善主义的热诚"，是一种道德自由主义。这种自由主义"特别同情下层和被忘记阶级的生存状况"，认为贫困与不平等是导致自由缺乏的关键所在，因而，自由主义运动的旨趣就在于"改进贫贱人的境况并废除粗暴的和残酷的不平等待遇"。而为了达到此目的，此传统下的自由主义者往往强调利用国家的功能以完成其变革。但自由主义还有另外一支，这一支"导源于蒸汽应用在工业上所引起的工商业的刺激"，是一种经济自由主义。这支自由主义在起源之初是反对农业封建主义对当时处于弱势地位的工商业家的种种限制。因而尽管两种自由主义传统从一开始就存在内在的鸿沟，但起初尚能统一于泛自由主义运动之中。然而，当工商业家成为资本主义制度的既得利益者即成为社会强势集团时，经济自由主义就转而"代表大工业、银行和商业"，反对此时处于弱势地位的其他集团试图通过政府干预实现更大范围内的经济平等的任何努力，并攻击前者（道德自由主义）是在"压制自由"，是"淡红色的社会主义"，二者之间的分裂已经不可避免。

在《自由与社会控制》(1936)一文中，杜威进一步就"自由"本身的含义进行了分析。他认为，"真正的自由不只是一个观念，一个抽象的原则，而是对权力的要求"，而对权力的要求"或者是掌握尚未掌握的行动权力，或者是保持和扩张已有的权力"。在杜威看来，道德自由主义是"真正的政治自由主义"，就在于它以"人人生而平等"为核心,以实现更大范围最大程度的平等为目的,以提高劳动者一方的社会福利与社会保障为基本特征。"罗斯福新政"就是这种政治自由主义在经济领域的表现,其实质是想凭借政权的力量,即政府干预,为处于下层的阶级争取更大的自由空间。而经济新自由主义者恰恰相反,表面上,他们是"在自由的名义下抗拒和攻击任何对经济力量进行有计划的控制的努力",揭开这层面纱就会发现,主张经济自由主义者都是"既有经济制度的经理人和受益人",而"既然是既有制度给予他们这种权力的,因此,在这里,自由就不可避免地等于保持那种制度",即他们的真正目的在于"要维持他们已有的习惯特权和法律特权"。杜威一针见血地指出,这种自由主义其实是保守主义,"他们将受到批评",因为"他们所珍视的自由是投机者的自由","他们所重视的个人的倔强性、独立性、创动性和毅力等是那些在现存的金融资本主义制度中已爬到最高地位的人们的倔强性、独立性、创动性和毅力等"。说到底,"他们把自由和倔强的个人主义与他们在其中发财的制度的维持等同起来",将他们"对自由的叫嚣翻译为保持已有权力的斗争,它就有意义了"。

杜威还诘问新自由主义者们:"自由到底是什么意思?为什么争取自由的事业在过去是和改变法律和制度的努力一样的,而现在却有一群人正在利用一切它所有的丰富的资料来使公众相信经济制度的改变是对自由的一种攻击。"

将杜威的话说得更直白一些,即现存的经济秩序下的既得利益者,因为害怕真正的自由对既有权力分配格局的重新分配损害其既得利益,才主张反对政府干预、维护既有经济秩序的所谓经济自由主义,所以,经济自由主义者在政治上天然是反对政治变革的保守主义者。在这里,杜威很好地解释了为什么经济自由主义与政治保守主义常常勾结在一起。换句话说,经济学的新自由主义者念念不忘"自由",并非"自由信念"的驱使,并非真是要维护"自由"这一"人类最高价值",而是维护自身利益使然,这就决定了经济自由主义必然走向政治保守主义。

其实,持上述观点的绝不止杜威一人,法国历史学家布罗代尔也持类似的观点。在《资本主义的动力》一书中,布罗代尔反复阐述一个道理:资本主义反对的并不是国家干预,相反,作为既得利益者的资本主义本身就是与国家政权合流并取得了国家政权的全面支持才生存并发展起来的;正因为资本主义是当前的国家政权的既得利益者,所以资本主义真正反对的,其实是国家政权试图通过调整形成新的不利于资本主义的利益格局,或者说,其真正目的在于维护原有制度结构下的有利于自己的利益格局。对于布罗代尔的这种看法,另一位社会科学家沃勒斯坦除了表示赞成外,还深刻地指出:"如果布罗代尔思想是确切的话,那么,当今世界上的左派与右派的政治斗争的全部含义也就应该改变了。他们的斗争是围绕着国家干预经济生活的合法性吗?不是的,过去从来不是,现在仍然不是。国家是资本主义制度运作的一个组成因素。双方的辩论无非是围绕着这样一个问题:谁是国家即时利益的受益者。"此外,英国学者约翰·基恩(John Keane)在其代表作《公共生活与晚期资本主义》一书中,干脆将"新自由主义"称为"新型的自由独裁主义",并说:"新自由主义在以'自由市场'和'个体'权利反对'大政府'的总旗帜下,进行游行,以维护私人资本和强大的、赞成经商的国家的权力。"

至此,我们可以清楚地看出,沟通自由与保守之间的无非是利益；或者说，促成经济新自由主义与政治保守主义联姻的，正是"利益"二字。

经济新自由主义者口口声声说要维护作为"人类最高价值准则"的"自由"，其实仍脱不了"利益"这个世俗的窠臼，这对于许多曾对新自由主义趋之若鹜的知识分子不能不说是一个颇具讽刺意味的现实。然而，真正具有讽刺意味的恐怕还不是新自由主义者对自由的诉求其实仍不过是对现实利益的维护，因而也是一种"伪自由"，而是这样的"伪自由"主义话语今天竟成为强势话语与霸权话语，可见人类要实现真正的全面的自由有多艰难。难怪连布罗代尔这样的大历史学家在其临终前最后一次讲话中也这样说："我的立场是不认为人类拥有广阔的自由的，这也是我最大的悲伤之一。每当我就此思考时，我看到人类的自由越来越狭窄。很不幸，恐怕我没有看错。"

（二）"有限理性"与"理性预期"

国内学者一般都看到，新自由主义经济学一支中的奥地利学派，主张人的理性是有限度的。我认为这种"有限理性"可以从两个相互联系的层面上去理解。

每个经济人对他人的认识总是有限度的，这是一个层面。奥地利学派认为，经济学上的效用是消费者对消费某种商品的主观满足程度。因为效用是纯主观的，所以，除非消费者自己通过购买行为可以向外界显示其偏好，否则，每个消费者的效用是其他人无法知道的。用中国人的俗语说，鞋子合不合适，只有穿鞋的脚知道。正因为每个人不可能知道其他所有人的效用函数，所以新自由主义者认为，只要不对他人构成侵犯，任何人都有选择自己认为合意的生活方式的权利；同样地，任何人都没有权利将自己的效用函数强加于别人，包括国家在内。这就构成了新自由主义经济学反对任何形式的强制以及国家干预的基本观点。

另一个层面是人对整个客观世界的认识总是有限度的，并由此生发了新自由主义另一个基本观点，即所谓"扩展的秩序"思想。这是一个更高的因而也包容了第一层面的层面。他们认为，人的理性永远无法做到对客观世界的"全知"，人只能在自己的"错误中学习"（波普尔，1962），在"时间中学习"（诺斯，1966），不断拓展自己的理性，即所谓"演进理性"。因此，任何人都不要认为自己是权威。用波普尔的话说（1962）："既然我们绝不可能确实地知道，就不可能存在有权声称是权威的权威。"因此，任何人都没有权利告诉他者真理是什么，告诉他者应该如何做。进一步地，哈耶克在此基础上发展了所谓"扩展的秩序"思想（1988）。这一思想的基本内容是：其一，因为人的理性是有限的，所以不可能设计出完善的人类社会合作的秩序。社会秩序是自发的，而非人为设计的，而任何人为的设计最终都会破坏这一秩序。其二，这个秩序能够不断地扩展，且这种扩展不是人为强制推行的，而是在社会交易与自由市场不断拓展的过程中，在产权制度自发地不断完善中逐渐演进的。其三，正因为秩序是不断扩展的，所以，传统必须得到尊重，法律必须得到尊重，以保持秩序扩展的连续性。其四，对人类自由秩序威胁最大的是人类理性的僭妄——总有些政治家试图超越理性所能及去"设计人类前途"。哈耶克将其称为"理性的自负"，或者叫"建构理性主义"。他主张"演进理性主义"或波普尔所说的"批判理性主义"。

从以上的简单分析不难看出,相对于新自由主义其他观点来说,"有限理性"论具有基础性。因而也有人说,"有限理性"或"人的无知"是理解新自由主义经济哲学与政治哲学的"钥匙"(刘军宁,1995)。

新自由主义经济学中还有重要的一支,即以卢卡斯(Robert E. Lucas)为代表的理性预期学派。此学派与新自由主义经济学其他学派相比,其自由观点的彻底性更甚于后者。货币主义给政府规定了一项任务,即用货币手段调节宏观经济总量;供应学派也给政府留了一个尾巴,即要采取减税政策;产权与制度学派则赋予了政府合理地规定产权的使命;而理性预期学派则没有给政府在经济事务中以任何权力,认为政府可以彻底地退出对经济的干预。

但吊诡的是,同为主张自由主义,而理性预期学派理论的出发点却完全不同于"有限理性"的所谓"理性预期"假设。此学派认为,人的理性可以合理地预期未来经济前景并据此作出自己的决策。正因为经济人能够"合理地预期",足以抵消政府任何宏观经济政策的客观影响,所以政府的宏观经济政策都是没有效果的,除非政府的宏观经济政策带有欺骗性,但又不符合政府的政治哲学。因此,要彻底地放弃政府干预经济的做法,而听凭自由市场机制的调节。可见,此学派的立论基础恰是与"有限理性"或"人的无知"正相反的"理性可以合理地预期"。在这里,人的理性因其可以科学地预见客观经济发展趋势而变得似乎没有限度。这样一来,"有限理性"与"理性预期"两个矛盾的观点就同时存在于新自由主义思潮中。

为什么由对理性的完全矛盾的认识却同时衍生了经济自由的

主张，至今未有很好的解释，倒是国内有学者以褒一派、贬一派的手段来试图弥合自由主义经济学两大基础的分裂，如汪丁丁就写过《"卢卡斯批判"，以及批判的批判》(1996)，实际上就是以褒扬哈耶克的"有限理性"理论，来批判其实同为新自由主义经济学阵营中的卢卡斯的"理性预期"理论。但我在阅读波普尔的《论知识和无知的来源》(1960)一文时，倒有一点想法。波普尔说："人能够认识，因而他就是自由的。这就是解释认识论乐观主义和自由主义观念之间的联系的公式。"此后，波普尔又说(1962)："既然我们的知识能够增长，就没有任何理由对理性感到失望。"如果说"有限理性"衍生出的自由观是基于对理性的怀疑，"理性预期"衍生出的自由观是基于对理性的乐观，那么，对二者的统一是否可以如是理解：一方面，人的理性的确是有限的，这种有限表现在对他人及客观世界的认识有限上；但另一方面，人对自己的效用函数或偏好还是可以认识的，而且人们还可以通过"在错误中学习"（波普尔）与"在时间中学习"（诺斯）来不断地使理性进步，即"人能够认识"，因而对理性的怀疑与对理性的乐观在自由观中能够得到统一。

但无论怎样的解释，都无法化解新自由主义经济学在学理上的诸多矛盾。因此，新自由主义经济学各派之间的关系在现实中呈现出一种内在的紧张，也就毫不奇怪了。

再岔开话题说说传统。哈耶克在《致命的自负》一书中，基于"有限理性"提出了一个著名的观点——"传统是本能与理智之桥"。这一观点实质上阐述了历史演进的路径：理性本身不能创造进化，人类只有在尊重由进化过程积淀成的传统的前提下行动。这与后来新制度学派代表人物诺斯关于制度变迁的思想是一致的。

但中国学者在理解"什么是传统"这一问题上存在很大的分歧。有的学者认为，哈耶克所谓的传统是一种严格意义上的自然演进秩序，不应该包括人类历史上的建构秩序。这些学者之所以强调这点，是出于中国当下的需要。因为他们不想将中国历史上的专制与集权这一显然是"理性的建构"也纳入中国当下需要尊重的传统之内。但这样一来却造成了学理与实践的双重矛盾。从学理上看，显然，包括哈耶克本人在内，都无法将传统的秩序分解为自然演进的秩序与人为建构的秩序，这是因为：一方面，历史上的许多理性的建构往往是自然演进的一部分；另一方面，也是更重要的，一旦历史中的人适应了某一理性的建构，那么这种理性的建构本身就成了我们挥之不去的传统。哈耶克本人就认同英伦三岛的法治主义传统，并称他所谓的自由是"法治下的自由"，而法治就是一种典型的建构。关于这点，我们从诺斯的制度变迁理论看得更清楚。在诺斯那里，制度包括三个部分，"它是由正式强制（如规则、法律、宪法）、非正式强制（如道德、社会惯例、施加于己的行为准则）以及它们的实施特征构成的"，制度的演进也就包括了上述三个方面的演进。其中，正式强制以及制度实施特征中的"由第三方（通常是国家）实施"就是一种理性的建构，也都成为传统的一部分。

因此，无论传统是什么样的，无论我们的好恶如何，也无论我们主观上如何想抛弃它，甚至一些对专制与集权痛恨有加的自由主义者为了抛弃这种传统不惜再进行"理性的建构"，但事实上它却仍是我们无法摆脱的传统。我们的一切仍是在传统的影子下渐进，也是在传统的基础上积累的。

（三）效率还是公平

阿瑟·奥肯（Arthur M. Okun）将公平与效率视为经济学领域一对永恒的矛盾。一般认为，新自由主义经济学在公平与效率中是持效率取向的。

的确，从哈耶克到弗里德曼以及其他新自由主义经济学家，都反对福利国家，都反对政府制定"最低工资法"及"价格冻结计划"等，都反对政府累进的个人所得税方案，都反对行业工会，弗里德曼甚至反对贫民区的公立学校。他们都认为，这些社会福利与社会保障措施因遏止了生产者的积极性以及培养了公众对政府救助的依赖的懒人思想而降低了效率，才使得经济生活中弊端丛生。新自由主义经济学家还警告人们不要被抽象的公平观所蒙骗，以至于助长了"经济计划化"的社会主义思潮，不自觉地走上一条"通往奴役的道路"（哈耶克，1944）。

但问题并非那样简单。

首先，新自由主义者并非反对一般意义上的社会公正，甚至哈耶克也是如此。在《通往奴役之路》一书中，他区分了两种社会保障，即"有限度的保障"与"绝对的保障"，他反对的是后者而不是前者。他明确指出："经济保障……往往是更有理由被人看作是真正自由所不可或缺的一个条件。在一定意义上，这是既正确而又重要的。""没有理由认为在一个达到了像我们这样的普遍的富裕水平的社会中，不应向所有人保证提供第一种保障，而不会危及普遍的自由。……毫无疑问的是，在足够保持健康和工作能力的、衣食住方面的最低限度的条件上，可向每个人提供保证。"但要注意的是，一旦人们要求"绝对的保障"时，"可能是对自由的一种危险"。哈耶克还说："这种制度的基础必然是私有产权和（或许不是同等必要的）遗产制，从而带有它们造就的不平等。其实，很有理由要把这种机会的不平等尽量减少到先天差别所许可的限度。"当然，他始终不忘强调"以能够这样做而不破坏这个过程的非人为的性质为界限"。

同时，更重要的是必须看到，并不是所有的新自由主义者都主张效率优于公平。比如同作为新自由主义中重要的一支，德国弗莱堡学派就把对公平的诉求放在与效率同等的地位。

弗莱堡学派的新自由主义性质是得到经济学界公认的。作为德国纳粹推行的"国家干涉主义"的对立面，瓦尔特·欧根（Walter Eucken）等人在1930年代就开始鼓吹经济自由主义，尽管在二战法西斯统治期间因受到迫害，该学派被削弱，但二战后又迅速崛起，不仅占据了联邦德国主流经济学的地位，其学术主张被联邦德国应用于经济复兴实践，而且因与美国及其他欧洲国家新自由主义思潮合流，从而对整个新自由主义思潮起了推波助澜的作用。

但弗莱堡学派与美国新自由主义最大的区别之一在于，前者主张的"不是放任不管的自由主义的市场经济，而是有意识地加以指导的，也就是社会指导的市场经济"，即艾哈德（Ludwig Wilhelm Erhard，1957）所说的"社会市场经济"，其经济运作方式是自由竞争辅之以"国家的有限干预"，而其"经济理想典型"是"市场效率＋社会公平"。因而，将社会公平作为价值判断，成为弗莱堡学派的基本诉求。

为了实现社会公平，弗莱堡学派提出了著名的"经济人道主义"主张，更能反映出其对公平的重视程度。该主张认为：资本主义是"歪曲"的市场经济，是市场经济的一种"历史形式"，与社会主义完全计划经济一样，都不是"经济的理想典型"；而"社会市场经济"既不是资本主义，也不是社会主义，是社会发展的"第三条道路"，即"经济人道主义"。其基本内容有三点：一是反对垄断，尤其是特权垄断；二是"社会伙伴关系"，该主张宣称工人与资本家的命运是联系在一起的，因此双方应建立伙伴关系；三是公平分配，目标是"人人都成为财产的所有者"。为此，要积极推行"人民股票"措施（而弗里德曼明确反对"职工持股"），实行累进的个人所得税制（而美国新自由主义不仅强烈反对累进所得税，甚至还主张对贫困人口收负所得税），强调福利国家的重要性（而美国新自由主义矛头直指福利国家），等等。

尽管弗莱堡学派与美国新自由主义都作为"国家干涉主义"的对立面而被纳入新自由主义思潮，但还是可以看到，新自由主义在效率与公平孰重孰轻问题上存在深刻的学理上的分歧。

这种分歧甚至表现在对同一思想家的不同解读。比如对约翰·斯图尔特·穆勒，弗里德曼视他为自由主义的奠基人之一，因而在《自由选择：个人声明》一书中大量引述穆勒的话，甚至认为一些话可以作为自由主义的哲学基础。如穆勒说："人类有理由为之个别地或集体地干涉任何一部分人的自由行动的唯一目标是自我保护……任何人的行为对社会负责的部分只是关系到别人的部分，就其仅仅关系他自己的那部分来说，他的独立按道义说是绝对的。"但他似乎没有注意到同样有人在引述穆勒的话说明社会公平的必要性，而后者（公平）在穆勒著作中地位与影响远甚于前者（效率）。穆勒说："如果要在具有一切可能性的共产主义和具有各种苦难和不公的现今社会状态之间作出选择；如果私有制必定会带来我们现在所看到的后果,即劳动产品的分配几乎同劳动成果成反比……如果要在这种状况和共产主义之间作出抉择,则共产主义的一切大大小小的困难在天平上都将轻如鸿毛。"

我还注意到,中国旅美学者崔之元与法国著名经济思想史专家——同时也是法国新自由主义代表人物——亨利·勒帕日(Henri Lepage)对福格尔思想的全然矛盾的看法。崔之元(1999)分析说,福格尔认为奴隶制条件下产权是清晰的,因而是一种有效率的制度,但因其不公平,故而必须灭亡;由此可见,福格尔认为在产权清晰之外,还有更重要的东西,即公平。(类似的看法还见于学者张宇燕,1992。)而福格尔本人在1993年获诺贝尔经济学奖后接受记者采访时说:"如果有效率的进程同时又是道德的,那么便是一个美好的世界;但我并不认为19和20世纪的世界是这样一个世界。……而世界上确实存在着一种被称作道德的东西,它高于经济学。"我的理解是,这意味着福格尔对公平的尊重甚于效率。但勒帕日则完全相反,在《明天的资本主义》(中译本又名《美国新自由主义经济学》,1985)一书中,勒帕日认为,福格尔与许多新自由主义经济学家一样,"在年轻时,并不掩饰自己对社会主义的同情,福格尔甚至曾经对马克思主义表示过好感",但"经过科学的思考后,他们转而信仰市场经济和资本主义了"。福格尔的系列经济史著作,开创了"新历史经济学"的时代,旨在强调政府促进经济公平的努力——包括对奴隶制的摧毁,包括修建铁路等——不仅在经济发展上起不到预期的作用,反而降低了自由市场经济的效率。显然在勒帕日看来,福格尔是强调效率优先于公平的。

文本解读上的矛盾其实也从另一方面更好地证明了新自由主义在效率与公平取向上的确有内在的矛盾之处。或许这就决定了,新自由主义与历史上一切经济思潮一样,因为在面临两难选择时的偏颇与犹豫,最终也将成为经济思想史上的过客,只不过在所有的过客中它可能更醒目、更重要一些而已。人类始终需要的确实是一种能同时"有效率又有道德"的制度安排,尽管寻找这种制度的路还很漫长。

(作于 2000 年 1 月)

经济学何为？

《凯恩斯会怎么做：最伟大的经济学家如何解决你日常生活中的问题》（下称《凯恩斯会怎么做》）一书，是英国经济学者泰吉万·帕丁格（Tejvan Pettinger）撰写的一部通俗性著作。我们都知道，尽管人类面临的各种经济问题从古至今一直存在，但经济学作为一个清晰的有边界的学科的诞生，则是以18世纪后期亚当·斯密《国富论》的问世为标志的。此后，经过阿尔弗雷德·马歇尔、约翰·梅纳德·凯恩斯等众多经济学家的努力，现代主流经济学基本框架得以建立和完善。我们所熟知的关于消费者行为、生产者行为以及诸如经济增长、产业绩效以及通货膨胀等问题，都被纳入这一框架之内。不过，此类问题看起来与普通人的庸常生活离得较远。于是，晚近以来，以加里·贝克尔等为代表的一些经济学家，把学科范围进行了拓展，试图解释社会个体诸如犯罪与惩罚、爱情与婚姻等行为选择，在展现经济学同样能够强有力解释世俗生活方面产生了强大的影响。《凯恩斯会怎么做》一书，就是通过阐释和对比历史上最伟大的经济学家对日常生活中40个问题的见解，帮助读者以新颖有趣的方式掌握一些重要经济理论的要义，使人们在生活中遇到问题需要进行决策时有更开阔的思路。

受译林出版社之约翻译完该书，交稿之际，正好看到微信圈内在传播一条信息：上海实行的垃圾分类，也即将在北京强制推行。那么，关于垃圾分类及回收利用，该书提供了哪些经济学见解呢？由此延伸思考：经济学到底只是一种智力游戏，还是的确能够在我们的日常生活中扮演"智囊团"的角色？

（一）

在城市管理中，对日常生活所产生的垃圾，从简单化的角度看，有两种一般性处理办法：一种是由管理者无差别回收后进行填埋；另一种是居民按管理者要求进行严格分类后投放，由管理者进行回收再利用。无疑，随着对环境保护的日益重视，管理者日益倾向于采取后一种处理办法，即强制性要求居民进行前端的分类投放。但在经济学基本分析框架下，要判断到底采取哪种办法好，还是得对两种办法的成本与收益进行比较，看哪种办法在扣除成本后的相对收益更高。否则，即便是出发点很好，也可能干出违背规律的事。

综合各位经济学大家的观点，把垃圾进行无差别回收，然后进行填埋，其所产生的成本主要有以下几点：一是外部性成本。据世界银行研究表明，填埋垃圾的一个主要外部性成本是温室气体排放，其排放量几乎占到全球温室气体排放总量的5%，而且问题还在变得日益严重。世界银行估计，城市垃圾将从2012年的13亿吨上升到2025年的22亿吨，而且越来越集中在城市郊区的垃圾填埋场。二是土地成本。建设大型垃圾填埋场无疑要占用大量土地。这对人口密度相对较高而土地资源相对较少的高海拔区域国家来说，日益扩张的垃圾填埋场显然成本太高。土地成本的另一方面，是垃圾场的存在造成周边土地商业价值的损失。经济学家估算，居住在填埋场大约3公里内的居民，其房产价值可能会降低一半。三是导致工业材料及上游产品供应减少。尤其对于废弃的金属制品来说，因为是从矿产中经过工业开采、提炼和加工所得，而矿产资源是用一分则少一分，提炼和加工也需要消耗大量能源和人力成本，因此，对其进行填埋，会因人为造成稀缺而不断抬高后续开采、提炼和加工的价格。

如果管理者要求居民户进行严格垃圾分类，并对其进行回收再利用，无疑，上述三种成本就会减少支付，由此构成了垃圾分类并回收利用的收益。但是，对垃圾进行分类并回收利用，同样要付出另外的成本，其成本主要由三部分构成：一是运输成本，要收集垃圾并将其运至通常比垃圾填埋场更远的回收利用场所，运输成本是一笔不小的开支。二是回收再利用同样需要能耗。按一些经济学家的说法，某些垃圾回收利用需要的能耗，并不低于直接生产新产品的能耗。三是劳动成本，这是最为经济学家所看重的。在不少经济学家看来，对垃圾回收利用前的强制分类，尽管节约了管理当局处理垃圾的时间，但如果加上家庭进行垃圾分类以及管理当局为确保垃圾分类而雇用的监督者的时间，总社会时间成本将非常高。克拉克·怀斯曼（Clark Wiseman）就曾公开批评，垃圾分类所需的工时经常被低估或被忽视，导致回收再利用的实际成本被低估。考虑到这一点，他认为，垃圾分类在经济效率上可能被高估。对垃圾进行分类并回收利用那些低价值材料的时间，原本可以用来做一些富有生产性的更有利于环境保护的工作，"比如用于捡垃圾或研究减少包装数量的方法"。

正因为垃圾回收再利用的成本与收益的计算并非一目了然，且管理当局大多是把回收再利用的压力，转化为对居民进行垃圾分类的强制要求，一些极端自由主义经济学家因而对此持批评态度。比如，史蒂文·兰兹伯格（Steven E. Landsburg）在《扶手椅经济学家》（*The Armchair Economist*）一书中就认为，企业其实很清楚哪些再生产品对其更为划算，因此，只要依靠市场进行专业化回收再利用就可以了，而不需要政府去强制进行垃圾分类。政府需要做的，就是把市场认为不具备回收再利用价值的垃圾进行集中处理即可。他还解释说，对那些土地并不紧张的国家，牺牲掉一些荒野来填埋垃圾，以换得"不用进行垃圾分类的奢侈"，是值得的。另一个美国自由主义经济学家迈克·芒格（Mike Munger）也持同样的观点。他认为，有些垃圾回收成本太高，最可取的办法就是把它压碎然后填埋，"虽然沙地在理论上是有限的，但它毕竟不像时间一样有限和珍贵"。

但这并不意味着经济学家中的主流观点在反对垃圾分类和回收再利用。严格来说，主流经济学家认为，正因为两种简化的一般性处理方法各有优缺点，因此，到底采取何种办法来处理垃圾就不是非此即彼的选择，而更需要一种组合式策略。作出组合式策略的出发点则是最大限度降低社会成本，或者说，最大限度提高社会收益。

为此，有的经济学家认为，垃圾回收利用是否划算，取决于类型的不同。有一些材料诸如锡、铝和钢，从最初的原材料中提炼出来非常困难而且很昂贵。因此，回收利用这些产品其回报率往往也很高。但是，对于玻璃和塑料，其回收成本通常高于社会收益，而填埋产生的外部性成本也不会很高，干脆填埋更好。因此，即使是对于可回收利用的垃圾，管理当局也不宜"一刀切"要求回收利用。

大多数经济学家认为，对垃圾处理，应该从源头与末端进行综合施策。比如，在末端现代化处理技术能够自动高效地对垃圾进行分类时，就不要过分依赖居民分拣；再有，正如有的经济学家所认为的，至少在发达国家，由于技术进步的结果，现代垃圾填埋场在防止甲烷排放还有泄漏方面做得很好，一些填埋场甚至可以把废气用于发电。所以，应该考虑技术变化因素，对源头分类的要求可以随技术进步而不断降低，以节省更为宝贵的人力资源，也让垃圾回收再利用变得更受欢迎。

当然，几乎所有的主流经济学家都建议，管理当局对于垃圾分类，应该在考虑末端处理方便的同时，重点考虑居民的学习成本、分拣的时间成本及可接受程度。这方面，先发国家教训不少。比如，当垃圾分类成本太高时，居民会找到替代性办法，一种办法就是将垃圾无差别细碎化，然后倒进下水道，致使下水道越来越不堪重负，并且因发酵而产生的有毒气体会弥漫到空气中；又如，管理当局在初期被迫雇用大量员工，来监督居民户对垃圾进行分类投放；再如，更有一些老年居民，因为不清楚垃圾到底如何进行分类，又害怕投放错了被罚款，而把垃圾大量堆放在家里或楼道，造成严重的卫生问题；等等。在吸取了许多教训后，先发国家的垃圾分类标准越来越简化。目前，主要国家一般采用4种分类：可回收、不可回收、有毒（害）、厨余。甚至还有更少的，例如在法国巴黎，垃圾就只有3种分类：可回收、不可回收、玻璃。

此外，还有经济学家提出，垃圾回收也要与经济发展水平相适应。荷兰环境经济学家彼得·范·贝克林（Pieter van Beukering）研究了世界范围内垃圾回收利用和管理后注意到，发达国家垃圾处理表面上看水平很高，甚至有的国家提出所谓"垃圾零投放"目标，但即使是垃圾处理水平最高的芬兰，大约也就能够处理50%左右。而美国和欧洲产生的绝大多数垃圾，都运到了一些发展中国家。由此产生了两个后果：一方面，垃圾运到发展中国家去处理，培养了发展中国家广阔的回收再生性产品市场——如中国广东某镇就是专门拆解和回收发达国家废弃手机零部件与贵金属的集散地——并带动了当地就业；但另一方面，转运来的垃圾给广大发展中国家造成了更大的环境问题。到底如何看待并解决垃圾回收利用的政治经济问题，又必须进行社会成本与收益之间的再权衡。

通过介绍经济学家对垃圾分类和回收利用的看法，我们不难看出，经济学界在这一领域中的见解尽管有一定分歧，但分歧并不大，即无一例外主张要最大限度降低社会总成本。对于城市管理者来说，这些见解非常富有启发性，有利于进行更为科学合理的决策。

（二）

但是，以成本-收益分析为基本框架的传统主流经济学，是否真的可以包打天下呢？

《凯恩斯会怎么做》一书共包括五个部分，构成了我们日常生活不得不经常面对的五个场景：一是生活中的选择。比如，在被警察发现的可能性以及被罚款风险很低的情况下，是否可以把车泊在非机动车停车处？应该如何去解决与邻居的争议？是否要努力做到随手关灯？二是消费行为选择。比如，能相信二手车推销商吗？如果很有钱，可以付费换来优先权吗？圣诞节我该送礼品还是直接送钱？三是工作领域相关决策。比如，是否应该放弃稳定的工作选择自主就业？如何才能使我的报酬得到提升？我的商业行为是否只是为了利润？四是资本市场行为。比如，如何进行组合投资才能跑赢股市？如何在通胀中生存？如何才能避免在金融泡沫中被套牢？五是公共选择领域。比如，是否应该支持政府对面临破产的本土企业进行补贴？是否应该担心不平等现象的扩大？卫生保健是私人事务还是公共事务？等等。而就是在不同场景与不同生活问题中，传统主流经济学的适应性也是不同的。

在细读全书后，我个人的看法是：对于纯粹的市场交易这样的事，主流经济学基本适用。即使某个（些）经济学家的观点不适用，也会有另外一个（些）经济学家的观点可以作为补充。这类事情几乎包括上述五域中资本市场行为的全部以及消费行为选择的部分。对于社会域与公共选择域内的事，应用主流经济学的观点必须慎之又慎，它们有参考价值，但都有严格的界限。而对于涉及家庭以及情感或友谊等熟人圈内的事，主流经济学的观点几乎不能拿来用，否则就可能会被"踢出局"。

关于社会域内，一个典型的案例就是该不该违章停车。这个案例缘自加里·贝克尔本人。有一次，贝克尔去某地主持一场学生面试，开车到达面试地点时，发现会场附近车位均已停满，而此时离面试开始时间已经很近了。于是，摆在他面前有两个选择：一是把车子违章停在附近路边，面试能赶上，但可能面临被警察发现并被罚款的后果；二是继续开着车子到更远处找合法车位，面试可能迟到，但不用担心被罚款。贝克尔想了一下，果断选择了违章停车。因为他做了这样的盘算：违章停车被警察发现的概率很低，即使被发现了，被罚款的数目也不过区区几美元；而能按时赶上这场重要的面试相比较而言更为重要。后来的结局似乎证明了贝克尔的想法是对的：不仅面试没有被耽误，而且违章停车也没有被警察发现。贝克尔为此洋洋得意，将其写进了自己的书中，并主张如果可以获得个人利益最大化，那么轻微的、被发现概率较低的违法也是值得的。这被他称为"理性选择"（rational choice）。他的这一主张也的确影响了许多私人决策。

但贝克尔的"理性选择"观点受到部分经济学家的强烈反对。他们指出，如果只是一个先驱经济学家在停车时采取这种异端方法，这还不构成严重的问题；但如果每个人都因接受贝克尔的观点，不是提早5分钟出发以便有足够时间合法停车，而是都模仿贝克尔在最后时刻才到，并且认为破坏规则和违章停车是正确的选择，那么问题就严重了。到那时，街道上的模糊区域将停满汽车，这将导致街道混乱无序；地方政府不得不通过雇用更多警察或增加罚款，来增加对违章行为的发现和防范，这反过来又会因增加财政负担而导致公民多交税。所以，《凯恩斯会怎么做》一书作出结论：如果我们是个好公民，就还得遵守规则，而不能怀着不被警察发现的侥幸心理。

由此还有更重要的发现。比如，行为经济学家雷蒙德·费斯曼（Raymond Fisman）和爱德华·米格尔（Edward Miguel）发现，外交官的违章停车与其所在国家的腐败程度之间存在相关性。或者说，你如果越倾向于认为非法存在是合理的，就越可能破坏规则。因此，一个人在停车时，对法律的考虑和尊重，其实是一个良序社会中社会契约的一部分。法国社会学家皮埃尔·布迪厄（Pierre Bourdieu）也参与到对加里·贝克尔所谓"理性选择理论"的批评。布迪厄认为，我们的选择不只是基于实用逻辑的考虑，还要考虑来自周围人的社会压力。在是否可以违章停车问题上，我们也不只是基于我们是否会节约5美元或准时到达某地来做决定，同时还要基于我们是否感觉自己正在做正确的事情，以及是否得到周围人的认可。这应该超过功利主义的算计。

社会域内不能滥用理性选择这样纯粹的经济学理论的另一个著名案例，则是关于是否可以多付费以换得"插队"的优先权。在贝克尔这样的经济学家眼中，付费插在队伍前面，天经地义。比如，游乐园允许多付费的游客排在普通游客前面，或为愿意多付费者开辟专门快速通道。其结果是：富人多掏钱，可用于改善游乐园设施与环境；普通游客尽管多花了些时间，但享受到了更好的服务。再比如，富人为了插队优先接受器官移植，他们可能要支付的手术费用是社会成本的5倍。这样，他们可以更快地进行手术，同时为正在排队的人筹集了资金，使一些本来付不起器官移植费用的人也能付得起。在传统主流经济学家看来，为优先权而付费，变成了一种"罗宾汉税"（Robin Hood tax），即从富人那里拿钱来帮助穷人，这不仅是理性的，甚至还是人道的。

但是，更多经济学家与其他领域的学者认为，多付费换得优先权，是有限度的。美国经济学家、诺贝尔经济学奖得主埃尔文·罗斯（Alvin E. Roth）称，如果说游乐园这样的地方，多付费换得优先权犹可以算作商家用"价格歧视"理论指导的一种商业行为，并且可以被接受的话，那么在器官移植市场上，把效用理论置于道德之上，是一种令人反感的交易（repugnant transaction），

"你可能喜欢这样做,但其他人觉得在道德上是错误的。这把经济学原理带入了道德的灰色地带"。"因为可供移植的肾脏总是短缺的,如果你的孩子即将死于肾衰竭,你还愿意支持富人花钱插队吗?"正因如此,目前在发达国家,器官移植普遍采取的做法仍然是排队。当然,一些急于移植器官的富人会到黑市盛行或按付费排序的发展中国家寻找解决办法。

经济伦理学家迈克尔·桑德尔(Michael J. Sandel)更是指出,如果付钱插队变得普遍,可能会微妙地改变社会规范,并破坏公民美德。更麻烦的是,这是一种由于经济不平等造成的社会与政治不平等,"它可能会让最贫穷的人在交通堵塞和排队上花费更长的时间"。"物质上的不平等是一回事,但总是排在队伍的最后可能会产生更强烈的社会不满情绪。"所以,无论贝克尔之类的经济学家如何主张,但至少在英国或加拿大这样的国家,排队被认为具有积极的社会价值,甚至在公民测试中把是否按序排队作为一项必要内容。

而在家庭以及以情感和友谊维系的朋友圈里,即便涉及经济与交易问题,但在处理成员关系时,则不宜使用经济学。这里也有一个典型的案例,即关于圣诞节礼物。

《吝啬鬼经济学》(又译《小气鬼经济学》)一书的作者、美国经济学家乔尔·沃尔德福格尔(Joel Waldfogel)在对学生的调查中发现,他们对所收到的圣诞礼物的估价比实际价格低33%。例如,如果礼物价值15美元,那么我们会觉得它的价值是10美元。沃尔德福格尔称,这意味着,在2012年美国的假日季,礼物带来的净福利损失总额为40亿—130亿美元。因此,他认为赠送礼物的做法导致了所谓的净福利损失。在这种情况下,花费的钱大于获得的效用，导致资源的低效配置。弗里德曼解释这一现象时认为，人们在为自己花钱买东西时，是因为想好了真需要什么才去买，因而钱花得很值；而当他打算把自己的钱花在别人身上，比如给某人买圣诞礼物时，一般首先考虑的是价格，而对礼物的内容不是很在意。由此造成了"资源错配"。因此，沃尔德福格尔和弗里德曼都反对送礼物，而认为直接送钱或礼品券是最合适的。

但这种基于"最大化"的观点，在现实生活中非常荒谬。正如有些经济学家指出的那样，把沃尔德福格尔和弗里德曼的逻辑推演到底，就会得出这样的结论：既然交换的只是无差异的钞票和礼品券，亲友之间就根本不需要相互送礼，"至多只需要作个电子表格，每个人都在损益账目上注明他们想要送多少"。显然，这与真实世界完全不相符合。

那么，弗里德曼到底错在哪里呢？问题的关键就在于，在以情感和友谊维系的家庭和朋友圈里，经济交易只是很小的一部分，而人们相互赠送礼物并不是出于经济上的考虑。社会学家马塞尔·莫斯（Marcel Mauss）在《礼物：古式社会中交换的形式与理由》一书中指出，赠送礼物的功能主要是建立社会纽带、增进彼此信任。所以，"尽管从严格的经济角度来看，这种做法效率低下，但赠送礼物在双方之间创造了一种新的信任、承诺和义务"。这里也有一个极其简单的例证：一对热恋的情侣，在情人节这一天，男孩哪怕只是花一美元买了一朵玫瑰花送给女孩，女孩也是非常高兴的；而如果按弗里德曼的观点，男孩给女孩送一美元，让她自主选择自己更想要的东西，那女孩一定会拂袖而去。

正因此，《凯恩斯会怎么做》一书中，引用了奥斯卡·王尔德（Oscar Wilde）那句名言：玩世不恭的人，就是那些"知道所有东西的价格,却不知道其价值"的人。而主流经济学家在用纯粹功利性框架分析家庭以及朋友关系上的表现,表明他们就是那种"玩世不恭的人"。

(三)

那么,经济学要想发展,并且能够为人们的日常生活提供更多智慧,应该向何处去?

晚近发展起来的行为经济学,无疑是一个值得努力的方向。正如书中所指出的那样,行为经济学的崛起,是对应用经济学新困境的一种补救。也就是说,传统主流经济学对人类行为解释的局限性,尤其是将其应用于社会领域以及家庭领域时所带来的荒谬性,既给行为经济学的产生和发展提供了可能空间,也反过来为主流经济学的发展开辟了新的道路。这一领域的先驱包括丹尼尔·卡尼曼(Daniel Kahneman)以及理查德·塞勒(Richard Thaler)等,他们认为,人类的不可预测性、非理性以及非功利性,远远超过传统主流经济学教科书中那些抽象模型所认为的那样。而这一显而易见并且被其他学科领域视为常识的现象,却不幸一直被传统主流经济学家所忽视。因此,作为一门解释人的行为选择的学问,传统主流经济学要想找到出路,就必须把以往这些被忽视的因素合并进经济分析之中。

《凯恩斯会怎么做》一书中,也列举了一些传统主流经济学失灵而行为经济学却非常管用的案例。

比如,关于如何解决邻里纠纷。如果你的邻居是一个疯狂的音乐爱好者,在凌晨仍然大音量放着音乐,吵了你的睡眠,此时你应该怎么做呢？按照科斯定理的观点：如果法律规定你享有安静睡眠的权利，你完全可以起诉至法庭，让邻居要么停止半夜放音乐，要么为其半夜放音乐每晚付你50美元的补偿；而如果法律规定你的邻居享有随时大声放音乐的权利，则你要么忍受噪音，要么给邻居50美元，换来他不要半夜放音乐从而你能很好睡眠的权利。总之，按科斯定理的观点，只要初始权利被有效界定，总能找到解决邻里纠纷的办法。

但是，即使各国法律基本都规定居民区下半夜不得制造噪声污染，你真能按科斯定理所暗示的那样，去起诉你的邻居，强制要求他要么放弃音乐爱好，要么每晚付你50美元补偿吗？其结果，不仅打官司的过程特别麻烦，而且彼此可能闹翻，更别想着关键时刻"远亲不如近邻"，人家能帮助你。

相比较而言，此时行为经济学家提供的解决方案则更为合适。这一方案是基于奥地利行为经济学家恩斯特·费尔（Ernst Fehr）提出的所谓"互惠性合作"的概念。这一概念认为，人们总是有条件合作的。如果有人予我以善意，我们倾向于回报以善意；如果有人帮助了我们，我们将把予以回馈作为义务。基于这一想法，我们正确的办法不是去与邻居发起一场争吵或诉讼，而是友好协商。比如，某天晚上，你可以敲开邻居的门，先是真诚地赞美他的音乐品位高，真诚地表达与他为邻是件幸运的事；然后友善地提醒他，因为自己睡眠很浅，如果半夜时分他把音量调低些，那将会更好。为此，你敲对方门时甚至可以带个小果篮之类的礼品。这些善意的言辞以及一个小果篮并不值多少钱，却能换来安静的睡眠以及邻居同样善意的回馈。

行为经济学还主张，一定要把社会长期交往形成的规范，考虑进经济主体的行为。

以"是否应该随手关灯"这件小事为例。人一旦离开，是否应该随手把灯关掉？经济学家算了一笔账。假设电费是 15 美分每千瓦时，我们使用的灯泡为 20 瓦。如果我们让这盏灯开启 10 小时，它耗电 200 瓦时，总成本为 3 美分。也就是说，如果把灯关掉，1 个小时能为我们节省不到 1 美分。假设我们要出去玩 2 个小时。在出门前，我们停下来，先思考一下是否把灯都随手关了，然后返回到每间屋子检查，果然发现 6 盏灯亮着，然后我们都关掉，共花了 5 分钟。关掉 6 盏 20 瓦的灯，2 小时可以节省 120 瓦时，折合 1.8 美分。但是，为了节省 1.8 美分是否值得耗费我们 5 分钟的时间？除非我们的小时工资低至每小时 22 美分。况且，人走后把灯开着，还有利于家里安全，也方便晚上回来时进家门。这样一算，传统主流经济学家如贝克尔之类，的确从来反对"随手关灯"一说，甚至私底下称之为"穷人的习惯"。

但行为经济学家不这样认为。他们注意到，如果账目真算得如此明了，为何家庭成员还常为"是否应该随手关灯"这样的小事而发生争吵呢？这是因为，在现实生活中，"关灯不仅仅是钱的问题，更是关系到你是否关注他人的愿望，以及通过诸如关灯这样的小事来表达我们对他人的在意"。"随手关灯"是在战后的紧缩岁月成长起来的那代人一种根深蒂固的习惯，并且这一习惯已经经由一代代人传下来，几乎成为习俗。我们选择"随手关灯"，不是为了节约钱，也不是电力供应不够，而更多是我们需要在自我选择时尊重上一代人的偏好。如果你为了关不关灯去与父母算上面那笔账，你破坏的是家庭里的和谐。

把尊严、公平、信任和赏识这样的非功利性因素考虑、整合进传统经济学关于个人偏好这一概念,又是行为经济学一个突出的贡献。

畅销书《怪诞经济学》(又译《超爆魔鬼经济学》)作者之一的斯蒂芬·J. 杜布纳(Stephen J. Dubner),曾经是传统主流经济学"铁粉",认为钱是世界上唯一的有效激励方式。按此逻辑,他曾认为空姐应该得到和出租车司机以及宾馆服务员一样多的小费。在一次飞行中,他试图给空姐小费。然而,当他把钱递给对方时,这位空姐很愤怒,不仅拒绝小费而且还反驳道:"你看错人了!"从此,他再也没试过这样的事。

因此,行为经济学家丹·艾瑞里(Dan Ariely)说,钱只是人们做选择的诸多因素中的一个。特别对企业管理者来说,要知道,员工们会觉得现金奖励本质上是"贿赂",只是让他们去做他们本应该做的事。一些研究表明,获得奖金的员工可能一开始工作很努力,但这种效果很快就消失了。决定员工努力的动机有很多,与其说是实际工资或工作类型,不如说是员工是否感到被公平对待,是否感到被尊重与被信任。如果管理者对员工具有同理心,给予员工更高程度的信任与尊重,试图让他们感受到自己是组织的一部分,就能够有效提高员工的内在动力和绩效,而财务激励可能无法实现这一点。

总体上看,行为经济学大量吸纳了社会学尤其是心理学的一些研究成果。通过研究心理和社会环境对经济决策的影响,行为经济学已经建立起一个能够有效解释一些传统主流经济学无法解释的问题的新框架。但也正因此,行为经济学与社会学的边界已变得十分模糊。这反过来又对经济学学科的独立性提出了挑战,并且也被不少经济学大家所诟病。所以,未来经济学发展将何去何从,仍然是一个有待解决的大问题。

[(英)泰吉万·帕丁格:《凯恩斯会怎么做:最伟大的经济学家如何解决你日常生活中的问题》,译林出版社即将出版。]

(作于 2019 年 12 月)

作为意识形态与乌托邦的新古典经济学

约瑟夫·E.斯蒂格利茨的《社会主义向何处去》，是作者以其1990年4月于瑞典斯德哥尔摩经济学院维克塞尔论坛所作的系列讲座为基础扩充而成的一部专著。

众所周知，20世纪80年代末90年代初，是人类社会一个大转折的时间段。前社会主义国家的解体与转向，使得新古典主义经济学享有的声誉与荣耀达到了历史的巅峰。于是，与"历史终结论"相对应，经济学也仿佛走到了终结处：以论证自由市场制度是世界上唯一有效率的制度为核心内容的新古典经济学，一时间也大有成为经济学域"唯一"之势。因此，斯蒂格利茨的声音此时显得突兀而另类，他似乎扮演了另一个"终结者"的角色，即"经济学终结论"的终结者。在东西方学者跨越界限聚集到"华盛顿共识"的门下并表现得不免有些夸张了的狂欢之时，斯蒂格利茨就像一只夜枭尖叫着掠过，以其对新古典经济学最系统最全面的批评表明：经济学新的分裂已经开始。

在斯蒂格利茨对新古典经济学的批评中，我最看重的莫过于他指出了这样一个事实：在新古典经济学批判马克思主义经济学是"意识形态"与"乌托邦"的时候，它本身也具有了"意识形态"与"乌托邦"的性质。

卡尔·曼海姆（Karl Mannheim）在其代表作《意识形态与乌托邦》中首先区分了意识形态的"特殊概念"与"总体概念"。前者是指"被看作对某一状况真实性的伪装"，但却区别于谎言，因为这种伪装由起初的有意识或半意识，最后发展到了无意识，自己被伪装后的观点给说服了。所谓意识形态的"总体概念"则是指某个被历史地决定了的社会阶层以不同于其他阶层的思维范式进行思维。但无论是前者还是后者，共同的一点就是"向自己歪曲人类存在的基本事实，其方法是将它们神化浪漫化或理想化"。而通过斯蒂格利茨对新古典经济学的分析，我们完全可以看出新古典经济学作为"意识形态"是如何扭曲了现实经济世界的。

我们知道，新古典经济学的全部观点都建立在一个基本假设之上，即信息完全化，也就是说，经济人能够免费获得所有的信息。在信息完全化假设的前提下，新古典经济学得出了市场能够完全出清的结论，并在此结论的基础之上，提出了福利经济学两大定律。而现实经济世界却与新古典经济学所构造的那个完美的高效率的自由竞争世界恰恰相反：有太多的买者找不着卖者，有太多的卖者在寻找买者；市场完全出清与市场无法出清相比较，几乎成了不可能发生的"小概率事件"。新古典经济学如此之背离现实经济世界，其主要原因就在于新古典经济学关于信息完全化的假设。一旦将这个虚幻的假设推翻，使经济学研究回归到更反映现实世界的"信息不完备"前提之下，新古典经济学所有的结论都得改写。斯蒂格利茨在书中指出："新古典经济学关于标准信息假设方面的轻微变动，将彻底改变标准新古典理论的所有重要结论，因此这个理论最终是站不住脚的。"而斯蒂格利茨在书中又的确在基于信息不完全的基础之上，推翻了包括市场出清以及福利经济学两大定律在内的几乎全部新古典经济学结论。

仅仅指出新古典经济学对现实世界的扭曲不足以证明其是意识形态。因为有意识的扭曲就是说谎。但我们的确又不能认为新古典经济学家在有意识地说谎。相反，我们发现，由信息完全化假设，到完全竞争性市场理论的提出，再到"瓦尔拉斯均衡"以及"阿罗-德布鲁定理"的证明，最后到"帕累托境界"的描述，新古典经济学家一步步完成了"斯密之手"的论证。这一过程的完备与自洽，以及对数学及其他无价值判断的科学工具的应用，足以使新古典经济学家以及后来在他们的引导下进入他们的逻辑世界的所有后世经济学家，都不能不被这一体系之精致和圆满所折服。此时，谁还会想起如此精致而圆满的体系竟然是建立在子虚乌有的信息完全化假设之上的呢？谁会认为如此精致而圆满的体系竟然是欺骗呢？就是斯蒂格利茨本人在书中也承认这一体系之伟大，并说："某种经济学思想导致了世界近半数人口遭受痛苦，但我们却无法找到具体的责任者。"而正如曼海姆所指出的："当我们不再要个体为我们的群体表达中所觉察到的欺骗负个人之责时，当我们不再把他们的罪恶归咎于他们的恶意狡诈时，我们便会意识到这种陈述与表达达到了意识形态的水平。"

还需要指出的是，新古典经济学的发展过程恰与"意识形态"产生的过程相吻合。曼海姆曾经揭示出，某一观点与陈述之所以会上升到"意识形态"，是敌对双方的思想冲突造成的。"只要相互冲突的各方生存同一世界并试图代表这个世界，思想冲突才会发展得如此严重，在于对抗的双方不仅寻求消除对方特有的信仰和态度，而且还试图摧毁这些信仰和态度赖以存在的思想基础。"而新古典经济学产生与发展的过程，恰是其与敌对思想不断进行斗争的过程。形成于19世纪70年代，由萨伊（Jean-Baptiste Say）、马歇尔、庇古（Arthur C. Pigou）等人所奠基的新古典经济学，就是为了对抗当时马克思主义经济学而产生的；20世纪30年代，是左翼经济学最为鼎盛的黄金年月，甚至连凯恩斯主义经济学也受到左翼经济学的影响而有"淡红色"之嫌，于是才有米塞斯（Ludwig von Mises）、哈耶克等经济学家在与形形色色的左翼经济学的论战中，捍卫并完善了新古典经济学；20世纪70年代中期至80年代初期，正是以苏联为首的社会主义阵营凯歌猛进的时代，为进一步与左翼经济学分庭抗礼，以弗里德曼为代表的货币学派、以拉弗（Arthur B. Laffer）等为首的供给学派以及以卢卡斯为代表的理性预期学派，在斗争中再度将新古典经济学推向前进。可见，新古典经济学天然地与左翼经济学对抗，但也正是在与对方的不断的冲突升级中，新古典经济学也一步步完成了由一般陈述与观点向"意识形态"的跃迁。

除了点出新古典经济学的"意识形态"性质之外，斯蒂格利茨还揭示了这一学说的"乌托邦"性质。

对于"乌托邦"这一概念，曼海姆同样区分了两种"乌托邦"。前一种是我们常识中关于乌托邦的观念即"经典乌托邦"，它指强行推行原则上不能实现的关于某种秩序的思想。曼海姆还指出了另外一种乌托邦的概念，即由"保守主义导致的乌托邦"或者称"保守型乌托邦"。这种乌托邦思想仅承认"托邦"（现存秩序）的合理性，而把"托邦"之外的一切可能性都视为不可能实现的"乌托邦"。在斯蒂格利茨的书中，新古典经济学恰同时具备了这两种"乌托邦"特性。

因为典型的资本主义本身具有演进的特征，因而新古典经济学对于老牌资本主义国家的影响其实并不大。这点就连身为自由主义经济学家的乔治·施蒂格勒都承认。在《经济学家和说教者》（*The Economist as Preacher*，1982）一书中，施蒂格勒指出：自由主义经济学家鼓吹"有限政府"，而具有反讽意味的是，美国政府财政占 GDP 的比重恰在据说奉行着自由主义经济学的里根政府那里上升得更快；自由主义经济学家批评公正妨碍了效率，但西方政府财政中用于社会保障的支出也在不断上升，连里根总统也坚持不取消罗斯福总统编织的"社会安全网"，相反，弗里德曼等人的"负所得税计划"受到政府的嘲笑。因此，施蒂格勒自嘲地说，自由主义经济学家似乎显得有些"反智"。

但新古典经济学的"经典乌托邦"性质，在前社会主义国家经济转轨时期表现得淋漓尽致。在那里，一些自由主义经济学家由学院走向政坛，以新古典经济学中的标准模型为蓝图，向转轨国家强力推行以激进私有化为核心的各种改革方案。而由于这些方案本身与转轨国家的现实并不切合，最后导致了苏联与东欧国家十几年的持续衰退。尤其在俄罗斯，一个理想中的自由市场秩序并没有建成，俄罗斯至今也未被国际社会承认是市场经济国家，相反地，一个几乎以各种潜规则以及黑社会网络主导的经济秩序倒填补了制度空缺。对此，斯蒂格利茨在书中批评道："许多转轨国家正处于灾难困苦之中，在我看来，标准经济模型对此应负部分责任。"他还在书中逐一反驳了新古典经济学在转轨国家推行的包括产权改革在内的种种"神话"。

新古典经济学"保守型乌托邦"的性质在此也同时得到了暴露。正如斯蒂格利茨在书中所言，在这些自由主义经济学家看来，对于转轨国家，除了激进私有化之外，没有任何其他出路。他们将所有其他方案都宣称为"不可能实现的乌托邦"，这实际上在主观上排除了转轨国家对改革路径进行更合乎本国国情的其他一切有益探索的可能性，因而导致了新古典经济学自身走向了"保守型乌托邦"而不自知。

斯蒂格利茨在书中花了大量的篇幅对兰格（Oskar Lange）等提出的"市场社会主义模型"进行了批评。这是因为，在斯蒂格利茨看来，最能体现新古典经济学与马克思主义经济学在"意识形态"与"乌托邦"上的共性的，莫过于"市场社会主义模型"与新古典模型的同源性。我们都知道，兰格的"市场社会主义模型"并不是市场经济，其要义在于"政府模拟市场运用价格杠杆对资源进行配置"，而这一构想竟然就来源于新古典经济学中关于"瓦尔拉斯均衡"的论证。在论证"瓦尔拉斯均衡"中，新古典经济学家引入了一个"假想的拍卖者"，这位"拍卖者"报出一组价格，如果在这组价格下，市场供求不一致，他就修正报价，直到市场供求关系一致为止。新古典经济学之所以引入这位"假想的拍卖者"，就是为了说明，尽管会经过不断的调整与试错，但总会存在一组价格使市场达到供求一致的均衡状态。而兰格在"市场社会主义模型"中，仅仅是将"假想的拍卖者"的角色实体化，并定位给了政府，即用政府的计划机构取代了"拍卖者"的反复竞拍。所以，斯蒂格利茨说："如果经济中的新古典模型是正确的，那么市场社会主义就会成功；同样的道理，如果经济中的新古典模型是正确的，那么中央计划经济所遇到的问题应比实际情况少得多。"而不幸的是，市场社会主义与中央计划经济都证明有"意识形态"与"乌托邦"的性质，因而，作为同源性的新古典经济学也具有同样的性质。

斯蒂格利茨在书中研究了转轨国家所面临的种种问题。当下的中国也处于转轨时期。一个值得注意的现象是，中国主流经济学界在抛弃了旧的"意识形态"与"乌托邦"的同时，似乎也正在接受或构建一个以新古典经济学为核心的新的"意识形态"与"乌托邦"。此时，读一读斯蒂格利茨这本书，意义自不待言。

最后，我想郑重推荐斯蒂格利茨在书中写下的一段话，因为它具有警醒的意义：

"左派思潮与右派思潮之间也有某种共通性，即这两者都被宗教般的狂热所驱动，而非理性分析。当这种思潮在排斥马克思主义思想的同时，他们吸收了自由市场思想。正如在苏联，尽管人们未必读了多少弗里德曼的著作，但却将他视为最伟大的经济学家，仅仅就因为他是一种思想的象征，而这种思想正是他们追求的另一种可供选择的信仰体系。"

（作于 2004 年 3 月）

"故事"如何影响个人决策与宏观经济？

2006年年中，沪市指数已升到6000点以上。有经济学家不断鼓吹"一万点可期"。当时，在我熟悉的某地方高校，教研之余，几乎所有人都在议论股市。其中一位哲学教授，更是放弃了购买单位廉价自建房的机会，把原本用于购房的钱，全都投向股市，最好的时候账户每天都能进账万余元。一个哲学教授在股市发财的故事，很快在校园里流传开来，几乎成为传奇，更吸引了越来越多的教授把积蓄投入股市。当然，后来的结果是悲剧性的。他们中的不少人，亏掉的不仅是积蓄，还有远低于市场价位的单位自建房。

亦是在一片狂热的时段，熟读经济史的我感觉到一丝丝不安。于是，在当时《东方早报》所开专栏"京华书影录"中，我推荐了美国历史学家艾伦（Frederik Lewis Allen）的著作《从大繁荣到大萧条》。在那本书中，艾伦生动再现了1929年大萧条降临前夕美国股市的"末日疯狂"。而这种"末日疯狂"，也正是由无数个在民间流传却无法证实的日进斗金的故事推动的。终于，当财富的底层架构已承受不起最后垒上的那个方块时，崩盘开始了。

特别巧合的是，15年后，当我翻开诺贝尔经济学奖得主罗伯特·希勒（Robert J. Shiller）的力作《叙事经济学》时，扑面而来的文字，竟然就是希勒对艾伦《从大繁荣到大萧条》这部著作的同一段内容的引述。更让我感觉"不谋而合"的是，希勒之所以以艾伦的文字开头，是为了论证故事在影响个人经济决策中的强大力量。而我当时警告人们不要被流行性故事所忽悠，其基本逻辑亦是：个人决策并非全是理性的，而是受到周边舆论环境的极大影响。

关于"叙事"（narrative）与"故事"（story），在希勒看来，"叙事的本质就是故事"。因此，希勒为书名"叙事经济学"加了一个副标题——"故事是如何流行开来并驱动主要经济事件的"。不过，"故事"要成为"叙事"，还要有两个前提性条件：一是流传范围较广，而非在很小的圈子内很少人知道的故事；二是围绕某个话题衍生出一连串而非单个的故事。

关于"叙事"对个人与社会的重要性，在经济学之外的其他学科，其实是得到了充分论证的。希勒在书中也专门开辟了一章，带领读者来了一场所谓"知识融通之旅"。

比如，社会学家认为，故事以及讲故事是人类知识的基础。人们对于事实要点的记忆，是围绕故事来进行排列的，那些被记忆的事实是附加在故事中的。没有故事穿插其间的事件就没有意义，我们也就无法将其保存在记忆中。而我们之所以能够回忆起走过的路，也得益于经历的一个个故事构成路标，引导我们回到个人独特的成长历程。

心理学家还认为，人类的交流也总是以互相提醒的讲故事方式进行。一个人讲一个故事，就会激发另一个人想起相关的故事，而这个故事又会使对方想起另一个故事。如此不断提醒，形成很长的反馈序列，使交流得以顺利进行。特别是，人类的心智结构还要求接收的信息不要被太多的细节以及太冗长的逻辑所拖累，因此，线索越清晰明了的故事，往往越能被人们记住。这就是为什么即使我们老了，但仍然记得小时候听过的经典童话，也是这些童话历经漫长岁月而流传不朽的原因所在。

人类学家则干脆提出，会讲故事是人类社会一种特殊的现象，是其他动物所不具备的人类特有的功能。"叙事"是人类存在的一种方式，我们用它解释世界、记录世界并与世界打交道。它是一种独特的人类现象，其他任何物种都没有这样的行为，甚至人的记忆、对世界的确认，都靠"叙事"。

然而，被诸学科如此重视的"叙事"，在当下的主流经济学中却没有存在的空间。因为在以新古典经济学为代表的主流经济学教科书中，个人的经济决策，只受两个因素影响：一是财富约束，即你口袋里有多少钱；二是市场价格。剩下的，就是你如何在这两个约束条件下确定适当的商品组合以实现最大限度的自我满足。至于这个"你"，是绝对理性的，不仅知道自己"最大化"需求是什么，而且知道如何实现这个"最大化"。也就是说，这个"你"，在主流经济学中，就是一台冷冰冰的、不会受任何外在环境与情绪影响的"超级计算机"。这一明显忽略人性的多样性及人的决策受多元因素影响的假定，使得主流经济学在独享半个多世纪学术霸权之后，越来越与现实经济发展相抵牾，越来越受到包括主流经济学家内在的更多经济学家怀疑。

也是在这一背景下，希勒与其学术伙伴、同为诺贝尔经济学奖得主的阿克洛夫（George A. Akerlof）一起，把"叙事"这一重要元素主动引入主流经济学，专门研究"通过口述、新闻媒体和社交媒体传开的大众性传播故事,是如何推动人们做出一些最终会对决策产生影响的决定",以"开启一种新的经济变化理论",扭转主流经济学"黑板化"趋势。同时,"鼓励人们识别那些能够帮助定义重大经济事件的经济叙事,并将它们纳入思考,从而提高人们预测和处理这些事件的能力"。这就是《叙事经济学》一书的主旨。

无疑,个人经济决策始终是经济学研究的起点,亦是理解宏观经济现象的入口。《叙事经济学》一书,从资本市场中个人行为受流行性叙事趋动入手,同样是想为理解"叙事"的经济效果、构建"叙事"流行的经济学模型找到一个完美切口。

由此我就联想到一个有意义的现象:当前兴起的复杂性科学,旨在研究复杂系统中"涌现"与"崩溃"现象,同样是从理解资本市场中人的行为开始。作为这一领域最具权威性的机构,圣塔菲研究所(Santa Fe Institute,SFI)就是通过搭建"人工股票市场",作为其展开复杂性研究的平台。其原因大概是,资本市场,因其太多"一夜之间"、太多"成王败寇"、太多"合纵连横",当然也有太多贪婪与盲目,太多欺诈与背叛,这一切,使得资本市场成为人性展示最为充分的平台。

《叙事经济学》一书,以艾伦讲的1929年的故事开头,而希勒自己第一个用以解剖的"麻雀"是比特币。在希勒看来,公开的股票市场尽管看似由"叙事"推动,但经济自身因素可能更具决定性。而作为一个隐秘的地下资本交易市场,比特币系统几乎是完全凭借"叙事"得以运行的。因为,与货币价值有实物及政府信用支撑不同的是,"比特币现在之所以有价值,完全是因为公众的狂热"。这与经济学上所说的个人理性决策,几乎没有任何关系。

那么，到底是一种什么样的"叙事"在推动比特币变得狂热呢？

通过回顾比特币自出现到成为大众投机工具的历史，希勒发现，关于比特币的流行性叙事，几乎拿捏住了当下人们所有的心理困惑，迎合了全球化悖论下人们所有的情感需求。主要有三条：一是财富鸿沟越来越深，以至于普通阶层通过寻常路径永远无法实现财富自由，而比特币的交易体制提供了实现平等以及使普通人发财的可能性；二是腐败的权力阶层与资本阶层联姻，通过其掌控的所谓"合法"金融机构，通过制造通胀与危机，反复"合法"地剥夺普通阶层好不容易积累的那点财富，而比特币系统是由大批匿名个体以民主方式维护的，是"无政府主义"的；三是信息化与智能化装备的大量使用，将使得技术越来越决定着人类的未来及未来个体的命运，而比特币提供了个人深度参与到新技术的接口，并可能使得参与者成为新世界的赢家。

不仅如此，比特币叙事的流行，甚至还抓住了大众心理对神秘性的兴趣。这就是关于比特币最早的"发行者"中本聪的叙事。时至今日，仍然没有人确切地说见过中本聪本人，也没有人知道中本聪的身份。后来还有人传言，中本聪本人早已"深藏功与名"，在建立起比特币交易系统后退出江湖了。而关于中本聪的种种神秘故事的反复出现，其中的"浪漫"与"侠义"，成为推动比特币叙事流行的又一个"核心人文故事"。

从比特币叙事及其他流行性叙事的分析，希勒推出了关于叙事经济学的七大构想，这构成了全书最具理论与逻辑性的部分。但这些构想其实并非经济领域所独有，而是通行于社会认知领域。

它对于普通读者而言，也很容易理解，因为与我们日常生活中形成的经验与常识非常吻合。这也足以证明希勒想把主流经济学从"黑板"拉回"生活"的努力。

其中有三个构想，尤其让我们感同身受，同时也能让我们进一步理解社会认知是如何被塑造的。

一个构想是"真相不足以阻止虚假叙事"。《科学》（Science）杂志曾发表过这样的研究成果，即在故事的真假问题上，虚假故事的转发率是真实故事的6倍。这里面反映了两个深层逻辑：首先是人类的一个普遍心理——对于刺激或有震撼力的叙事，人们更是趋之若鹜，更加津津乐道，也更急于进行"二次传播"。再就是，出于对体制或权威的本能警惕甚至是抗拒，人们对口口相传的故事的信任程度，从来都超过对传统媒体的信任程度。尤其是当下，人们对自媒体传播叙事的信任程度，与对传统媒体的不信任，都达到了前所未有的程度。这两个深层次逻辑，是导致虚假叙事日益主导社会认知的原因。在此背景下，即使传统媒体或政府出面，对虚假叙事进行辟谣与修正，提供真实的故事原型，但这真实的故事，其传播力也远比不上虚假叙事。

再一个构想是"经济叙事的传播力取决于重复概率"。无数的事实表明，一个叙事要流行起来，反复进行强化非常重要。仍以股市为例。研究表明，人们在股市的投资行为，受故事影响的程度，与故事被重复的概率息息相关。每一轮行情启动的初期，就会有这样的故事在人们之间流行："某某昨天还与我们一样，今天因为买股票发大财了！"一开始，大家半信半疑；但很快地，大家耳朵里不断被股市发财故事所充斥，且这个"某某"离自己越来越近；终于有一天，大家又听到了这样的故事："我们小区的某某发财了，你看他都一口气买下两套房子！"这种不断重复的故事似乎在越来越强烈地警示大家"再不买，可能真会错过发财机会"，于是人们都疯狂地扑向股市，股市也在人们的推动下不断攀上新高。

还有一个构想是"叙事大行其道依赖其附属元素，如人情味、身份认同和爱国情怀等等"。这个构想非常有意思，因为这些附属元素最能打动我们的内心。希勒在文中不无嘲讽地举了这样一个例子：美国哥伦比亚广播公司有一档名为《90秒观世界》的节目很受欢迎。里面的新闻报道几乎全是美国发生的事，却极少有美国观众质疑其名称为什么叫"观世界"。希勒认为，这背后其实就是身份认同及爱国情怀。他写道："虽然美国人口只占全世界5%，但在美国人眼里，美国就是世界"，"最重要的事也只配发生在美国"。

在分析了经济叙事对个人经济决策的影响及其影响机理之后，希勒亦分析了经济叙事对宏观经济的影响。

关于国家宏观经济增长，如果问任何一个接受过系统的经济学教育的人，都会这样回答：决定一个国家短期经济增长的是投资、消费和出口，即所谓"三驾马车"；决定一个国家长期经济增长的是资本、劳动与技术，即所谓"新古典经济增长模型"。希勒认为，这些内生性经济因素对宏观经济及长期经济增长的影响当然是决定性的，但还应该看到，经济叙事对宏观经济增长的影响同样关键。

在仔细研究了美国历史上经济增长周期之后，希勒列举了他所认为的影响宏观经济的九大经济叙事。这些经济叙事在历史上反复出现，并且在当下呈现出新特征。这九大经济叙事分别是：

恐慌与信心、节俭与炫耀性消费、金本位制与金银复本位制、劳动节约型机器取代多种工作岗位、自动化和人工智能取代几乎所有工作、房地产繁荣与萧条、股市泡沫、对"奸商"和"邪恶企业"的抵制以及"邪恶工会"干预导致的经济扭曲。

其中，资本市场与房地产市场历来与宏观经济息息相关，如前所述，它们与人性中的贪婪、盲从、愚昧等黑暗的一面相联系，所以，关于股市泡沫和房地产繁荣这二者的叙事，成为所有长期经济叙事中最显眼、最具吸引力的那种。经济史也表明，股市与房地产市场走向受相关叙事影响也最大，而其对股市与房地产的最终影响，又与宏观经济表现息息相关。

与此相关联，恐慌与信心对宏观经济的影响尤其是对资本市场的影响，我们已不陌生，却仍然难以驾驭。特别是"金融恐慌叙事"，带有强烈的心理暗示成分，更容易如超级病毒般传播，引发市场崩盘。"金融恐慌叙事"往往又影响到商业信心。这也是现代经济危机往往以金融危机为前奏的重要原因。也正因此，每当经济下行或资本市场遭遇重挫，尤其是经济与金融危机期间，如何克服投资者与消费者的恐慌情绪，如何提振他们的信心，就成为宏观经济调控的重要决策指向。

节俭与炫耀性消费是一组对立的经济叙事。希勒指出，历史上不同国家在不同时期，"节俭叙事"与"炫耀性消费叙事"交替出现，都因其影响到人们的消费和储蓄模式，故对宏观经济的影响甚至超过了经济学家和政策制定者的预期。以美国大萧条时期为例，因为太多人陷入贫困而不得不节衣缩食，勉强度日，甚至沦落到在垃圾桶讨生活。此时，"节俭叙事"在全社会流行。一方面，媒体及社会舆论要求即使是富人也应该有"共情效应"，把节俭与过普通人一样的生活视为"新道德",甚至到最后,"贫穷"成为一种时尚;另一方面,那些仍然无视大众苦难,且还在进行炫耀性消费的人,会成为社会口诛笔伐的对象。这种"节俭叙事"的流行,导致即使有能力正常消费或进行较高消费的人群也不敢消费,同样过着节俭的生活。其结果是,总消费水平进一步走低。希勒认为,这是导致危机越来越深的重要原因。直到1933年,"罗斯福新政"用政府和社会消费提升总消费,使萧条走出谷底,"炫耀性消费叙事"又悄然升温,并助推了经济重新走向繁荣。

对一个国家来说,当国内出现恶性通货膨胀,国际贸易与汇率出了问题时,恢复金本位的叙事就会流行。美国前总统特朗普,基于对美国国内所负担的国际债务不断高企、美元滥发导致通胀的双重担忧,在其任期内,多次提出在美国恢复金本位制,亦成功地在欧美激活了金本位制或金银复本位制叙事。这一叙事的再次复活,不仅是美国与国际经济结构出现问题所催生的结果,亦将反过来影响到经济下一步的走势。

不过,比起通胀,普罗大众更关注的是有份稳定的工作。因为失业对个人与家庭的损害,更甚于通胀。于是,在历史上,由技术进步引发的机器对劳动力的替代的担忧,作为又一个长期经济叙事反复出现。从1811年英国卢德派掀起的打砸机器运动,到1870年代美欧把经济萧条归结为"劳动节约型发明导致高失业率",再到1930年代大萧条时期对于"技术专家治国"的无端恐惧,又到1960年代对自动化的恐慌,表现各不同,但实质都一样。尽管历史表明这种叙事表达的担忧似乎是多余的。但另一方面,这种叙事在当时推动了经济政策的缓慢调整,为增强技术进步的社会适应性提供了空间。

人工智能时代的到来，再次把关于劳动力被技术替代的叙事推向了高峰。技术专家预测"奇点"到来，认为"无人工厂"将成为常规；历史学家尤其是以《人类简史》闻名的以色列学者尤瓦尔·赫拉利（Yuval Noah Harari）预测，未来将出现一个"完全无用的社会阶层"；甚至苹果公司的前总裁乔布斯也参与到这一叙事中，他以亲身经历表明，"时代抛弃你时连招呼也不会打一声"；等等。这些叙事的流行，一方面的确在强化人工智能将替代大多数劳动岗位的忧惧，另一方面又在推动新一轮经济决策，主要包括征收"机器人税"以及"全民基本收入"制度。其中，为所有人——无论在岗还是不在岗——提供"全民基本收入"的设想，已在部分欧洲国家进行试验，这将影响长期宏观经济增长。

资本与劳动这对矛盾的持久博弈，在经济叙事方面表现为"奸商叙事"与"邪恶工会叙事"二者之间的交替与反复。历史上，在数不清的文学家、思想家以及社会大众所制造的叙事中，企业家经常被视为"无情、冷漠、奸诈的赚钱机器"，不仅要为贫困、通胀、失业等经济现象负责，还被认为制造了战争、不平等、社会冲突等人类灾难。当然，反过来，在奥地利学派、芝加哥学派等自由派经济学家的叙事中，企业家又成为推动历史进步与社会发展的主角，而在"奸商叙事"中被认为代表公平、道德、为被剥削者求解放的工会，在"邪恶工会叙事"中，不仅是推动通胀与失业的真正元凶，而且是经济增长和社会发展的"拦路虎"，是蒙着正义外衣的"邪恶力量"。

需要特别注意的是，尽管希勒并没有进行这样综合性的总结，但无论从现代经济史还是从希勒在著作中梳理的经济叙事史来看，当一国宏观经济走向萧条之前，关于资本市场与房地产泡沫的叙事、关于节俭的叙事、关于企业或资本不道德的叙事、关于劳动力可能会被技术替代的叙事等，往往会越来越流行。这种流行一方面可能是经济繁荣过程中积累的矛盾已经到了危险地步的征兆，而另一方面，这种流行又成为宏观经济真正走向萧条的重要推手。一直到宏观经济走向下一个繁荣周期，相反的叙事则往往会取而代之。

对这一规律的认知，可以帮助宏观调控者在使用惯常的经济工具之外，还通过更好地引导经济叙事进行反周期操作。比如，在当下中国，对那些能够激发资本市场信心，有利于提升消费水平和企业营商环境的经济叙事，应该予以鼓励。

作为首次系统研究经济叙事的经济学家，希勒与其搭档阿克洛夫还清醒地认识到，"叙事"不仅影响个人决策与宏观经济，还深刻地影响着经济学发展及经济学家个人的学术选择。

阿克洛夫讲了这样一个故事。在美国，自由放任派经济学家为了证明政府的官僚主义和低效率，常常反复向受众讲这样一个故事："《十诫》有297个字，《独立宣言》有300个字，林肯的葛底斯堡演说有266个字，但物价管制局最近的一项卷心菜价格调控方案的指导意见有26911个字。"这个故事最早流行于1951年年初，由一位脱口秀经济评论员说出；而实际上，物价管制局从没有制定过关于调控卷心菜价格的方案。上述故事传开后，物价管制局为辟谣专门作了声明，但并没有能够阻止对政府调控持敌意的经济学家和共和党人继续传播这个故事。直到现在，这个故事还不断被本该非常严谨的学者作为实证，用来攻击对手并宣传自己的主张。

希勒则列举了另外一件更离奇的事。众所周知，"拉弗曲线"

被认为是推动当年里根政府大规模减税的重要理论。经济学家拉弗提出这一理论是在 1974 年，但它流行起来，则得益于时任《华尔街日报》社论主笔万尼斯基（Jude Wannisk）。这位主笔在他 1978 年出版的一本书里，以亲历者的身份讲了这样一个故事："拉弗曲线"最早的版本，是拉弗与白宫两位高官及万尼斯基在华盛顿特区一家名为"两大陆"（Two Continents）的餐厅里吃牛排时，在一张餐巾纸上画出来的。该书出版时，拉弗本人还在世，他亲口否认了这一说法："那家餐厅使用的餐巾是布做的，而我母亲从小就教育我不要亵渎美好的事物。"然而，正如叙事经济学七大构想中所认为的那样，拉弗本人的澄清未得到传播，而那位记者关于拉弗在餐巾上画出"拉弗曲线"的故事，却因其足够符合人们对伟大经济学家的想象而迅速传播开来。更为离奇的是，拉弗及万尼斯基先后去世后，万尼斯基的夫人宣称，在她丈夫的遗物中发现了那方画有拉弗曲线的餐巾。这方餐巾竟然又被美国国家历史博物馆作为馆藏，成为后来那些主张减税的经济学家口中的"流行性叙事"。

  作为本篇札记的结束，我最后想说的是：在纷繁复杂的经济社会中，作为普通人，我们不仅要学会听故事，还要警惕被一些似是而非的故事所蒙蔽；作为宏观经济调控者，要了解流行性故事背后的经济风向标，并有目的地引导故事的流行；而作为经济学家或思想者，则要学会讲好故事，既助推经济社会发展，同时又能更好地推销自己的观点与理念。这应该是阅读希勒《叙事经济学》对我们最重要的启发。

（作于 2022 年 3 月）

经济学如何给道德留余地？

（一）

加里·贝克尔，美国著名经济学家，诺贝尔经济学奖得主，他及他所著的《犯罪与惩罚》一书，在中国经济学界以及普通学人中间，都是如雷贯耳。在贝克尔看来，那些敢于违法的人，都是精心算计过，认为违法被发现的概率较低，可能被惩戒所造成的损失低于其从违法中所得，所以才会违法。因此，预防犯罪的最好办法就是加大惩罚力度，提高个人犯罪的成本，使他们不敢犯罪。

为佐证自己的理论，贝克尔在其 70 岁寿辰上向来宾讲述了自己的一次亲身经历。有一天，他赶往某地主持学生面试，由于路上堵车，到得有些晚。更麻烦的是，正常停车位都已被其他车辆停满，而到其他地方找车位，时间上则来不及。为此，贝克尔稍作思考后，决定违章停车。他称自己做这一决定时"并没有丝毫内疚"。因为，一来，他认为被发现的概率很低；二来，如果真被警察发现了，他也做好了按规定交罚款的准备。后来的结果是，没有被警察发现，他也不用交这笔罚款。

贝克尔讲的这件事，表面上看，的确完美地阐述了自己的理论。然而，美国另一位著名经济学家，同样是诺贝尔经济学奖得主的阿克洛夫对此却持批评态度。他认为，在贝克尔以及他所建构的行为经济学理论中，没能给"名誉以及羞耻感"这样的道德留下任何空间。也正因为这一点，阿克洛夫认为，贝克尔的理论是值得我们质疑的。

以违章停车为例。按照贝克尔自己的理论，要遏止违章停车，警察必须能够发现所有违章，而且对违章停车的处罚必须特别高，高到连贝克尔这样的高收入者都无法承担，但这是不可能的。实际上，各国对于违章停车的处罚力度都是有限的，而且因警力分布情况也不可能发现所有违章停车行为。在这种情况下，如果大家都有跟贝克尔一样的想法——我交得起罚款，而且准备在警察一旦发现的情况下就交罚款——那么，违章停车现象将一发不可收拾，整个交通秩序也将荡然无存。

那么，为什么明知交得起罚款，人们一般也不会选择违章停车呢？甚至贝克尔本人也只是在必须按时赶到面试地点的压力下才选择违章停车。阿克洛夫认为，原因恰在于贝克尔不承认的道德在起作用，即"名誉以及羞耻感"在发挥作用。在一个秩序井然的社会中，秩序的维护并不只靠法律的惩戒，还有道德的约束。而且，法律与道德二者又不是全然分开的。在人类社会漫长的演化过程中，法律或纪律的作用之一，除使潜在违法者害怕由此被施加的直接成本而放弃违法之外，还通过使潜在违法者害怕自己名誉受到负面影响，激发其内心的羞耻感，从而使其消除试图违法的念头。那些明知交得起罚款但还是选择不违章停车的车主，最害怕的不是被罚款，而是违反交规后给自己的形象和名誉造成损失。而贝克尔表面说他没有任何内疚，实际上是他作为面试主考官，迟到给他内心的压力即可能造成的形象损失，超过了不得已违章停车带来的内疚感。而可能被罚的那些钱，对贝克尔来说，的确几乎没有产生任何作用。

阿克洛夫因此呼吁：应该把道德请回经济学。

（二）

其实，关于经济学该不该讲道德，这是一个由来已久的话题。我们知道，现代经济学鼻祖亚当·斯密当年的身份是伦理学教授，他不仅创作了《国富论》，同时还著有《道德情操论》，而且其本人对后者的重视程度甚于前者。然而，主流经济学后来继承的，是斯密关于"人性自利"的说法，并将其发展成为"理性经济人"的假说。在这一假说之下，现实中的人在做经济决策时，只有满足自身利益的考量，而没有道德上的考量。以新古典经济学为代表的主流经济学框架，就建立在这一简单的人性假说之上。

1970年代，新古典经济学最为流行之时，关于"理性经济人"的假说，一度得到生物学界强有力的支持。1976年出版的英国学者理查德·道金斯（Richard Dawkins）所著《自私的基因》一书即如此。该书认为，基因是遗传的基本单位，也是自然选择的基本单位，而生物个体只是基因的载体而已。基因的本质是自私的，为了使自身能更多、更快地复制，基因可谓不择手段，并以此控制着生物个体的各种行为。生物个体之间好斗的个性是基因自私性的表现，就连生物个体偶尔表现出的利他性，其实也是基因为了自己更好地生存与复制而选择的一种策略。道金斯甚至有些嘲讽地说：当我们设法通过教育把慷慨大度和利他主义灌输到他人头脑中时，是因为我们自私的基因让我们有机会去打乱他人基因的计划，以更好地实现自己的目的。

有了生物学界"自私的基因"理论的支持，主流经济学更是没有给道德留下任何余地。放在"人性自私"之后的"假说"二字甚至都被取消或被替换成"事实"，人的一切决策都是冷冰冰的利益算计。当然，前提是法律不禁止。或者，即使是法律禁止，只要能在承担违法的成本之外仍然有收益，这种决策仍然是有效率的，如同贝克尔违章停车一样。

但是，对于主流经济学"人性自私"的观点及建立在这一观点上的整个框架，一直有质疑的声音。

先是制度经济学关于非正规制度的看法。包括诺斯等人都注意到，约束人的行为的，远不止法律（即成文法），还有道德与习俗。而且，道德与习俗的作用，可以极大降低交易成本。相比于道德与习俗调节的范围，法律发生作用的范围其实要小得多。日常生活与社会生活，大量的是用道德与习俗来规范。只有市场中的正式交易，才最需要法律的介入。除非把道德与习俗亦界定为一种"隐性契约"，否则，某些经济学家所主张的"一切皆契约"，无非是一种虚妄的说法。

即使是在市场领域，如果只把法律作为规范与约束，而漠视了道德与习俗的作用，同样会导致损失。制度经济学家有一个估算。以美国为例，2004年，美国抢劫、入室盗窃等违法行为造成的现金损失约为160亿美元，而经济领域中够不上违法却违反道德的有意误导以及不诚实行为造成的损失竟高达6000亿美元。由此看来，"法不禁止即可入"虽可以最大限度保证交易自由，最大程度激发经济活力，但这句话不能推向极端。这是因为，在经济生活领域，法律仅仅是画了一条底线。在这条底线之上，还有一大片灰色地带，在这个地带，人们的行为可能不违背法律，却可能违反道德。而违反道德的经济行为，仍然可以造成巨大经济损失。

不过，制度经济学关于道德与法律同样重要的观点，并没有对主流经济学尤其是微观经济学造成更大冲击。甚至有些不可思议的是，作为制度经济学另一代表性人物，科斯关于交易成本的理论，被新古典微观经济学"吸纳"性改造，让经济学更倾向于"一切皆契约"，而道德仍然未能在其中立足。

（三）

然而，正如最为主张"一切皆契约"的弗里德曼都承认的那样，经济学思潮本身带有周期性，且与世事的浪潮几乎合拍。

自1990年代中期始，新古典经济学在经历了巅峰时刻之后，终于随着国际学界对全球化与不平等的反思，受到越来越严重的质疑。更多的学者认为，建立在新古典经济学基础之上的"华盛顿共识"及其主张的极端个人主义，是造成经济不平等的一种"意识形态"。而这种经济不平等，最后导致社会与政治撕裂，造成全球的两极化，甚至成为恐怖主义的温床。这其中，建立在人性复杂性基础之上的行为经济学，对新古典经济学关于"人性自利（私）假说"的质疑尤为激烈。与之相对，道德在经济决策与市场中的作用终于开始被重视。开头所说的阿克洛夫对贝克尔的质疑，就是在此背景下提出的。

带有偶然性的是，阿克洛夫把"名誉以及羞耻感"这样的道德因素引入经济学，与美国西点军校有关。众所周知，西点军校把"责任、荣誉、国家"作为校训，来培塑学员。阿克洛夫通过长期观察并查阅了大量研究文献之后发现，普通的关于个人在"成本-收益"之间权衡的理论，的确无法解释军人的行为。其中，最难解释的是，在平时，学员们并不惮于违纪后被关禁闭，但却害怕被战友耻笑，而学员为了掩盖团队集体违纪行为被关禁闭，反而可能被视为"荣誉"；在战场上，学员们并不惮于牺牲生命，却同样害怕因自己胆怯被战友耻笑。这启发了阿克洛夫：看来，类似军人以及官员这样的职业，在他们的"效用函数"中，"荣誉"必须是一个重要维度，在特定情况下甚至超过钱财。尽管普通人对"荣誉"的重视程度比不上军人，但也都有羞耻心。所以，必须把道德因素"请回经济学"，把对职业和身份的考虑与对钱财的考虑一起作为研究人们选择行为方式的约束条件。

非常有意思的是，行为经济学领域的另一代表人物，在中文世界以《思考，快与慢》一书而闻名的经济学家丹尼尔·卡尼曼，也是以观察军人行为这一路径进入行为经济学领域的。卡尼曼出生于犹太家庭，二战后随父母移居耶路撒冷，其本人有过在以色列军队服役并上战场的经历，后来又长期为以色列军方提供服务。

在战场上，特种兵是最经常性面对生死考验的兵种。有一次，卡尼曼在一小队特种兵中间进行这样一项试验：取消所有与军人职业相关的荣誉，而纯粹提高他们的收入，且收入又与训练成绩及战时业绩高度正相关。结果发现，随着时间推移，这一小队特种兵在训练时出现懈怠，团队合作科目到后面几乎很难进行下去。而且执行一般性任务时显得很犹豫，最后轮到要执行特别危险的任务时，其中六人主动退出，他们声称："即使给我们再多的钱，我也不会干。因为我们是为以色列战斗，而不是为了自己挣钱战斗。况且，个人的生命是再多的钱也换不来的。"因此，与阿克洛夫一样，卡尼曼认为，对于军人这一群体来说，"荣誉"在他们决策中的权重，一点不亚于生命与金钱。因此，卡尼曼提出，追求个人收入最大化并非是个体唯一的决策维度。团结精神及对荣誉的重视，亦是重要的影响因素。

不过，与时代命题发展同步，那一时期行为经济学所关注的道德问题，主要还是公平公正作为道德维度，在经济决策中扮演的角色。

行为经济学通过一系列经典实验得出结论：如果说自利是人的一种本性，那么，对公平公正的追求亦是人的本性。而这就是道德的最基础性规约。

第一个经典实验是"最后通牒游戏"（Ultimatum Game）。这一游戏构造了这样一种情境：有两个参与者A与B，给A 100美元，让A提出一个与B分配这笔钱的方案。如果方案被B接受，100美元就按方案奖给A和B；如果A提出的划分份额被B拒绝，那么A与B什么都得不到。两个参与者都不知道对方的真实身份，且都被告知永远不会跟对方再次打交道。

在这种情况下，按标准的自利性经济人假设，A提出的划分方案应该是给B尽可能小的份额，比如1美元，而B也一定会接受。因为A知道，对B来说，接受了方案意味着能额外获得1美元，而不接受就什么也得不到。

但是，实验者在高度异质的文化背景下进行了几百次实验，反复出现的情况是，A提出的分割方案给B的比例都很高，其中最频繁出现的分割比例竟然是 50%。

更值得注意的是实验中同样反复出现的现象：当 A 提出给 B 的划分份额较少时，B 宁肯不要这笔意外小财，也不愿意接受这一方案。一般来说，当 A 提出给 B 的数量少于 20 美元时，被 B 拒绝的概率就超过 50%。

这与标准经济学理论中人的自利性假说相反。实验者认为，这充分表明，人类追求公平是一种本能，甚至宁愿付出一定代价惩罚他们所认为的不公平。

还有一个在动物中间完成的经典实验，其成果曾刊于《自然》(*Nature*) 杂志。

实验人员把两只棕色卷尾猴放在相互隔开但彼此之间可以通过视觉和声音进行接触交流的两个笼子里，然后给两只猴子各 1 个代币，如果猴子把代币还给实验人员，就能立刻兑换成食物。在第一组平等性测试中，无论哪只猴子交还代币，它都将得到 1 个黄瓜片。实验表明，95% 的情况下，两只猴子都愿意拿代币换黄瓜片。在第二组不平等测试中，考虑到卷尾猴在葡萄和黄瓜片之间更喜欢吃葡萄，实验人员这样设计：第一只猴子交还代币，可以得到 1 个葡萄；而第二只猴子交还代币，还是像往常一样得到黄瓜片。实验一开始，两只猴子不明白发生了什么，都还愿意分别拿代币交换回葡萄或黄瓜片。但逐渐地，因为意识到交换的不平等，两只猴子越来越不愿意再拿代币换食物。而且更有意思的是，能拿代币换到葡萄的猴子，也与那只拿代币只能换到黄瓜片的猴子一样，都变得不愿意交易。

世界银行在《2006 年世界发展报告：公平与发展》中，专门引用了行为经济学领域上述两个成果，以此作为证据，表明人性中有对公平公正的天生偏好。

行为经济学家还引用过这样一个真实故事，表明人类追求公平的强烈愿望有时甚至导致非理性。

英国电视台有一档互动娱乐节目，叫《谁想成为百万富翁》。与诸多类似闯关节目一样，参与者必须回答主持人提出的各种问题。一开始，题目非常容易，但随着奖金额度上升，参与者面对的题目也越来越难。但如果参与者自己回答不上来时，他可以通过三种方式进行求助：让主持人去除一个错误答案；给一位朋友打电话寻求帮助；由现场观众投票决定答案。

有一位参与者，在面对这样一道题时被难住了：围绕地球转动的是什么星球？备选答案有四个，分别是月球、太阳、火星和金星。于是，他选择让现场观众投票来决定答案。结果十分意外：竟然有高达 52% 的观众投票选择了太阳！于是，这位参与者被观众这一十分低级的错误送下了台。

事后，许多人迷惑不解：按理说，月球围绕地球转，地球围绕太阳转，这是小学生都知道的常识，难道观众的知识水平如此之低？竟然大部分人选择太阳围绕地球转！有人甚至由此怀疑英国教育的失败。

行为经济学家布莱福曼（Ori Brafman）就此进行了调查分析。实际上，在场几乎所有观众都知道围绕地球转的应该是月球，但他们都为参与者的无知感到滑稽或愤怒：如此简单的题目都回答不上来，如果帮了这样的人，甚至有可能让他赢得高额奖金，那世界还有什么公平性可言？因此，对公平的追求，使得许多观众不惜违反常识地选择了"太阳围绕地球转"。

也正因为认识到公平是更符合人性的，追求公平是人类天生的偏好,阿克洛夫等提出,经济学界应该主动修正关于人性的假设。在《动物精神》一书中,他和他的合作伙伴、同为诺贝尔经济学奖得主的希勒明确提出:支配我们行为的,绝非仅有理性与自利,还有公平;对我们每个人来说,"公平是一种幸福,不公平是一种侮辱"。所以,应该把"公平"这一道德因素,作为经济分析的前提性条件。

(四)

对新古典经济学"人性自利(私)假设"的第二波冲击,发生在2008年国际金融危机之后。关于国际金融危机的肇因,时任美国总统奥巴马曾经有这样一个说法:"我们不是因为历史的意外才走到这一步,是华尔街的贪婪造成今天这样的局面。"这种从抽象的人性或道德角度的总结,显然不符合经济学叙事,却引发了经济学界关于经济伦理的一场持续至今的讨论。

讨论主要围绕两个层面展开:宏观层面,道德在推动市场运行过程中扮演了什么角色,特别是企业的价值观问题;微观层面,自然人作为经济个体,在其行为决策中,道德如何起作用以及如何能将道德引进正规的经济学分析之中。

这方面产生的成果非常丰富,其中具有集大成性质的是社会经济学代表性人物尼古拉·彼得森(Nicolai Peitersen)等人所著的《道德经济:后危机时代的价值重塑》,以及行为经济学代表人物桑吉特·达米(Sanjit Dhami)所著的《人类的涉他偏好》。这两本著作值得推荐,且已成为经济学界带教科书性质的基础读物。

《道德经济：后危机时代的价值重塑》一书有自己的逻辑起点。作者认为，价值创造过程从来都是以合作方式进行的，而要使这种合作能顺利进行下去，合作各方就必须注重道德，即公平分配、相互信任与重信誉。不过，在工业化时代，合作关系相对简单，加之利润主要回馈到生产过程，因此，以正式契约为主、道德调节为辅的约束是可行的。即使如此，把经济建立在道德基础之上，仍然是人类试图努力的方向。

近40年的金融扩张及信息技术发展，一方面推动人类生产的网络化，越来越多的经济主体通过开放共享各种私人性资源，卷入价值创造过程，产生了"生产性公众"。比如，互联网消费者本身就是互联网价值创造者——因为如果没有消费者的"点击"行为，那么互联网商家就毫无价值，所以，互联网消费者亦是"生产性公众"的重要组成部分。但另一方面，资本利润却越来越依靠金融市场上的投机性行为。因此，与以制造业为主的工业化时代不同的是，如今财富很难回馈到生产过程之中，更难回到"生产性公众"手里。由此来看，必须有新的经济伦理来支撑新的经济形态。否则，整个经济体系无法维持下去。

作者认为，这一新的经济伦理就是道德经济，即道德成为合作生产的基础，或者说，价值创造的过程必须建立在每个经济主体讲道德的基础之上。这种道德，在企业是必须认同"利润共享"概念。因为价值创造是由投资者、企业管理者、企业员工、企业外围服务性网络、消费者等利益相关者共同完成的，企业作为利益相关者资源组合的平台，必须由原来的"专注于利润"，转向"专注于满足各利益相关方需求"。以个体为主的经济人，就要重视声誉，即把信任、信誉等作为一种自律以换得社会认可，既提高自身的领导力与影响力，又提高合作的效率。从这个意义上讲，声誉本身就是一种道德资本。无论是个人还是组织，道德资本源于品行与美德的日积月累。唯其如此，人类经济才可持续并日益人性化。

《人类的涉他偏好》一书总结了行为经济学领域最新成果。书中指出，大多数的实验表明，人是"利己倾向"与"利他倾向"的混合体。甚至有实验表明，60%～70%的个体可能有"利他倾向"，超过剩下的具有"利己倾向"的个体。或者说，天生有利他偏好的，比仅有利己偏好的人要多。著作开头就列举了9种经济现象和实验结果，让我们看到人类在追求公平性与互惠性方面，有时会压过仅仅追求自身利益最大化的考虑。

当然，书中也指出，人所表现出的道德，一方面是人类普遍性美德的显现，另一方面亦与其社会身份相关。这种社会身份不仅仅是指军人、教师、医生这样的职业身份，同时还包括人在契约中的身份。比如，大量行为经济学实验表明，当企业把员工由劳工身份转变为合伙人身份时，会大大提高员工的生产力。这一结论的引申性含义也导向道德经济。

不过，与一般性谈道德经济学不同，《人类的涉他偏好》使用的是标准的经济学框架，书中充斥着大量经济学模型。这让行外人却步，却是进入主流经济学必不可少的敲门砖。

很有意思的是，当道德即人的利他性越来越被主流经济学接受的时候，生物遗传学领域的新进展也及时地对此予以强有力的佐证。这与当年"经济人自利"假说及时得到《自私的基因》强有力的支持，颇有异曲同工之妙。

2015年，美国著名进化生物学家戴维·斯隆·威尔逊（David

Sloan Wilson）推出了他的作品《利他主义存在吗？——文化、基因和他人的福利》（国内翻译为《利他之心：善意的演化和力量》）。与《自私的基因》逻辑起点相同的是，在这本书中，威尔逊也是从达尔文生物进化论的角度出发。不同的是，后者为我们阐释了生物体所表现出的利他特征是如何演化出来的。

在威尔逊看来，参与自然选择的不只是个体，还包括由个体组成的族群。个体为了生存，在进化中逐渐形成了自利的特征。但这种自利的特征，使得个体可能因为竞争有限资源而发展到族群内部互相倾轧，而这种斗争是有限度的——不能超出族群集体生存所能容纳的承载力。

但族群亦参与自然选择，即不同族群之间亦为了本族群的基因传承而发生竞争，这种竞争可能更残酷。而在竞争过程中，能够团结一致的族群，将打败一盘散沙的族群。因此，在族群进化过程中，会逐渐形成利他的特性。因为，族群中的利他者越多，这个族群的整体生存和繁衍能力也就越强。

根据威尔逊的观点，人类之所以从各种动物族群中脱颖而出，恰得益于人类在长期进化过程中演化出更多的利他成分。这种利他成分逐渐积淀成为人类社会中的道德与文化，它不仅使人类更加团结从而提高在自然环境中的生存能力，还有效限制了在人类社会内部由于极端自私导致的恶性竞争。从这个意义上讲，利他是人类文明的"催产素"，而道德就是人类文明本身。

个体具有利他性这一从演化角度、通过逻辑推导得出的结论，其实在更早之前也得到了遗传学的证据支持。早在2005年，以色列希伯来大学的一个研究小组，在《分子神经科学期刊》上发表了一项长期研究成果。这一成果表明，促使人类表现利他主义行为的基因，发生在人类的 11 号染色体上，他们将其命名为"慷慨基因"。当个体牺牲自己眼前利益而让群体或他人受益时，这种"慷慨基因"会促进个体大脑皮层下神经网络分泌出一种多巴胺，让个体产生快乐、温暖、爱与崇高等良好的感觉。这种感觉就是对利他行为最好的回报。

这个团队调查还发现，大约有 2/3 的人携带有利他主义基因——这一比例正好与行为经济学的结论相印证。当然，即使未携带这一基因，也并不意味着就无利他之道德心。因为无论是男性还是女性，其下丘脑还会自然产生一种激素，即"催产素"，这种激素同样会刺激个体产生爱和利他主义，并同样以多巴胺成瘾式快感体验相回馈。由此看来，如果说人有追求自利的本性，那么，以追求他利为基础的道德行为，亦是人的本性。

（五）

不过，在行为经济学家看来，与法律是他律不一样，道德靠的是自律。而自律在某些环境中不可靠，否则就不会发生那么多违反道德的不诚实行为。因此，自律也需要有外在的力量来牵引或约束，以激发人们心中的道德律。

行为经济学家通过实验提出了若干解决之道。

此系列实验是在美国一所著名商学院进行的。实验主持者准备了 10 道题，由两组学生进行答题，时间是 5 分钟。每答对 1 道题，学生就得到 10 美元奖励。

第一组学生在严格控制条件下进行答题。答题完成后，学生们把答题卷交给老师，由老师根据标准答案比对进行判分，按判分结果给予奖励。结果，这组学生平均答对 3.1 道题。

第二组学生自由答题，5 分钟后，老师公布标准答案，由学生自己判分。判分完毕，学生自行把答卷用碎纸机销毁，然后向老师报告自己答对了几道题，老师按学生自行报告答对的题目数量给予奖励。结果，按照这组学生自己报告的数量，他们平均答对了 4.1 道题。

上述实验进行了多次，每次参与实验的学生都是随机抽样的，而实验结果都一样。因此，经济学家得出结论：在没有监督的情况下，33% 的学生有虚报答对题目数量的现象。换言之，自我约束有时还真靠不住。

经济学家修改条件再次进行实验。这一次，第一组学生仍然是在严格比对标准答案的情况下进行答题，而第二组学生仍然是自我判卷并自由报告答对题目的数量。不同的是，对第二组实验者，在开始答题前要求他们每个人抄一遍《圣经》中著名的"摩西十诫"，其中有"不得欺诈"的内容。

结果非常有意思：严格控制条件下，第一组学生平均答对的题目仍然为 3.1 道；而第二组自我判卷并自由申报答对题目数量者，平均答对题目的数量竟然也为 3.1 道，而非此前实验中的 4.1 道，区别仅仅在于这一次他们在答题前抄了"摩西十诫"。

"摩西十诫"在基督教文化背景下，代表着一种信仰。因此，这一实验结果表明，激发人们内心的信仰时，人们将变得诚实而有道德。

经济学家又一次改变实验条件。第一组学生仍然是在严格控制下答题，第二组学生也仍然是自由答题、自我判分并自我申报答对题目的数量。不同的是，这一次，第二组学生在自由申报答对题目数量去领取奖励前,被要求在一张纸上写上这样一句话:"我是某某商学院学生,我知晓这次测试将考验我的道德规范。"最后的实验结果是:第二组学生自由申报的平均答对题目数量,与第一组严格控制下进行实验的学生平均答对题目的数量完全一样,也为3.1道。

此次实验给我们的启示是:每个人都有自己的尊严和羞耻感,如果我们能以某种方式,唤醒人们内心的这种自尊与知耻心,那么,人们将变得诚实而有道德。

再一次做对比实验。第一组学生面对的实验条件仍然不变,第二组学生亦如此。但是,第二组学生去自由申报自己答对题目数量并领取奖励时,接待他的是哈佛商学院一位德高望重的老教授。实验结果仍然很有意思:第一组学生平均答对3.1道题,而第二组学生自由申报平均答对了3.4道题。这意味着仍然有不诚实的现象,但不诚实现象的发生概率远低于第一次实验中的33%。这表明,在德高望重的老教授面前,原来有作弊之心的学生中,绝大部分觉得不应该作弊。所以,榜样的力量可以在相当程度上抑制人们的不诚实行为,激发人们内心的道德。

上述行为经济学实验结果告诉我们,要使市场与社会道德水平提高,就必须重视人们的信仰,就必须时刻提醒人们知荣辱,就必须重视身边榜样的力量。

由此联想到多年前中国经济学界关于"官德"的讨论。当时年轻的我作为贝克尔的崇拜者也一度主张,与其费心讨论如何提高官员道德,还不如讨论如何完善制度安排尤其是惩戒系统。但现在看来,法制与道德都不可偏废,不仅要让官员害怕在经济上倾家荡产,还要让其害怕在声誉上身败名裂。特别是,当法制日益健全、官员获取灰色收入越来越不可能时，通过信仰和道德培塑，激发人们对荣誉和责任的重视，可能比单纯的惩戒更有利于提高工作热情和效率。

（六）

在以承认人性复杂性为前提的行为经济学的努力下，道德因素正日益被纳入主流经济学框架。

不过，在新古典经济学一统天下、人的"自利性假说"盛行之时，贝克尔等人其实一直在推广另一种行为经济学，即用"成本-收益"衡量法来分析法律、婚姻、生育、伦理等人的社会性行为。比如，在贝克尔的"成本-收益"框架下，婚姻就是一种契约，是结婚前男女双方算计的结果，而非爱情的产物。同样地，生育几个小孩，甚至让小孩接受何种教育，也是夫妻在生养与教育小孩的成本以及预期小孩未来将给家庭带来什么样的回报之间权衡的产物。在这一框架下，社会生活中的一切道德情操，都被这种"祛魅式"解构搞得荡然无存，我们看似神圣的东西都被世俗化。经济学在社会领域的这种扩张，被批评者定义为"经济学帝国主义"。

正是由于这种"无道德"经济学的"攻城略地"，使得一切似乎都可以以价格来衡量。最典型的，是当时以弗里德曼等人为代表的一种观点，即认为人们节日之间互赠礼物是一种浪费，因为所赠之物未必是对方所想要的。所以，他们主张，不如把礼品换成钱直接给对方，这样既能因避免浪费而提高经济效益，又能让收礼者因能拿钱买到个人更想要的东西而提高其个人收益。

殊不知，当社会领域一切用价格来衡量的时候，道德与伦理本身也就贬值了。

美国著名经济学家、圣菲研究所行为科学项目主管塞缪尔·鲍尔斯，曾讲过一个有趣的实验经济学案例。实验地点在以色列的海法市。在当地托儿所，父母亲接孩子时经常迟到，给保育员带来不便。为了解决这一问题，实验者选择了六个托儿所做实验，规定父母如果接孩子迟到将被罚款。这笔罚款既算是对父母迟到行为的惩罚，也算是对保育员不得不因此延长看护时间的报偿。

按一般道理而言，这种罚款规定出台后，接孩子迟到的父母应该会减少一些吧，但实验结果却大大出乎人们的意料：罚款规定出台后，接孩子迟到的父母数量增加了一倍还多。更令人吃惊的是，在取消罚款规定后，与实验之前比较，迟到的父母数量仍然翻了一倍多。也就是说，一场实验的结果是迟到的父母数量大大增加了。

那些坚信一切可以用价格衡量的经济学家们想当然地认为，人们有避免金钱上的损失的倾向，因此，罚款规定应该能够让更多父母按时接孩子。但为什么实验结果却恰恰相反呢？鲍尔斯对此分析认为：就是因为一场经济学实验使得"道德因素经济化"。具体地说，在进行这场实验之前，父母把按时接自己的孩子看成是道德义务：孩子眼巴巴等着父母来接，而保育员辛苦了很长时间也需要休息。因此，那个时候，如果不是万不得已，父母接孩子是不会迟到的，而且任何一次迟到都会让父母心中内疚一阵子，下次会设法准时。

但罚款规定出台后，迟到以及保育员不得不加班都变成了一种经济行为，都可以用金钱加以衡量。也就是说，迟到本身不再是道德问题，变成了可以用金钱交易的市场关系。这个时候，父母也不再为迟到感到内疚：因为他们已经为此付出了金钱，而保育员也得到了补偿。于是，只要有任何理由，这些父母都乐意迟到，迟到的父母数量因此而翻倍就毫不奇怪了。而后来即使取消了罚款规定，也并没有改变这些父母把迟到视作"经济问题"这一意识，所以他们并没有改变他们的迟到行为，潜意识中甚至认为可能是托儿所之间的竞争，使得保育员选择了免费延长照顾小孩的时间。

由此，鲍尔斯感慨道：建立在自私动机基础上的市场经济，如果不加以约束，可能会使我们每个人都变得没有道德。换句话说，在利用"自利心"设计的规则之下，会让我们每个人都变成冷冰冰的"机器"。

其实，在鲍尔斯之前，许多伟大的思想家都已经表达了这种担心。英国政治思想家埃德蒙·伯克（Edmund Burke）认为，当一切都变成金钱关系之后，"骑士品质的时代一去不复返了。随之而来的是诡辩者、经济学家和算计者的时代……没有留下任何会激发情感的东西能让我们产生爱、崇敬、赞赏或依恋"。马克思则更明确地写道，市场的不断扩张，迟早会使人类"最后到了这样一个时期：人们一向认为不能出让的一切东西，这时都成了交换和买卖的对象，都能出让了。这个时期，甚至像德行、爱情、信仰、知识和良知等最后也成了买卖的对象，而在之前，这些东西是只传授不交换、只赠送不出卖、只取得不收买的"。而托克维尔（Alexis-Charles-Henri Clérel de Tocqueville）在《论美国的民主》中也持同样的看法：当一切都变成交易关系之后，"每个人对于所有其他人的命运而言都是外人……每个人仅仅以他自己和为了他自己而存在着"。

此外，持类似看法的还有20世纪中叶的 E. P. 汤普逊（Edward Palmer Thompson）和卡尔·波兰尼。前者基于对英国工人阶级生活状态的同情，把18世纪贫民因饥饿和资本家借机囤积居奇视为道德观念丧失的结果，而平民发起的"粮食骚动"，恰是为了维护传统的公平、正义观念的产物。在此基础上，汤普逊提出必须研究"道德经济学"，否则，悲剧会重演。而与哈耶克齐名但与其观点相反的波兰尼，第一次在经济学领域明确提出区分"市场与社会"，反对市场法则对社会领域的侵蚀，否则，社会对市场的报复将引发经济领域的危机。也因此，他们二人被经济思想史写作者蒂姆·罗根（Tim Rogan）专门作传，被写入其代表作《道德经济学家》一书中。

不幸的是，这些伟大思想家的担心被言中。1970年代末以来，东西方社会普遍的道德水平倒退，同情心丧失，冷漠与利己主义大行其道，这与经济学在社会领域的全面扩张是有关联的。所谓"精致的利己主义者"，是对市场法则侵蚀社会领域之后那一时代下成长起来的人群的群体性写照，而非仅仅哪国哪群人独有。

一个最具代表性的现象，是著名计量史学专家、诺贝尔经济学奖得主福格尔所称的"对贫困看法的改变"，即不仅不同情贫困，反而认为是贫困者应得的。

我们知道，在《道德情操论》中，斯密首倡的道德就是"同情之心"，即对贫困者的同情。在斯密晚年最后修订的《道德情操论》中，他特地补写了一节，专门指出："堕落的原因是我们倾向于羡慕有钱有势的人，而鄙视贫穷卑贱的人。"福格尔梳理历史后认为，在美国，尤其是大萧条以来，由平等主义引领的"大觉醒"运动之后，"出现了一种新的道德伦理"，即"不再认为贫困化是上帝对个人罪恶的报复，而是社会制度不合理的产物"，"不应该把贫穷看成是个人的失败，而应该看成是社会的失败"。正是由强调"个人对个人负责"的观念向"社会对个人负责"的观点的转变，推动了美国社会推出一系列贯彻平等主义的改革方案，也造就了美国历史上的黄金时代。

但是，1970年代以来，由于"不讲道德只讲交易"的里根经济学大行其道，美国社会风向标发生了改变，社会重新"把贫困当作个人的事，把贫困的人群归为市场竞争失败者"。这也是此后至今，尽管美国社会财富积累仍在高歌猛进，但社会贫富分化、种族冲突、社会撕裂以及政治极化却越来越严重的最主要原因。而社会领域的这些矛盾累积，终于成为"回镖"，正打击着经济全球化并催生了反市场的民粹主义及威权主义。

（七）

最后，想说说中国，尽管这并非本文所讨论的重点。

实际上，在中国，建立在"利己经济人"假设之上的经济学，一度也成为显学。毫无疑问的是，这种经济学思潮推动了中国市场化改革，亦极大促进了中国生产力的大解放。但是，由于未能把握好"度"，中国亦经历了一场市场法则对社会领域的侵蚀，似乎一切都可以定价，都可以用钱来解决。因此，我们可以看到，在这种无道德考量的经济学影响下，在关于生命、孝道及信仰等领域，以市场替代道德的现象也很突出。

比如，多年前我参加一个小型座谈会，大家讨论的话题是：当政府为每个矿难者规定了很高的赔偿标准后，为什么并没有减少矿难？现在想，其原因是：一方面，这几十万元的赔偿对每年赚几个亿的煤老板而言不值一提。过去，矿工死亡在煤老板看来是不得了的大事，是家破人亡，所以对安全生产还比较重视；而自从出台补偿标准后，许多煤老板已经把死人的事看成是钱的问题，认为只不过在其多少亿的资产中"划出了一点点"，煤老板也因此变得越来越没有同情心与人情味，更没有积极性改善煤矿安全生产状况。这难道不是原本无价的生命，在变得"有价"后导致的悲剧吗？当然，这一现象后来得到国家更严厉的整治。

再比如，已经有许多研究成果表明，中国传统的家庭式养老，是世界上成本最低、最富人性化的一种保障方式。而现在，独生子女已无力承担赡养多个老人的任务，因此，实行社会化养老是必然的。然而，社会化养老虽可以解决独生子女没有更多时间分配给多个老人的问题，却不能也无法代替子女对老人的孝道，因为孝道是社会规范。国外有统计结果表明，在排除其他因素的情况下，收费越高的养老院，子女平均探视时间相对越短，老人患心理疾病的比例越高。原因是，收费那么高，让一些子女潜意识里认为，金钱可以替代孝道。正因此，我一向反对把社会化养老简单视为"市场化养老"。

又比如，在中国传统文化语境中，贫穷而有道德的人一度是我们尊崇的对象。但仅仅经过了几十年交易观念的洗礼之后，贫穷而有道德的人，却被视为无用之人。在充斥于自媒体的各种励志"鸡汤"中，富人与穷人被划分为"层次与境界"不同的两类人，前者是因为"层次与境界高"而富，后者因为"层次与境界低"而贫。贫穷之人不仅被视为可耻,而且被认为"活该"。文学作品由此前的赞颂穷苦人,转而暗示人的阶层是与其道德水平相匹配的,甚至有文字公开羞辱穷人"具有愚昧、贪婪及相互倾轧"的"特性"。这显然与我们这代人当年在贫穷的乡村社会的体验不同。因为亲身体验告诉我们,当年人们贫困但不乏温情,互助而有爱心。而真正让我们对故乡失望的是,现在变富了,但人的嘴脸却越来越市侩而冰冷了。

看来,无论中国还是世界,都到了呼唤道德经济学的时候了。而行为经济学对道德在经济决策中作用的重视,得以纳入包括中国经济学界在内的主流经济学,恰是对这一呼唤的回应。

也因此,我们对于未来,也许可以多一份耐心与信心。

(作于2022年7月)

寻找"最大公约数"

春节前，抽出时间读完了吴敬琏先生《当代中国经济改革教程》（下称《教程》）。因为吴先生1999年出版的《当代中国经济改革：战略与实施》以及2004年出版的《当代中国经济改革》此前均已读过，所以，我关心的是新书与之前的两本书有何区别。

第一眼看出的区别在于新书加上了"教程"二字，这可能意味着此著作具备了某种教科书性质，因此其中的内容就不仅是先生个人的见解，而应该是经过长期积淀后被学界多数学者所公认的成果。这正如以现代经济学教科书写作而闻名的保罗·萨缪尔森所说：作为教科书，必须"强调的几个关键字"中最为重要的就是"权威性"，即其中的"知识性叙述"应该是"几代经济学家所积累的"。然而，在改革三十多年后的今天，存在这么一个"完备性的权威表述"吗？

于是，便想起吴先生曾经对我们多次说过的"我一向主张寻找最大公约数"。既然评论《教程》绝非作为后生的我辈可以担当，那么我就从寻找"最大公约数"入手，写一点自己的感想。

（一）

借用《教程》中引用过的约翰·罗尔斯（John B. Rawls）的相关概念，吴先生说的"最大公约数"，应该就是罗尔斯的"重叠共识"（overlapping consensus）。

按《教程》中的划分，改革三十多年来大的争议发生过三次，而最为作者所关注的，就是自2004年以来的第三次改革大争论。

争论应该是三十多年间利益格局的大调整所致。按《教程》的分析框架，旧体制的支持者在改革之初就已失势因而也是失利者，他们反对改革是一贯的；但"改革初期的增量改革战略使绝大多数人受益，因此，满意的情绪在整个社会居于主导地位"，因而他们反对改革的声音"趋于式微"。但是，三十多年后，一部分增量改革的既得利益者，为维护其既得利益，肆无忌惮地利用权力寻租，打着改革的旗号扭曲改革，造成了严重的腐败与贫富分化，也引发了普通民众对改革的不满，旧势力也借机回潮，于是，产生了第三次改革大争论。

且不说此分析框架正确与否，有一点无疑：在历经三十多年改革之后，人们对于改革的不同看法，首先是罗尔斯讲的"自我利益的结果"，或者说，是不同的利益群体"以一种有限立场"来看待改革的倾向使然。但另一方面，从积极方面看，分歧的形成，何尝不是吴先生所主张的通往市场经济与更为完善的民主制度之路的必经阶段呢？因为在所谓"自由制度"下，罗尔斯认为至少存在三个事实：每个人按其个人所持有的不同观念"自由实践理性"；政府无法压迫性地使用国家权力，去维持"人们对某一种完备性学说的持续共享性理解";"我们不能期待正直的个人以其充分的理性能力（甚至是在经过自由讨论之后）总能得到相同的判断"。而在我们国家，思想观念日趋多元化，人们表达的自由空间日益增多，且在原有的"完备性学说"及传统意识形态影响下降后，每个人都只是从自己的理解来言说，"身在此山中"难免带来"不识庐山真面目"的偏狭，因此，对于改革的看法出现分歧便不难想象了。

关键是对于改革的不同看法，有没有威胁到改革这一事关中国前途与命运的事业本身，更广而言之，会不会危及国家共同体的和谐与稳定？罗尔斯当年之所以提出"重叠共识"的概念，也是基于类似的发问：既然现代立宪民主社会中不可能也不应该有"唯一完备性学说"，不可能有"共识"，那么，到底用什么来维系社会的正常运转？只能在宽容分歧的同时，通过寻找最低限度——在罗尔斯那里即仅限于政治正义方面——的共识来达到，而这种共识应该是不同观念的交集，即"重叠共识"。今天，关于中国改革的争论在先生看来显然不再是简单的学术观点之争，而是有可能危及市场化改革，甚至可能危及变革中的社会稳定。也正因此，他提出了寻找"最大公约数"的主张，实际上也是在众声喧哗中试图寻求关于改革的"重叠共识"。

从现实维度看，寻找"最大公约数"的确是推进中国未来改革朝着健康方向发展的必不可少的条件。

改革之初的普惠性特征造就的"改革共识"曾经使我们一度非常乐观；甚至在1980年代中期之前，"改革"在神州大地风起云涌，毫无阻力地迅速铺开。今天看来，改革之所以被部分学者与政治家视为目的本身而非手段，或者说，他们把改革这一仅属于罗尔斯所谓"大多数利益相关者认可"层面的"临时协约",上升到"不容任何反思"的"意识形态与信仰"层面的共识,与其情感、心智与知识结构仍然停留在对 1980 年代初期的迷恋有关。但随着改革步入深水区,利益格局持续调整,损益分布日渐不均,当年的共识赖以存在的基础被瓦解,来自底层的动力逐渐减退,加之"第三种力量"即既得利益者对改革的扭曲,中国改革的推进也越来越难。

此时,如果强力推进改革,至少有两个问题无法解决。其一,如果不能找到"重叠共识",中国改革下一步会不会出现先生在《教程》中所表达的担心:谁在推进改革?推进的又是谁的改革?会不会是"打着改革的旗号增强权贵利益的力量","把反改革力量的存在作为恐吓群众的稻草人",让群众只能听命于他们的"假改革主张"?其二,更严重的问题还在于,改革不应该是"利维坦"。无视社会舆论的后果,只是使后续改革进一步成为利益肉搏,改革者也在为自己不断制造更多的对手,长此以往,转型中的中国社会有可能因严重冲突而失序。

也正因此,对于改革三十年之际出现的争论,我个人视之为先生所说"寻找最大公约数"之必经阶段。在长达十几年的改革攻坚之后,我们仍然听到看到攻坚在继续,这种局面本身就在提醒攻坚者需要调整策略。而且,策略调整的方向就在于寻找"最大公约数",即最大限度凝聚共识,使改革再度成为绝大多数人拥护之事业。因为前三十年的改革历程足以说明一个问题:一项得到大多数人拥护的改革,不应该也不会是让改革者发怵的"地雷阵"!

（二）

关于如何寻找"最大公约数"，在罗尔斯的"重叠共识"、哈贝马斯（Jürgen Habermas）的"交往理性"、萨缪尔森关于经济学方法的观点中，都提供了可供我们借鉴的思路。

在罗尔斯那里，为追求维系民主社会稳定的"重叠共识"，他设想了必经的两个阶段：第一阶段"只能在一些最基本最急迫的原则上达成一致"。这种共识范围甚至可狭窄到只包括对下一步讨论的程序进行认可。但即使是这一步，也经由现实中"多元冲突性观念的存在"，上升到不同观念持有者"对多元观念的包容"。经过了此阶段，追求"重叠共识"的各方"必然会进入讨论的公共论坛，并诉请那些与自己拥有不同完备性学说的团体"。而且，讨论的范围越广阔全面，越自由充分，越可预期达成广泛而有深度的"重叠共识"。所以，包容不同观点，然后自由讨论，是达到"重叠共识"的必由路径。类似的观点也见于哈贝马斯关于"理想的言语环境"的看法。

近些年来，吴先生一直在用思想与行动践行着经由平等而自由的讨论获得"最大公约数"的努力。

七年前参加先生主持的一个研讨会，主题就是"超越'左'与'右'：关于当代中国问题的思考"。其时学界已是壁垒分明。为了最大限度节约"交易成本"，学界与媒体一样浮躁，在无视一个学者的具体观点更不细读对方文字的情况下，就简单地以"左"或"右"、保守派或自由派、民族主义或天下主义等标签贴在学者身上；反过来，这种简单分类法使得学界内本来就存在的圈子更趋向自我与封闭。相互攻讦已成风气，更遑论坐在一张圆桌上通过平等自由对话来获得"重叠共识"。正是在这种背景下,先生仍力倡超越,并在评论我的发言时说:"我向来主张要寻找最大公约数。"也是在那次会议上,我的确看到了被视为不同阵营的学者心平气和地探讨中国改革与发展可能的各种前景。尽管先生年岁最长、威望最高,但他与其他学者一样,逢发言必先竖起面前的名签以征得主持人同意,发言中必恪守规定时间。此后几年中,参加类似会议多次,看得出来,先生总是力求让各种观点都有表达的机会。不久后,以"郎顾之争"为标志,关于中国改革的争论日趋激烈。当有人简单地把反思改革的声音归为"反对改革"之时,2006年初,先生在一次会议上不仅支持反思改革,而且提出,不应把争论复杂化,要弄清的是观点的正误,而不是首先去质疑改革的人有何动机。他还说,只要这种争论遵循实事求是原则,真理总是愈辩愈明。2007年在清华大学举行的一次讨论会上,先生再度提出,一个经济学家可以有自己的价值观,有强烈的社会追求,只要讨论问题时是按经济科学的要求,就事实进行讨论,就可以对话。2009年初,先生仍然认为,在摒弃极左与极右思维之后,中左与中右都是建设性力量。

我必须承认,在当下,《教程》中的内容能否算得上共识,仍然面临诸多争议。但我也看到,首先,先生审慎地考虑到了中国经济学界不同观点,尤其是那些圈内或媒体流传的与先生观点相异甚至的确与先生发生过公开争论的学者的观点,书中都客观收录,而且在评价时总体上正面甚于负面。同时,从先生当年主张的"自由市场经济"到现在的"法治市场经济"、从当年主张的"有限政府"到现在的"有限且有效政府"、从当年主张的"重视市场运作"到现在的"重视社会矛盾解决"等,尽管先生本人学术观点与研究重点并没有发生过大的位移,但我辈仍然可以揣测先生一定关照到了不同观念之间的平衡性。

那么,"公约数"找到了吗?读完《教程》,相信不怀偏见的读者还是能够从中看到,在事实性确认上,书中的内容算得上是"交集",持不同观点的学者基本都会认可。比如,书中对于中国改革进程及其中诸多重大决策的较为详细且客观的记录,应该是为后来研究改革开放史的学者勾勒出了路线图;书中所道出的中国改革当下面临的挑战与困境,如腐败蔓延、分配不公、贫富差距与社会失范等,也都是绝大多数关心中国改革与发展前景的学者所承认的;甚至在分析产生这些现象的直接原因时,书中反复强调的资本与权力之间的相互"利益输送",不也与持不同观点者抱怨"政府追求经济增长,因而更倾向于资本集团,很大程度上漠视工农利益"几近一致吗?对于国家有可能走上"权贵资本主义"的路子,不也是我们共同的担忧吗?

无论如何,"寻找最大公约数"的努力,对于不同观点之间的距离拉大趋势有一定的缓和作用。萨缪尔森在论证"经济学家之间的分歧被人为夸大了"时写道:"在实证领域,经济学家有相当一致的意见;但在规范领域,即应该怎么做,则分歧与普通人一样大。"在萨缪尔森的区分中,"实证经济学"恰就是"对事实的描述与确认";而"规范经济学涉及伦理和价值判断……这些问题涉及根深蒂固的价值和道德判断。可以对它们进行争论,但是,它们决不可能通过科学或诉诸事实加以解决"。以此对照,《教程》恰也在"实证领域"表达了经济学界与社会大众相当一致的看法。因此,呈现出的在"怎么办"这个问题上的分歧,也只是萨缪尔森所言的经济学家之间常见的分歧而已。

（三）

但是，我们仍然不能不承认，即使先生想通过经由平等而自由的讨论寻找"最大公约数"，目前也仍然只是获得了罗尔斯意义上的"重叠共识"的第一步。在中国，现实的情况是，关于改革最终的"重叠共识"不仅没有完成，反而近几年大有渐行渐远的趋势。这种"共识的假定"和纷争的现实之间的矛盾常常困扰着对"共识"孜孜以求的学人。

想来是作为政治哲学家的罗尔斯对追求"重叠共识"的结果过于理想化，而经济学家就更为现实一些。先有著名的"阿罗不可能性定理"，即如果任由个人偏好起作用，就不存在满足基本公平性条件的备选方案。即使通过投票这样的民主程序，也可能出现一个毫无意义或可能是被操纵的结果。对此，有人甚至评价说，"阿罗不可能性定理"是把政治自由主义者所认为的个人自由与整体福利改进二者可兼得的理想击得粉碎。在阿罗之后，阿马蒂亚·森的"帕累托自由不可能性定理"再度确认，在尊重个人权利的前提下，要获得一个满足"使所有人都认为状况至少不会比现在差"即"帕累托原则"的共识，几乎没有可能性。

有趣的是，美国学者劳伦斯·萨斯坎德（Lawrence Susskind）在一本通俗性的小册子《打破罗伯特规则》中，对于统治美国两院长达一百多年的"罗伯特议事规则"提出了反对意见，认为通过"罗伯特议事规则"之所以易于达成共识，是因为它"最大限度限定人数"，而真正的共识应该是"达成协议后能使每个人的处境至少不比协议前的状况差"，因为这样的共识才能被参与协议者"自动执行"，而无须由第二方或第三方来"强迫执行"。也正因为

"罗伯特议事规则"达不成这样的共识,因而只能通过限定人数来达成一个"伪共识",然后通过"少数人对多数人强制"来执行。这与阿罗(Kenneth J. Arrow)和森的观点何其类似,即除非引入精英或政治专断,否则,个人自由与"帕累托原则"之间的矛盾无解。

寻找关于中国改革的"最大公约数",也可能面临上述悖论:包容每一种自由表达,固然构成了达成"重叠共识"的第一步与前提,却无法获得最后的终极共识;尊重每个人的利益很重要,却无法寻找到一个能够实现每个人利益增进的改革方案。这正是关于中国改革的争论以及中国改革本身未来面临困境的原因之所在。

虽然因为阿罗和森的"不可能性定理",人们对完全尊重个体利益偏好而达成一个符合"帕累托原则"的方案不抱希望,但人们更无法接受不经过协商民主而由"少数人决定后"强加的方案。因此,一个折中性的方案应该是:只要最后的方案能实现总福利的改进,通过参与协商的个体"让渡部分利益",还是能够达成共识。因为道理很简单:只要有总量上的改进,即使是均分,也能实现每个人的状况比原来好的"帕累托原则"。这样的主张在经济思想史上曾由吉玻伯德(Gibbard,1974)和太郎铃村(Suzumura,1978)为解决"森难题"而提出过。更具体地说,就是在总量改进的前提下,为达成最终的共识,需要"多得者"让渡部分利益给"少得者",尤其是"不得者"与"利益受损者"。在中国改革的语境下,现阶段要想获得改革的"重叠共识",自然也就轮到"先富者"通过承担更多改革成本等方式,让利于"后富者"与"未富者"。这也是《教程》强调的"实现公平正义"。

然而，可能最大的分歧也恰隐匿在此。

在一些学者（包括我在内）看来，在经济学"最大化动机"下，任何一个既得利益者，不但不会主动让渡利益，而且会保守自己的利益。所以，需要引入"第三方"主导社会公共资源再配置与收入再分配。而现代经济学中这个"第三方"只能是政府。但先生却认为，出路在于进一步市场化，政府改革的方向恰需要政府进一步与市场分开，退到单纯提供公共服务的领域。

我无意于铺陈这种分歧之大小。《教程》也认为，就算任由"纯粹的市场"运作，也会导致机会与结果的不平等，这本身就需要政府予以矫正。而我认为更需要指出的是，1980年代中期以前，中国改革是"大多数人受益"，符合"帕累托原则"，所以，改革方案本身就是"自动执行"，即几乎所有人自下而上拥护。但改革进入深水区以后，改革方案是有人受益，有人受损，不再能被"自动执行"，因而政府此时已作为"第三方"介入，此后的改革几乎都是政府自上而下强力推进。但"强力"并不意味着"非帕累托原则"改革本身的合法性，当时能够支撑改革共识的还有政府的"隐性承诺"，即让利益相对受损者先投票支持"总量增加"与"部分地区与人群先受益"的改革，国家会要求受益者在受益后对受损者进行补偿。三十年后，这种"非均衡"改革战略已使得先富者积累起强大的经济、社会甚至政治资源，但先富者并没有兑现对利益相对受损者的补偿，此时，先生却认为政府应该退出，由市场自由发挥作用。在这种背景下，我不知道与既得利益者相比较而言几乎毫无谈判能力的弱势人群，如何能够通过自由市场这个对等博弈的平台，挣得本应该属于自己的那部分利益？或者说，就算法治再健全，在竞争起点极端不平等的背景下，中国的贫富差距又何以能通过"对等竞争"来缩小？

如果再回到学理层面，先生对自由市场的看重，仍然是在秉承罗尔斯的理念：相信个体自由可以最大限度增进社会幸福，而社会幸福反过来也要求最大个体自由。但正如前面已经论述的，阿罗和森提出的"自由悖论"已经质疑这一点（李华芳，2003）：强调自由市场对个体"最大化其利益"行为的放任，又如何能够寻找到真正的"最大公约数"呢？

（四）

不过，我仍然想重申这样的观点：如果只是经济学家之间正常的分歧，就不应该被夸大。

萨缪尔森曾说过："经济学家之间关于规范领域即'应该制订怎样的政策'的分歧是难以克服的，对于这些问题是由政治上的抉择来解决的。"这种经由"政治过程"或"公共选择过程"解决问题的想法，其实与先生在《教程》中最后寄希望于通过"政治体制改革"来解决中国改革中遇到的困难是异曲同工的。

况且，在不同利益群体发育不均衡而利益矛盾却日趋激烈、中产阶层又很弱小的背景下，主张政府应该主导公共资源与收入再分配时，也必须面对"政府能否成为公正的第三方"这样的追问。否则，不恰当的介入的确只会助长"裙带资本主义"。因此，近些年来，我个人在诸多场合总是强调：正因为无论是协调全社会利益、兑现"补偿承诺"，还是实施再分配政策，政府都应该起主导作用，所以，必须下决心推动以行政体制改革为中心的政治体制改革，尤其是政府职能重点应该适时转移，由将注意力集中于经济建设，转向社会管理与公共服务，即协调好各阶层利益关系，提供社会保障，促进社会福利体系建设。这也与先生主张"政府自身的改革是推进政治改革的关键"相同。

但令人感到不安的是，分歧似乎正在超出正常范围。近几年来，关于问题的理性讨论少了，而把不同看法归结到意识形态层面的争论更多了。这固然是过去的惯性使然，但另外一面，按卡尔·曼海姆的梳理，意识形态的出现本身就表明矛盾的累积到了无法通过确认事实性的对话解决的程度；或如克拉莫尼克（Isaac Kramunick）在《意识形态的时代——近代政治思想简史》中所说："当我们一旦用'意识形态'来看待对手提出的各种观点时，表明我们不会为了理解对手的真实意图而诉诸对手实际上说过什么。"

联想到先生近几年卷涉的一些争议与是非，难道不都与这种大环境相关吗？

但是我们不必消极。邓小平说，改革是一场前无古人的事业，甚至在这一过程中允许"试错"，"错了，改过来就是"。而从更广阔的视野来看，中国正经历"三千年未有之大变局"。近三十年中国所走过的路程相当于西方三百年。也因此，西方发达国家近三百年中渐次、历时出现的问题，在中国集中、共时出现，并不是不可以理解的事。

更让我们欣慰的是，近年来，国家领导人反复强调，"要毫不动摇地坚持改革方向"，"同时注重提高改革决策的科学性，增强改革措施的协调性，使改革兼顾到各方面利益、照顾到各方面关切，让全体人民更好地共享改革发展成果，让改革真正得到人民的拥护和支持"。这种宣示是成熟的执政者综合听取各方面的意见,然后"执其两端,用其中于民"的体现。而在这一过程中,作为与中国改革时代紧密联结在一起的吴敬琏先生,与众多其他同辈学者一起,尽管彼此观点存在差异甚至发生过争议,但却一样秉承社会理想并力图以超越性立场看待与推进改革,为国家发展能更好地兼顾公平与效率局面的出现作出了重要贡献。他们也为后来的经济学者如何经由平等而自由的讨论寻找到"最大公约数"提供了很好的经验。

也因此,在吴先生八十寿辰之际,我谨以此文再次表达对吴先生以及所有与他同辈的经济学家的深深敬意。

(作于2010年2月)

构建起有中国"历史特性"的经济学理论

（一）导语：我们需要一个"管长远"的经济学理论

中国经济学界的理论分歧由来已久，但从来没有像今天这样不可调和。一方面由于执政党对于决策科学化民主化的重视，听取经济学家意见和建议已形成常态，另一方面更由于一些经济学家被纳入决策层，以及受过严格经济学训练的官员越来越占据高位，经济理论对于经济实践的影响越来越大。因此，经济理论的分歧甚至混乱状况就不再是"书斋里的风波"，而是将实际映射于中国经济发展。实际上，近年来全面深化改革过程中，一些甚至已经以红头文件明确的改革举措在现实中一波三折，就与此有关。因此，尽快厘清一些基本理论问题就显得愈发迫切。

从更长远的眼光看，建立起一种"理想态"的中国经济发展基础性理论，事关能否最终实现中华民族伟大复兴这一目标。民族复兴必须建立在经济强大的基础之上。过去三十多年间，中国的经济发展路线很难说有一种相对完整的理论指导，更像是采用了一种实用主义方法论来指导实践：有什么问题就解决什么问题，问题实在解决不了就先绕着走。这种实用主义路线，的确使中国实现了高速经济增长。也正是有赖于这种增长，中国迅速跻身于世界经济大国行列，中华民族比以往任何时候都渴望实现民族复兴。但与此同时，这种实用主义路线也使得过去三十多年各种矛盾不断累积，中国经济发展遇到了诸多"硬约束"：经济"脱实向虚"明显，金融与房地产行业泡沫化发展反衬实体经济相对萎缩；收入分配差距不断拉大，阶层日益固化；腐败与经济增长并行，但腐败的负面影响正一点点消蚀经济增长的成果；环境资源被粗放式、破坏性使用，已接近其所能容纳的上限；国际经贸环境出现结构性失衡，出口很难继续消化爆发式增长的中国产能；等等。显然，既往的实用主义经济发展路线已无法继续指引中国实现21世纪中叶的发展目标，"摸着石头过河"的策略支撑不了中国渡过深水区，因此我们需要一个"理想态"的长远经济理论。

当然，从更广阔的视野来看，建立起中国自身的经济发展理论不仅关乎中国自身，还关乎世界。因为中国经济总量已位居世界第二。在国际竞争中，曾经作为全球化旗手的美国，不得不因为要优先解决国内日益累积的问题和矛盾而重拾"孤立主义"战略，在这个过程中，中国可能被迫提前担负起全球领导者的角色。这意味着，中国不仅要长期充当世界经济发展的火车头，还要向世界提出解决经济发展问题的"中国方案"。而这个"中国方案"的核心内容，就是中国自身成熟的经济理论。而且，这一经济理论也注定不同于西方理论，否则就无所谓"中国方案"。

但是，正如前面指出的，经济学界关于理论的争议从未停止过。更麻烦的是，这种争议不仅没有说服彼此，反而使得分歧越来越大。因此，单纯提出或主张哪一种理论已远远不够，我们必须回到原点讨论以下问题：建构一种相对正确的经济发展的理论的基础性考量到底是什么？这种基础性考量在中国有何种表现？只有搞清楚了这些问题，并且在这些问题上能达成共识，我们建立中国经济理论才可能寻找到"最大公约数"。

（二）历史文化、制度矩阵与"儒家社会主义市场经济"

坦率地说，建立经济学理论的基础性考量，这本身也是一个富有争议性的话题。1932年，罗宾斯在其名作《论经济科学的性质和意义》一书中，首次定义了现代经济学，将其称为"资源稀缺条件下选择的学问"，并特别指出，经济学理论与"任何制度或历史特定性无关"，具有普适性，不需要考虑其他因素。这一观点流行了很长时间，至今在中国经济学界仍然占据相当重要的位置。

不过，新制度学派在经济理论界的崛起及后来的发展，打破了经济理论的普适性神话。

作为著名的经济史学家、诺贝尔经济学奖得主、新制度经济学领军人物的道格拉斯·诺斯，早期通过与其合作者对经济史的研究得出结论认为，导致经济增长的因素（如创新、规模经济、教育与资本积聚等）其实是经济增长的结果，而不是原因。国家发展起一套正式而有效的私有产权保护制度才是真正导致欧洲以及美国崛起的最根本原因。后人将其称为"正式制度决定论"。正式制度即所谓的成文法，也就是我们常说的宪法与各种法律，它是以政府的强制力作为后盾在全社会范围内实施的，因而它必然是可复制的。而正式制度又决定了经济绩效，因而一个必然的结论是：那些经济绩效不佳的国家，可以通过复制欧美等经济绩效良好的国家的正式制度，来获得经济绩效的改善。诺斯关于私有产权与自由市场最富效率的观点,恰与"经济理论普适"的观点一致。因此,彼时的新制度经济学也被视为主流经济学的一部分,在转型国家中饱受青睐,并用来指导政策制定。

但是,1990年代以来,诺斯的研究方法和结论显示了其与"普适经济学"渐行渐远,以至于后来背叛了自己提出的"正式制度决定论"。原因至少有两个。

第一个原因来自诺斯对发展中国家以及转型国家的观察。他发现,当1934年美国军队从海地撤军时,他们为海地留下了一部民主宪法。这部宪法当年是由美国海军的一位助理部长起草的,而此人不是别人,正是富兰克林·罗斯福。但是这部宪法并没能阻止文森特总统在一年之后成为独裁者,更没有使海地摆脱一直延续到今天的社会动荡与经济衰败。还有拉美地区,那些从美国一流经济学院或商学院学成回到拉美的优秀学子,对拉美经济制度以及政治制度进行美国式改革,也的确造就了1970—1980年代初期短暂的经济高速增长,但接下来却是"失去的二十年"。此外还有俄罗斯与中国的改革对比:前者复制了西方的正式规则,其改革后果却是悲剧性的;而后者坚持按自己的特色推进制度变迁却相对较为顺利。

第二个原因,经济史研究中新一代学者对意识形态的重视以及路径依赖理论方面的进展正好启发了诺斯。从1980年代晚期开始,一些年轻的欧洲经济史学家上承马克斯·韦伯的思路,打破了老一代经济史学家的局限。他们通过对近代资本主义经济制度演化路线的研究,论证了"路径依赖"的存在,即当下的制度安排与历史是相关的。比如,他们通过对中世纪晚期热那亚和马格里布不同社会发展路径的研究表明,东西方的不同文化信仰决定了两个社会的制度性结构差异的历史形成以及现实差距：以热那亚为代表的个人主义文化信仰下的西方世界，建立了解决社会大规模交易的匿名市场交易机制；而以马格里布为代表的集体主义文化信仰下的伊斯兰世界和东方儒教国家在此方向上却很失败。

于是，诺斯转向了对包括意识形态、传统、信仰体系等非正式制度因素在制度变迁中的作用的研究。在经过 1980 年代以来数十年的研究后，诺斯明确抛弃了"正式制度决定论"，转而提出由行为者对世界的看法构成的信仰体系及其演化方式是制度矩阵的最后决定因素的观点。这种信仰体系，也被称为"意识形态"，是行为者对其所处的社会经济系统认知的历史累积的结果。因此，诺斯的逻辑用结构图可直观表述为：历史文化→社会经济系统→信仰（或意识形态）→制度矩阵→经济绩效。

更进一步地，诺斯提出了制度"适应性效率"的观念。诺斯认为，一个国家要想获得长期经济增长，关键因素是制度安排要具有"适应性效率"。衡量一种制度安排是否具有"适应性效率"，既要看它能否带来经济增长，还要看它能否经受得住动荡和变革的考验。为了获得制度安排的"适应性效率"，一个国家必须充分考虑其历史文化传统，同时更重要的是把正式规则有效嵌入到自己的社会经济系统之中。基于"适应性效率"的思想，诺斯在晚年反复指出，"革命性变迁从来没有像它的支持者所希望的那样"，"把取得成功的西方市场经济的正式政治和经济规则搬到第三世界和转型国家并不是它们取得良好经济绩效的充分条件"。

很显然，在诺斯那里，存在这样一个环环相扣的逻辑：1）一个国家要实现长期可持续经济增长，需要其经济制度具有"适应性效率"；2）经济制度矩阵又是由信仰体系或者说意识形态所决定的；3）意识形态又内生于社会经济系统，而社会经济系统又由于历史文化不同而表现出差异性。因此，不难得出这样的结论：一个国家要追求经济可持续健康发展，必须建立或演化出具有"适应性效率"的经济制度；建立或演化出具有"适应性效率"的经济制度，又必须有正确的信仰体系或意识形态指导；而信仰体系或意识形态的正确性，又在于它是否能正确反映历史文化传统，正确反映其所处的社会经济系统状况。我们都知道，经济理论是信仰体系或意识形态的有机构成部分，因此，建构起正确的经济理论，基础性考量就是一个国家的历史文化传统与社会经济系统。

上述观点与晚近发展起的演化经济学完全一致。演化经济学的代表人物霍奇逊（Geoffrey M. Hodgson）认为，人类所处的社会经济系统在不同历史时期区别很大，即使是今天，现存的、处于不同国家的社会经济系统尽管具有一些共同的特性，但是在关键细节上，彼此之间也具有实质性不同，且由于历史文化的原因，个体的目的和社会规范也存在巨大差异。所以，需要有不同的概念和分析框架，来分析社会经济系统中不同的经济客体。霍奇逊称其为经济理论的"历史特性问题"，亦即诺斯所提出的"历史文化"。

至此，我们可以得出这样的结论：经济学家要建立正确的经济理论，最重要的是对自身所处社会经济系统的历史特性有正确的分析。因此，要在众声喧哗中建立和确认中国科学的经济理论，首先必须理解中国社会经济系统的历史特性。

当下中国社会经济系统的历史特性到底是什么，我们认为，有三个要素必不可少：一是两千多年来以儒家文化为正统的中国传统文化；二是自晚清以来传播、后经中国共产党人实践的社会主义经济思想；三是改革开放以来自西方引进后被执政党作为改革目标推进的市场经济形态。简单地说，应该是"儒家＋社会主义＋市场经济"，或称之为"儒家社会主义市场经济"。这是中国当下社会经济系统的历史特性。这一观点有两个特征：其一，区别于此前官方一贯的说法，即"社会主义市场经济"。执政党反复强调，社会主义市场经济是二者的有机结合，前者是对后者质的规定。而在我们看来，中国两千多年的传统历史形态对今天经济体制的影响更不应该被忽视。其二，更区别于部分主流经济学家片面强调的"市场经济"，在他们那里，历史文化被忽略了，政治体制也被有意无意淡化了，市场经济无所谓"姓社姓资"，世界上只有一种"市场经济"。这种无视中国社会经济系统历史特性的观点，恰也是他们的各种经济理论在中国水土不服的原因之所在。

更要看到，确认中国社会经济系统的历史特性是"儒家社会主义市场经济"，不仅仅是因为我们有两千余年的儒家文化传统，有民国以来百余年间社会主义思想的传播及中国共产党执政以来半个多世纪的社会主义实践，有改革开放以来近四十年的市场经济取向改革，还因为这三种形态在中国有着内在的一体性。

首先，儒家文化与社会主义有内在一体性。早在 1911 年，晚清进士出身的留美博士陈焕章，在其申请哥伦比亚大学经济学博士学位的论文 *The Economic Principles of Confucius and His School*（中文版译为《孔门理财学》）中，就详细梳理了儒家经济思想与当时欧洲流行的社会主义经济思想的相同点，得出结论认为，儒家经济思想就是儒家社会主义思想。陈焕章认为："在现代，社会主义者站在劳动者的立场拥护社会主义，反对资本主义；在古代,儒者站在农民的立场拥护儒家社会主义,反对封建制。在两个学说原则上是一致的……但儒家社会主义的含义更广一些。首先,儒家思想不允许贵族统治,任何人不得享有世袭权。其次,在废除封建制和贵族制之后,把统治阶层排斥在经济领域之外仍适用于一些临时性官员。"据此,陈焕章认为,"儒家社会主义"比欧洲的"社会主义"还要更加"社会主义"。再比如,在分配思想上,陈焕章在引用了《尚书》及班固等人的观点后写道:"这些描述代表了儒家弟子的通论,在他们的脑海中一直存在着社会主义理想。最好的事情是财富的平均分配,最坏的事情是将人区分为富人和穷人。这样一种理论不是共产主义,只是社会主义。"又比如在土地政策上,儒家主张"井田制",陈焕章是这样评价的:"井田制和社会主义都致力于财富的均等,要求生产者获得其所有的生产成果。"陈焕章的这些思想得到了著名思想家蔡元培的认同。1920年,英国人柯卡普(Thomas Kirkup)所著《社会主义史》一书被引入中国时,蔡元培就在序文中指出,"我们中国本有一种社会主义学说"。他认为,儒家所主张的"大同"社会,就是社会主义"各尽所能,各取所需"的意思,"且含有平等主义";儒家主张的"有国有家者,不患寡而患不均……远人不服,则修文德以来之"与社会主义所主张的"对内主均贫富,对外不取黩武主义与殖民政策"一致;儒家所主张的"贤者与民并耕而食,饔飧而治"(《孟子·滕文公上》),就是社会主义主张的"泛劳动主义";此外,儒家理想中的"井田制",也是社会主义主张的社会政策在农业领域中的表现。

其次,市场经济的传统在中国早已有之。主流经济学界总有一种误会,认为市场经济是当代资本主义制度下的产物,市场经济在中国也是晚近自中国共产党实行改革开放政策以来不到半个世纪的事。但是，在中国历史上，市场经济却早已有之。对此，美籍华裔经济学家赵冈等人有非常精辟的论述。赵冈认为，市场经济不是以民主的政治制度为先决条件，而是以私有产权为基础的。"只要私有制发生，经济财货的所有权分散在众多的单元中，就会形成市场经济。"欧洲历史上，"产权制度进化很慢，产生了一种十分落后的封建庄园制。在这种产权制度下，为数众多的农奴们没有决策权与选择的自由"。因此，只有在19世纪庄园制解体后，市场经济才产生。但中国不一样，从秦朝用郡县制取代封建制开始，"重要的经济财货分别由为数众多的个人与家族所占有，他们对于这些经济资源有充分的使用权与处分权，于是形成了众多的小生产单位"。此前，先秦统治者又力推两项经济政策："第一，强行并致力推行社会分工。第二，强调并极力推行商品交换。"于是，"起码从战国开始，中国已经形成了一个以私有产权及小生产单位为基础的小单元经济（atomistic economy）"。这些小生产者个别地在现有的自然及人为制约之下，比较各种可能方式与途径的相对利益，作一抉择，以求最大经济利益。因此，赵冈得出结论认为："中国自战国开始就摆脱了所谓的自然经济，有了市场制度及商品交换。"此后，尽管历代统治者中不少采用过重农抑商政策，但抑制的是商业暴利和豪强垄断，而对正常的交易一直予以支持，鼓励"货畅其流"。而且，赵冈等还注意到，"中国的统治者对人民经济活动很少加以限制……中国古代的经济立法太少了，几近放任，在大多数时期，中国人民有置产的自由，有择业的自由，有迁徙的自由，有雇人与受雇的自由，有买卖商品的自由"。这些自由也为促进中国古代市场交易与繁荣提供了必要的环境。因此，在赵冈看来，儒家治下的经济实际上就是市场经济。

当然，赵冈的观点有可商榷之处。一方面，赵冈关于中国古代经济微观层面或日常层面的自由交易由来已久的观察是正确的，但另一方面，正如陈焕章所指出的，在古代"家天下"的皇权统治中，皇帝代表国家享有土地等最重要资源的"最终所有权"。尽管在绝大多数政权正常运转的情况下，皇帝并不轻易行使这一最终权力，因而土地的控制权更经常掌握在民众手中，故民众因享有土地用益物权而能够交易，但不指出这一点，也有失偏颇。所以，与欧美当代产权观念相比较，中国历史上的私有产权其实是不完整的。在必要时，尤其是贫富矛盾突出以至于行将突破社会秩序时，国家甚至完全可以在不进行任何补偿的情况下，把重要资源从控制者手中拿过来，重新进行分配，这又近似于社会主义。当然，这反倒表明，在中国历史传统中，儒家与社会主义、儒家与市场经济、社会主义与市场经济，是能够相互融合共生的。

由此看来，构建中国自己的经济理论，基础性考量就是如何使经济理论适应中国社会经济系统所独有的"儒家社会主义市场经济"这一历史特性。而且，从儒家、社会主义与市场经济在中国历史中的关系来看，构建起这样的经济理论，不仅是构建起具有"适应性效率"经济制度所必需的，同时也是可能完成的，因为三者在中国历史中有着内在的统一。

（三）"通三统"：构建一种包容性经济理论

如果我们承认上述逻辑，那么适合中国的经济理论，一定是将儒家传统、社会主义传统、中国古代市场经济与欧美现代市场经济传统三者统一起来的一种理论。或者反过来说，评定一种经济理论是否适合中国，就是看它是否包含上述三种传统的血脉和基因。因此，借用甘阳曾经用过的一个词"通三统"来表述，即这种理论建立在"通三统"基础之上，是集中了三种传统优势、包容性很强的经济理论。

要全面建构起这一理论当然非一人之力，更非一篇文章所能阐述清楚。这里，我仅就处理一些重大经济关系谈一些看法。这些重大关系大约可区分为三个层次：在形而上层次即经济伦理层面，主要包括自由与控制、公正与效率的关系；在中观层面即经济体制层面，主要包括政府与市场的关系；在形而下层面即经济政策层面，主要包括国有与私有、零和与共赢的关系。在处理这些重大经济关系上的不同观点，恰恰构成了今天经济学界的重大分歧；而国家对由此所产生的不同经济发展思路的选择，也决定着中国经济未来的发展方向。

第一，关于自由与控制。从经济发展实践和经济思想史看，无论是对自由竞争的无限制张扬，还是对社会的全面控制，都造成过经济灾难。前者以19世纪前粗放的资本主义为代表，对自由竞争的完全放任，最后导致经济危机和贫富两极分化，如果不是借助殖民红利，资本主义几乎无法支撑下去。后者以苏联计划经济为典型，全面的经济和社会控制导致经济短缺和体制僵化，最终以代价惨重的改旗易帜收场。但是，这两种经济发展模式却都因其极端而受到追捧，至今仍是中国经济学界争论的焦点。而在"儒家社会主义市场经济"框架下，应该是既有自由又有控制。正如陈焕章所言："普遍平等、普遍机会和经济自由是孔子最重要的学说。真正的儒家理论，为了人们的自然发展，要给予他们一个充分的机会，这是理解儒家社会主义的路径。一方面，我们发现儒家思想热衷社会立法；另一方面，我们也发现它热衷于放任主义政策。"当然，二者的界限在于：当自由带来的活力超过其破坏性时，让自由继续发挥其功效；而当自由带来的破坏性危及共同体时，国家就必须加强控制。实际上，这也符合欧美现代市场经济传统。著名的自由主义先驱之一的以塞亚·伯林就曾指出，"罗斯福新政"是个人自由与社会控制之间最富建设性的妥协。中国推行社会主义市场经济改革，陈云同志曾形象地把这种经济叫"鸟笼经济"，认为在这种经济下，有自由空间，但为了社会和谐和经济始终有活力，自由又必须受到控制。

第二，关于效率与公平。中国不少主流经济学家关于效率与公平之间关系的观点，大多停留在国际经济学界1970年代中期之前的认识。在他们看来，现代经济增长是建立在资本驱动其他要素的基础之上。因此，要追求效率就必须"亲资本"，且必然会导致财富上的差距。但这种不公平是值得的，否则无法实现发展。在他们的言说中，主张公平正义，最后只会导致普遍贫困，导致国家干预再分配而走向对自由的奴役。当然，与主流观点相反，也有不少观点以追求社会公平的名义怀念旧的社会主义短缺经济时代，并以此反对搞市场经济。而在"儒家社会主义市场经济"框架下，效率与公平应该受到同等重视。儒家传统对公平的重视无需多言，而作为对资本主义"扬弃与否定"的产物的未来社会主义，与资本主义的根本区别并不在于生产力的发展水平——恰恰相反，经典马克思主义设想的未来社会，会完整继承资本主义发达的社会生产力——而在于生产关系方面的社会公正与否。从这个意义上来看，社会主义就是"社会公正主义"。因此，在儒家社会主义传统下，我们必须重视公平问题。19世纪欧美市场经济传统一度把效率作为优先考虑的对象，至今在一些学者的观点中仍然只把企业视为制造利润的机器，但作为当代市场经济的主流观点，也认为必须解决不平等问题，否则会反过来影响经济可持续发展。因为过大的财富差距，不但会抑制社会总消费需求，还会因分配性冲突而影响投资环境。此外，从实证的角度看，今天无论是以新儒家为治国之道的东亚，还是在以民主社会主义为政策皈依的北欧，都实现了效率与公平的相得益彰。

第三，关于政府与市场。一段时间以来，在中国一些经济学家那里，政府不但不能解决问题，本身还是问题的制造者。在他们看来，中国改革之所以不彻底，就在于政府本身是个庞大的利益集团以及中国经济没有彻底实现市场化。这种即使在西方也仅属于少数派的"市场原教旨主义"的主张在中国竟然能够大行其道，这种现象值得我们深思。实际上，这种对政府抱以极端怀疑的观点，是晚近以来西方国家观念引入并传播后的产物。先是"契约论国家观"，把国家视为怪兽"利维坦"，把政府视为克服"霍布斯状态"的"必要的恶"；后是引入公共选择学派的"国家观"，认为国家的起源是流窜的"匪帮"为了追求租金最大化而不得不提供制度性保护的"固定地租的匪帮"，政府形象进一步变得"邪恶"；再就是以哈耶克、弗里德曼等人为代表的极端放任派，把"为了克服市场失灵"这一政府存在的最后一点理由也推翻了。但这与"儒家社会主义市场经济"框架下的政府观完全不同。在中国传统"家国同构"文化中，政府扮演着"慈父慈母"般的角色。《尚书·洪范》有云："天子作民父母，以为天下王。"《左传·昭公三年》中也云:"其爱之如父母,而归之如流水。"即君主以父母之心治理百姓,天下归心。就中国而言,在近百年社会主义思想普及以及半个多世纪的社会主义实践中,政府角色又得到强化。从现实情况看,世界上不少失败的国家,缺的不是市场,缺的是强大到既能保护产权又能以公正之心行使权力的政府。因此,"儒家社会主义市场经济"框架下,政府与市场都不可或缺,且市场每扩张一步,政府治理也要跟进一步。

　　第四,关于国有与私有。如何处理中国现存的国有经济体系,成为改革中经济学界争论的又一焦点。一些经济学家认为,国有经济不仅效率低下,而且因其占有大量资源而对私营部门产生挤出效应。因此,他们强烈呼吁把国有经济私有化。另外,面对问题食品泛滥、医药价格暴涨以及经济领域其他乱象,也有极少数人要求恢复单纯的国有体制。这两种观点都不符合"儒家社会主义市场经济"体系。如前所述,在"儒家社会主义市场经济"体系中,国家最重要的资源如农业社会中的土地,最终所有权在国家手中,但除非必要,否则用益物权给予第一级的土地使用者。此外,为防止私人垄断,也为国家手中掌握足够的财政来施行对内对外政策,国家对盐、铁等重要战略物资实行专营。除此之外,其他商品生产与贸易放由私人进行。这样做的好处是,国家既可以集中资源和力量办大事,同时又可以利用庞大的私营部门来保持经济的弹性与活力。还要特别指出的是,中国"儒家社会主义市场经济"体系,是在世界资本主义体系已经形成的背景下建立的。正如经济合作与发展组织最近一份报告指出的那样,对于经济发展水平低、基础设施薄弱、需要承担更多公共责任以及有着相应历史传统的国家,建立并维持规模适度的国有经济部门是可行并有效的。

第五,关于零和与共赢。这涉及处理国家之间经济关系的准则。在传统西方政治哲学和经济哲学中,国家与国家之间的竞争是一种零和博弈,即"你所得到的,正是我所失去的"。从历史上看,西方世界在扩张市场过程中的确对落后国家采取了野蛮的掠夺性政策,所谓"商船开到哪里,军舰就应该跟到哪里""利益边界就是军事势力边界"等,都是反映这一历史的意识形态。这一观点也影响到了中国学者。不少学者认为,中国也必须学会"仗剑经商"。如果说国家利益的拓展需要军事力量的保护,这没有错;但问题的关键是,这些学者潜意识中仍然是零和观念。在"儒家社会主义市场经济"体系中,国家与国家之间的经济关系是平等的,是通过互通有无实现共赢。社会主义因主张"四海之内皆兄弟",故其本身就是"天下主义",这与儒家思想正好契合。因为传统儒家就是超越了家与国,提出了"天下"这一概念。陈焕章认为,作为儒学经典,《礼记·大学》把齐家、治国、平天下三者并列,表明儒家胸怀天下,把整个世界作为一个统一的经济体看待;《论语》中关于"己所不欲,勿施于人"的"絜矩之道",表明儒家眼里的世界经济基本原则是互惠原则。斯宾格勒(Oswald Arnold Gottfried Spengler)在《西方的没落》一书中划分了文明的三种形态,即农业文明、游牧文明和商业文明,并称商业文明是变相之游牧文明。而正如钱穆所指出的那样,游牧文化与商业文化"内不足则必向外依存,向外依存,则必向外争取,此非正常之文化。抑且常寓有破坏性,未有争取而不破坏者",唯中国儒家之"农业文化为人类正常之文化,亦为富于建设性之文化"。虽然在历史上,主张零和博弈的商业文明曾经大行其道，但我们相信，"其在将来，则惟大型农国之与新工业相配合者始可存全，而中国则得天独厚，故能独自兀立于人类文化史之全程，而常见其生新不衰老"。

（四）结语：极高明而道中庸

最后，我们可以检视一下"儒家社会主义市场经济"框架下中国经济理论的突出特征。

如果我们按"儒家社会主义市场经济"原则来处理重大经济关系，那么我们所看到的景象将是这样的：在自由与控制之间，从互成悖论到界限分明；在效率与公平之间，从权衡取舍到相得益彰；在市场与政府之间，从偏向一端到齐头并进；在国有与私营之间，从相互挤出到共同发展；在中国与世界之间，从零和博弈到合作共赢。因此，"儒家社会主义市场经济"将避免现代经济发展史上各种极化现象。

而支撑这一发展道路的"儒家社会主义市场经济"理论，也超越了以往以及时下的各种经济理论，"取各家之长，舍各家之短"，去其两端，允执其中。这也充分体现了中国传统儒家智慧：极高明而道中庸。同时，它还契合了执政党关于"不走老路，不走邪路，走中国特色社会主义道路"的政治主张。这样一种理论，也是既"立足中国、借鉴外国，挖掘历史、把握当代，关怀人类、面向未来"，同时又"充分体现了中国特色、中国风格、中国气派"。

当然，要让当下主流经济学界接受"儒家社会主义市场经济"

的观点并不那么容易,因为极化思维正弥漫于中国经济学界:一端是"市场原教旨主义",另一端是过时的计划经济。不仅二者之间不可调和,而且借由各种无谓之争在撕裂社会。因此,我们提出"儒家社会主义市场经济"这一框架,意在能够求取"最大公约数"。我们始终相信,中国未来的成功,有赖于能否超越"左"与"右",走上一条超越式与包容式的发展道路。

(作于 2017 年 3 月)

附1：外国学者姓名中英文对照表

（按文中出现顺序）

布罗代尔	Fernand Braudel
熊彼特	Joseph Alois Schumpeter
费舍尔	David Hackett Fischer
马尔萨斯	Thomas Robert Malthus
哈耶克	Friedrich August von Hayek
保罗·斯威齐	Paul Marlor Sweezy
斯蒂格利茨	Joseph Eugene Stiglitz
加尔布雷思	John Kenneth Galbraith
弗里德曼	Milton Friedmann
约翰·斯图尔特·穆勒	John Stuart Mill
卢森贝	David I. Rosenberg
布伦塔诺	Franz Clemens Brentano
约翰·雷	John Rae
罗斯福·格尔德	Roosevelt Gerd
曼德维尔	Bernard Mandeville

卡拉斯	Jean Calas
卡尔·波兰尼	Karl Polanyi
斯金纳	A. S. Skinner
乔万尼·阿里吉	Giovanni Arrighi
保罗·斯威齐	Paul Marlor Sweezy
凯恩斯	John Maynard Keynes
金德尔伯格	Charles P. Kindleberger
罗伯特·波林	Robert Pollin
伊丽莎白·熊彼特	Elizabeth B. Schumpeter
以塞亚·伯林	Isaiah Berlin
约翰·贝拉米·福斯特	John B. Foster
萨缪尔森	Paul A. Samuelson
托马斯·谢林	Thomas C. Schelling
赖因哈德·泽尔腾	Reinhard Selten
纳什	John Nash
英特里盖特	M. D. Intriligator
赫舒拉发	J. Hirshleifer
加里·贝克尔	Gary S. Becker
拉斯缪森	Eric Rasmusen
雅克·甘斯勒	Jacqes S. Gansler
萨米尔·阿明	Samir Amin
苏珊·乔治	Susan George
撒切尔	Margaret Thatcher
爱德华·萨义德	Edward W. Said
弗朗西斯·福山	Francis Fukuyama

附1：外国学者姓名中英文对照表

埃里克·罗尔	Eric Roll
阿尔弗雷德·马歇尔	Alfred Marshall
杜威	John Dewey
保罗·马蒂克	Paul Mattick Jr.
约翰·罗默	John E. Roemer
塞缪尔·鲍尔斯	Samuel Bowles
克鲁格曼	Paul Krugman
斯蒂芬·茨威格	Stefan Zweig
海尔布鲁纳	Robert N. Heilbroner
斯皮格尔	Henry W. Spiegel
帕累托	Vilfredo Pareto
斯塔夫里阿诺斯	L. S. Stavrianos
诺曼·奥恩斯坦	Norman J. Ornstein
道格拉斯·诺斯	Douglass C. North
卡尔多	Nicholas Kaldor
希克斯	John R. Hicks
戴维斯	S. Davies
乔舒亚·库珀	Joshua Cooper Ramo
马丁·雅克	Martin Jacques
乔纳森·安德森	Jonathan Anderson
戴慕珍	Jean C. Oi
白苏珊	Susan H. Whiting
罗德里克	Dani Rodrik
汤因比	Arnold J. Toynbee
索洛	Robert M. Solow

波普尔	Karl Popper
巴师夏	Frédéric Bastiat
科斯	Ronald H. Coase
拉斯·沃因	Lars Werin
罗宾斯	Lionel C. Robbins
戈登	John Steele Gordon
托马斯·皮凯蒂	Thomas Piketty
福格尔	Robert W. Fogel
阿马蒂亚·森	Amartya Sen
彼得·高恩	Peter Gowan
沃勒斯坦	Immanuel Maurice Wallerstein
怀特	Harry Dexter White
扎卡里亚	Fareed Zakaria
萨达姆	Saddam Hussein
亨廷顿	Samuel P. Huntington
大前研一	Kenichi Ohmae
格申克龙	Alexander Gerschenkron
查默斯·约翰逊	Chalmers A. Johnson
下村治	Osamu Shimomura
池田勇人	Hayato Ikeda
迈克尔·波特	Michael E. Porter
竹内弘高	Hirotaka Takeuchi
汉普登-特纳	Charles Hampden-Turner
特龙佩纳斯	Alfons Trompenaars
松本厚治	Koji Matsumoto

附1：外国学者姓名中英文对照表

中谷岩	Iwao Nakatani
阿列克斯·科尔	Alex Kerr
威尔金森	Richard Wilkinson
皮克特	Kate Pickett
凯文·菲利普斯	Kevin Phillips
詹姆斯·大卫·万斯	James David Vance
阿莉·拉塞尔·霍赫希尔德	Arlie Russell Hochschild
阿比吉特·班纳吉	Abhijit Banerjee
埃斯特·迪弗洛	Esther Duflo
乔治·施蒂格勒	George J. Stigler
桑坦斯	Cass Sunstein
马修·根茨科	Matthew Gentzkow
杰西·夏皮罗	Jesse Shapiro
约翰·基恩	John Keane
卢卡斯	Robert E. Lucas
阿瑟·奥肯	Arthur M. Okun
瓦尔特·欧根	Walter Eucken
艾哈德	Ludwig Wilhelm Erhard
亨利·勒帕日	Henri Lepage
泰吉万·帕丁格	Tejvan Pettinger
克拉克·怀斯曼	Clark Wiseman
史蒂文·兰兹伯格	Steven E. Landsburg
迈克·芒格	Mike Munger
彼得·范·贝克林	Pieter van Beukering
雷蒙德·费斯曼	Raymond Fisman

爱德华·米格尔	Edward Miguel
皮埃尔·布迪厄	Pierre Bourdieu
埃尔文·罗斯	Alvin E. Roth
迈克尔·桑德尔	Michael J. Sandel
乔尔·沃尔德福格尔	Joel Waldfogel
马塞尔·莫斯	Marcel Mauss
奥斯卡·王尔德	Oscar Wilde
丹尼尔·卡尼曼	Daniel Kahneman
理查德·塞勒	Richard Thaler
恩斯特·费尔	Ernst Fehr
斯蒂芬·J. 杜布纳	Stephen J. Dubner
丹·艾瑞里	Dan Ariely
卡尔·曼海姆	Karl Mannheim
萨伊	Jean-Baptiste Say
庇古	Arthur C. Pigou
米塞斯	Ludwig von Mises
拉弗	Arthur B. Laffer
兰格	Oskar Lange
瓦尔拉斯	Léon Walras
艾伦	Frederik Lewis Allen
罗伯特·希勒	Robert J. Shiller
阿克洛夫	George A. Akerlof
尤瓦尔·赫拉利	Yuval Noah Harari
万尼斯基	Jude Wannisk
理查德·道金斯	Richard Dawkins

附1：外国学者姓名中英文对照表

布莱福曼	Ori Brafman
尼古拉·彼得森	Nicolai Peitersen
桑吉特·达米	Sanjit Dhami
戴维·斯隆·威尔逊	David Sloan Wilson
埃德蒙·伯克	Edmund Burke
托克维尔	Alexis-Charles-Henri Clérel de Tocqueville
E. P. 汤普逊	Edward Palmer Thompson
蒂姆·罗根	Tim Rogan
约翰·罗尔斯	John B. Rawls
哈贝马斯	Jürgen Habermas
劳伦斯·萨斯坎德	Lawrence Susskind
阿罗	Kenneth J. Arrow
吉玻伯德	Gibbard
太郎铃村	Suzumura
克拉莫尼克	Isaac Kramunick
霍奇逊	Geoffrey M. Hodgson
柯卡普	Thomas Kirkup
斯宾格勒	Oswald Arnold Gottfried Spengler

附 2：主要参考文献

T. Wilson and A.S. Skinner, eds., "The Market and the State: Essays in Honour of Adam Smith", *Economic Review*, Hitotsubashi University, vol. 30(3), pp. 285-286.

Robert Pollin, 2004, *Remembering Paul Sweezy: "He was an Amazingly Great Man!"*, http://www.cpeer.cn/zj/1265.html.

Jean Oi, 1989, *State and Peasant in Contemporary China: the Political Economy of Village Government*, University of California Press.

Lars Werin, 2011, *Economic Behavior and Legal Institutions: An Introductory Survey*, World Scientific Publishing Co. Ltd.

Steven E. Landsburg, 2012, *The Armchair Economist*, Free Press.

Gibbard, Allan, 1974. "A Pareto-consistent libertarian claim", *Journal of Economic Theory*, Elsevier, vol.7(4), pp. 388-410.

K. Suzumura, 1978, "On the Consistency of Libertarian Claims", *Review of Economic Studies*, pp. 329-342.

［美］大卫·哈克特·费舍尔：《价格革命》，广西师范大学出版社 2021 年版。

［英］冯·哈耶克：《哈耶克论文集》，首都经济贸易大学出版社

2001年版。

［英］冯·哈耶克：《个人主义与经济秩序》，生活·读书·新知三联书店2003年版。

［美］保罗·斯威齐：《资本主义发展论：马克思主义政治经济学原理》，商务印书馆2011年版。

［美］约瑟夫·E.斯蒂格利茨：《斯蒂格利茨经济学文集》，中国金融出版社2007年版。

［美］加尔布雷思：《丰裕社会》，上海人民出版社1965年版。

［美］米尔顿·弗里德曼、［美］罗斯·弗里德曼：《自由选择：个人声明》，商务印书馆1982年版。

［英］亚当·斯密：《道德情操论》，译林出版社2011年版。

［苏］卢森贝：《政治经济学史》，生活·读书·新知三联书店1959年版。

［德］弗朗茨·布伦塔诺：《根据亚里士多德论"是者"的多重含义》，商务印书馆2015年版。

［英］约翰·雷：《亚当·斯密传》，商务印书馆1998年版。

［荷兰］伯纳德·曼德维尔：《蜜蜂的寓言》，中国社会科学出版社2002年版。

［英］卡尔·波兰尼：《大转型：我们时代的政治与经济起源》，浙江人民出版社2007年版。

［德］马克斯·韦伯：《马克斯·韦伯社会学文集》，人民出版社2010年版。

［美］乔万尼·阿里吉：《亚当·斯密在北京：21世纪的谱系》，社会科学文献出版社2009年版。

［美］金德尔伯格：《疯狂、惊恐和崩溃：金融危机史》（第四版），

中国金融出版社 2007 年版。

［美］约瑟夫·熊彼特：《经济分析史》，商务印书馆 2001 年版。

［美］约瑟夫·熊彼特：《资本主义、社会主义与民主》，商务印书馆 1999 年版。

［美］罗伯特·波林：《衡量公平：生存工资与最低工资经济学——美国的经验》，东北财经大学出版社 2012 年版。

［美］保罗·斯威齐：《资本主义发展论：马克思主义政治经济学原理》，商务印书馆 2011 年版。

［美］保罗·巴兰、［美］保罗·斯威齐：《垄断资本》，商务印书馆 1977 年版。

［美］保罗·斯威齐：《再谈（或少谈）全球化》，中国政治经济学教育科研网 2004 年 4 月 1 日。

［美］保罗·斯威齐：《在毛泽东诞生一百周年纪念会上的讲话》，中国政治经济学教育科研网 2004 年 4 月 1 日。

［美］保罗·斯威齐：《〈共产党宣言〉在当代》，中国政治经济学教育科研网 2004 年 4 月 1 日。

［美］托马斯·谢林：《冲突的战略》，华夏出版社 2011 年版。

［美］托马斯·谢林：《承诺的策略》，上海人民出版社 2009 年版。

［美］托马斯·谢林：《微观动机与宏观行为》，中国人民大学出版社 2013 年版。

［美］托马斯·谢林：《军备及其影响》，上海人民出版社 2011 年版。

［美］杰克·赫舒拉发：《力量的阴暗面》，华夏出版社 2012 年版。

［英］基斯·哈特利、［美］托德·桑德勒：《国防经济学手册》，经济科学出版社 2001 年版。

［美］艾里克·拉斯缪森：《博弈与信息：博弈论概论》（第二版），北京大学出版社 2003 年版。

［美］约瑟夫·E. 斯蒂格利茨：《全球化及其不满》，机械工业出版社 2004 年版。

［德］马克斯·韦伯：《民族国家与经济政策》，生活·读书·新知三联书店 1997 年版。

［法］苏珊·乔治：《思想的锁链：宗教与世俗右翼如何改变美国人的思维》，商务印书馆 2016 年版。

［美］爱德华·萨义德：《文化与抵抗——萨义德访谈录》，上海译文出版社 2009 年版。

［美］弗朗西斯·福山：《历史的终结》，远方出版社 1998 年版。

［美］约翰·穆勒：《政治经济学原理及其在社会哲学上的若干应用》（上、下卷），商务印书馆 1991 年版。

［美］乔治·施蒂格勒：《经济学家与说教者》，上海三联书店 1990 年版。

［美］约翰·杜威：《人的问题》，上海人民出版社 1965 年版。

［英］保罗·马蒂克：《资本主义的冬天：经济危机和资本主义的失败》，石油工业出版社 2019 年版。

［德］乌尔里克·赫尔曼：《资本的胜利：财富如何进入世界》，石油工业出版社 2019 年版。

［英］菲尔·马伦：《创新性变革：开启一场经济复兴》，石油工业出版社 2019 年版。

［德］马克思：《资本论》第 3 卷，人民出版社 1975 年版。

柳红：《八〇年代：中国经济学人的光荣与梦想》，广西师范大学出版社 2010 年版。

［奥］斯蒂芬·茨威格：《人类的群星闪耀时》，生活·读书·新知三联书店1985年版。

［美］罗伯特·海尔布罗纳：《几位著名经济思想家的生平、时代和思想》，商务印书馆1994年版。

［美］亨利·威廉·斯皮格尔：《经济思想的成长》，中国社会科学出版社1999年版。

［美］小阿尔弗雷德·L.马拉伯：《迷惘的预言家——当代经济学家的历史》，海南出版社1997年版。

［美］密尔顿·弗里德曼：《弗里德曼文萃》，北京经济学院出版社1991年版。

［美］诺曼·奥恩斯坦、［美］雪利·埃尔德：《利益集团、院外活动和政策制订》，世界知识出版社1981年版。

左大培：《混乱的经济学》，石油工业出版社2002年版。

［美］萨缪尔森：《经济学》（第9版），商务印书馆1991年版。

［美］R.科斯等：《财产权利与制度变迁：产权学派与新制度学派译文集》，三联书店上海分店1991年版。

《马克思恩格斯选集》第1、2卷，人民出版社1972年版。

《马克思恩格斯全集》第7卷，人民出版社1959年版。

《马克思恩格斯全集》第25卷，人民出版社1974年版。

《马克思恩格斯全集》第9卷，人民出版社1961年版。

《马克思恩格斯论中国》，人民出版社1950年版。

《邓小平文选》第3卷，人民出版社1993年版。

郑家栋编：《道德理想主义的重建——牟宗三新儒学论著辑要》，中国广播出版社1992年版。

附 2：主要参考文献

［美］威廉·鲍莫尔：《福利经济及国家理论》，商务印书馆 2013 年版。

［美］道格拉斯·诺斯、［美］罗伯特·托马斯：《西方世界的兴起》，华夏出版社 1989 年版。

［比利时］热若尔·罗兰：《转型与经济学》，北京大学出版社 2002 年版。

史正富：《超常增长：1979—2049 年的中国经济》，上海人民出版社 2013 年版。

林毅夫：《解读中国经济》，北京大学出版社 2012 年版。

钱颖一：《现代经济学与中国经济改革》，中国人民大学出版社 2003 年版。

张五常：《中国的经济制度：中国经济改革三十年》，中信出版社 2009 年版。

黄平、崔之元主编：《中国与全球化：华盛顿共识还是北京共识》，社会科学文献出版社 2005 年版。

俞可平、黄平等主编：《中国模式与"北京共识"：超越"华盛顿共识"》，社会科学文献出版社 2006 年版。

玛雅：《道路自信：中国为什么能》（精编本），北京联合出版公司、中信出版社 2014 年版。

胡鞍钢：《2020 中国：全面建成小康社会》，清华大学出版社 2012 年版。

胡鞍钢：《中国道路与中国梦想》，浙江人民出版社 2013 年版。

王绍光：《波兰尼〈大转型〉与中国的大转型》，生活·读书·新知三联书店 2012 年版。

［美］乔舒亚·库珀·雷默等：《中国形象：外国学者眼里的中国》，社会科学文献出版社 2008 年版。

［英］马丁·雅克：《当中国统治世界：西方世界的衰落和中国的崛起》，中信出版社 2010 年版。

吴敬琏：《中国未来 30 年》，中央编译出版社 2011 年版。

许纪霖：《当代中国的启蒙与反启蒙》，社会科学文献出版社 2011 年版。

陈志武：《陈志武说中国经济》，山西经济出版社 2010 年版。

［美］乔纳森·安德森：《走出神话：中国不会改变世界的七个理由》，中信出版社 2006 年版。

秦晖：《市场的昨天与今天：商品经济·市场理性·社会公正》，东方出版社 2012 年版。

何迪、鲁利玲编：《反思"中国模式"》，社会科学文献出版社 2012 年版。

黄亚生：《"中国模式"到底有多独特？》，中信出版社 2011 年版。

［美］白苏珊：《乡村中国的权力与财富：制度变迁的政治经济学》，浙江人民出版社 2009 年版。

［美］保罗·克鲁格曼：《兜售繁荣》，中信出版社 2010 年版。

吴敬琏：《建设市场经济的总体构想与方案设计》，中央编译出版社 1996 年版。

［美］丹尼·罗德里克：《相同的经济学，不同的政策处方：全球化、制度建设和经济增长》，中信出版社 2009 年版。

姚洋：《中国道路的世界意义》，北京大学出版社 2011 年版。

吴敬琏：《呼唤法治的市场经济》，生活·读书·新知三联书店 2007 年版。

［美］科斯等：《契约经济学》，经济科学出版社1999年版。

［美］约翰·斯蒂尔·戈登：《美国商业故事》，中信出版社2002年版。

［法］托马斯·皮凯蒂：《21世纪资本论》，中信出版社2014年版。

［美］罗伯特·威廉·福格尔：《第四次大觉醒及平等主义的未来》，首都经济贸易大学出版社2003年版。

［美］阿马蒂亚·森：《以自由看待发展》，中国人民大学出版社2002年版。

世界银行1984年经济考察团：《中国：长期发展的问题和方案主报告》，中国财政经济出版社1985年版。

［英］彼得·高恩：《华盛顿的全球赌博》，江苏人民出版社2003年版。

［法］费尔南·布罗代尔：《资本主义论丛》，中央编译出版社1997年版。

［美］伊曼纽尔·沃勒斯坦：《现代世界体系》，高等教育出版社1998年版。

［美］亚历山大·格申克龙：《经济落后的历史透视》，商务印书馆2012年版。

［美］查默斯·约翰逊：《通产省与日本奇迹》，四川人民出版社2022年版。

［英］查尔斯·汉普登-特纳、［荷兰］阿尔方斯·特龙佩纳斯：《国家竞争力——创造财富的价值体系》，海南出版社1997年版。

［日］松本厚治：《企业主义——日本经济力量发展的源泉》，企业管理出版社1997年版。

［日］中谷岩：《资本主义为什么会自我崩溃？：新自由主义者的忏悔》，社会科学文献出版社 2010 年版。

［日］大前研一：《M 型社会：中产阶级消失的危机与商机》，中信出版社 2010 年版。

［日］大前研一：《低欲望社会》，上海译文出版社 2018 年版。

［美］阿列克斯·科尔：《犬与鬼——现代日本的坠落》，中信出版社 2006 年版。

［英］理查德·威尔金森、［英］凯特·皮克特：《不平等的痛苦——收入差距如何导致社会问题》，新华出版社 2010 年版。

［美］凯文·菲利普斯：《一本书读懂美国财富史：美国财富崛起之路》，中信出版社 2010 年版。

［美］J.D. 万斯：《乡下人的悲歌》，江苏凤凰文艺出版社 2017 年版。

［美］阿莉·拉塞尔·霍赫希尔德：《故土的陌生人：美国保守派的愤怒与哀痛》，社会科学文献出版社 2020 年版。

［美］阿比吉特·班纳吉、［法］埃斯特·迪弗洛：《好的经济学：破解全球发展难题的行动方案》，中信出版社 2020 年版。

［美］约翰·杜威：《人的问题》，上海人民出版社 2006 年版。

［法］费尔南·布罗代尔：《资本主义的动力》，生活·读书·新知三联书店 1997 年版。

［英］约翰·基恩：《公共生活与晚期资本主义》，社会科学文献出版社 1999 年版。

［英］卡尔·波普尔：《开放社会及其敌人》，中国社会科学出版社 1999 年版。

［英］卡尔·波普尔：《通过知识获得解放》，中国美术学院出版社 1998 年版。

［英］弗里德利希·冯·哈耶克：《自由秩序原理》（上、下册），生活·读书·新知三联书店1997年版。

刘军宁编：《市场逻辑与国家观念》，生活·读书·新知三联书店1995年版。

［美］小罗伯特·E. 卢卡斯：《经济周期理论研究》，商务印书馆2012年版。

汪丁丁：《在经济学与哲学之间》，中国社会科学出版社1996年版。

［英］卡尔·波普尔：《猜想与反驳》，上海译文出版社1986年版。

［英］弗里德里希·奥古斯特·冯·哈耶克：《通往奴役之路》，中国社会科学出版社1997年版。

梁小民：《弗莱堡学派》，武汉出版社1996年版。

［西德］路德维希·艾哈德：《来自竞争的繁荣》，商务印书馆1983年版。

［英］约翰·穆勒：《政治经济学原理及其在社会哲学上的若干应用》，商务印书馆1991年版。

［英］约翰·穆勒：《论自由》，上海三联书店2009年版。

［美］亨利·勒帕日：《美国新自由主义经济学》，北京大学出版社1985年版。

崔之元：《"看不见的手"范式的悖论》，经济科学出版社1999年版。

张宇燕：《经济发展与制度选择——对制度的经济分析》，中国人民大学出版社1992年版。

［英］泰吉万·帕丁格：《经济学有什么用？》，译林出版社2021年版。

［美］加里·贝克尔、［美］古蒂·贝克尔：《生活中的经济学》，

机械工业出版社 2013 年版。

[美]汤姆·范德比尔特:《开车经济学——我们为什么这样开车?》,中信出版社 2009 年版。

[美]雷蒙德·菲斯曼、[美]爱德华·米格尔:《经济黑帮:腐败、暴力的黑帮经济学》,中信出版社 2010 年版。

[美]迈克尔·桑德尔:《公正:该如何做是好?》,中信出版社 2011 年版。

[美]乔埃耳·瓦德佛尔:《小气鬼经济学》,三采文化出版事业有限公司 2010 年版。

[法]马塞尔·莫斯:《礼物:古式社会中交换的形式与理由》,上海人民出版社 2002 年版。

[美]丹尼尔·卡尼曼:《思考,快与慢》,中信出版社 2012 年版。

[美]理查德·塞勒:《"错误"的行为——行为经济学的形成》,中信出版社 2018 年版。

[美]史蒂芬·列维特、[美]史蒂芬·都伯纳:《超爆魔鬼经济学》,中信出版社 2016 年版。

[美]丹·艾瑞里:《怪诞行为学:可预测的非理性》,中信出版社 2017 年版。

[美]约瑟夫·E. 斯蒂格利茨:《社会主义向何处去——经济体制转型的理论与证据》,吉林人民出版社 1998 年版。

[德]卡尔·曼海姆:《意识形态与乌托邦》,商务印书馆 2000 年版。

[美]弗雷德里克·刘易斯·艾伦:《仅仅是昨天:从大繁荣到大萧条》,法律出版社 2011 年版。

[美]罗伯特·希勒:《叙事经济学》,中信出版社 2020 年版。

［以色列］尤瓦尔·赫拉利：《人类简史：从动物到上帝》，中信出版社 2014 年版。

［美］乔治·A. 阿克洛夫：《经济学的新疆域：心理学、社会学与人类学视角》，上海财经大学出版社 2014 年版。

［美］乔治·阿克洛夫、［美］瑞秋·克兰顿：《身份经济学：身份如何影响我们的工作、薪酬和幸福感》，中信出版社 2013 年版。

［美］乔治·阿克洛夫、［美］罗伯特·希勒：《动物精神》，中信出版社 2012 年版。

［英］理查德·道金斯：《自私的基因》，中信出版社 2012 年版。

［美］道格拉斯·诺思：《理解经济变迁过程》，中国人民大学出版社 2008 年版。

世界银行编：《2006 年世界发展报告：公平与发展》，清华大学出版社 2006 年版。

［美］奥瑞·布莱福曼、［美］罗姆·布莱福曼：《摇摆：难以抗拒的非理性诱惑》，中信出版社 2009 年版。

［丹麦］尼古拉·彼得森、［瑞典］亚当·阿维森：《道德经济：后危机时代的价值重塑》，中信出版社 2014 年版。

［英］桑吉特·达米：《人类的涉他偏好》，格致出版社 2022 年版。

［美］戴维·斯隆·威尔逊：《利他之心：善意的演化和力量》，机械工业出版社 2017 年版。

［美］塞缪尔·鲍尔斯、［美］理查德·爱德华兹等：《理解资本主义：竞争、统制与变革》（第 3 版），中国人民大学出版社 2010 年版。

［英］埃德蒙·伯克：《关于我们崇高与美观念之根源的哲学探

讨》，大象出版社 2010 年版。

［美］E. P. 汤普森：《英国工人阶级的形成》（上、下册），译林出版社 2013 年版。

［英］蒂姆·罗根：《道德经济学家：R.H. 托尼、卡尔·波兰尼与 E.P. 汤普森对资本主义的批判》，浙江大学出版社 2020 年版。

吴敬琏：《当代中国经济改革教程》，上海远东出版社 2010 年版。

吴敬琏：《当代中国经济改革：战略与实施》，上海远东出版社 1999 年版。

吴敬琏：《当代中国经济改革》，上海远东出版社 2004 年版。

［美］约翰·罗尔斯：《正义论》，社会科学出版社 2009 年版。

［美］克拉莫尼克：《意识形态的时代——近代政治思想简史》，同济大学出版社 2006 年版。

国际货币基金组织：《世界经济展望——寻求可持续增长：短期复苏及长期挑战》，中国金融出版社 2017 年版。

［美］道格拉斯·诺思、［美］罗伯特·托马斯：《西方世界的兴起》，华夏出版社 1991 年版。

［美］道格拉斯·诺思：《制度、制度变迁与经济绩效》，格致出版社 2008 年版。

［英］杰弗里·M. 霍奇逊：《经济学是如何忘记历史的：社会科学中的历史特性问题》，中国人民大学出版社 2008 年版。

陈焕章：《孔门理财学》，中国发展出版社 2009 年版。

蔡元培：《社会主义史·序》，原载《新青年》第八卷第一号，1920 年 9 月 1 日。

赵冈、陈仲毅：《中国经济制度史论》，新星出版社 2006 年版。

甘阳：《通三统》，生活·读书·新知三联书店2007年版。

经济合作与发展组织（OECD）编著：《国家发展进程中的国企角色》，中信出版社2016年版。

钱穆：《政学私言》（新校本），九州出版社2010年版。